नेताजी सुभाष चन्द्र बोस : दस्तावेज़

पत्र-डायरी

(1933-1937)

खण्ड-एक

नेताजी सुभाष चन्द्र बोस : दस्तावेज़

पत्र-डायरी

(1933-1937)

खण्ड-एक

सम्पादक
सत्यप्रकाश सिंह

वाणी प्रकाशन

वाणी प्रकाशन

4695, 21-ए, दरियागंज, नयी दिल्ली 110 002

फ़ोन : +91 11 23273167 फ़ैक्स : +91 11 23275710

शाखाएँ

अशोक राजपथ, पटना 800 004, बिहार

कॉफ़ी हाउस कैम्पस, महात्मा गांधी मार्ग, इलाहाबाद 211 001, उत्तर प्रदेश

महात्मा गांधी अन्तरराष्ट्रीय हिन्दी विश्वविद्यालय, वर्धा 442 001, महाराष्ट्र

सुल्तानिया रोड, मोतिया पार्क, भोपाल 462 001, मध्य प्रदेश

www.vaniprakashan.com
marketing@vaniprakashan.in
sales@vaniprakashan.in

Netaji Subhash Chandra Bose : Dastavez-1
Edited by Satyaprakash Singh

ISBN : 978-93-5229-833-4
Collective Works

प्रथम संस्करण 2021

मूल्य : ₹ 595

आर. टेक ऑफ़सेट प्रिंटर्स, दिल्ली-110032 में मुद्रित

वाणी प्रकाशन का लोगो मक़बूल फ़िदा हुसेन की कूची से

दिलीप कुमार राय को*

एस. एस. गगे
5 मार्च, 1933

प्रिय दिलीप,

एक लम्बे समय से मैं तुम्हें कोई पत्र नहीं लिख पाया यद्यपि तुम्हारे पत्र निरन्तर मुझे मिलते रहे हैं। जनवरी और फ़रवरी माह के दौरान मैं सरकार की प्रताड़ना के कारण अन्तहीन मानसिक यातना का शिकार रहा हूँ और अन्त तक आश्वस्त नहीं हो पाया था कि उपचार के लिए मैं यूरोप जा भी पाऊँगा या नहीं। सरकार की प्रताड़ित करने वाली नीतियों के कारण मेरा अपने माता-पिता एवं मित्रों से मिल पाना भी सम्भव नहीं हो पाया। केवल कुछ निकट के रिश्तेदार ही जबलपुर जेल में मुझसे मिलने की अनुमति पा सके। मेरे कई मित्र मुझसे मिलने दूरदराज़ के इलाक़ों से बम्बई आये थे किन्तु उन्हें भी निराश ही वापिस लौटना पड़ा। जहाज़ तक ले जाने वाले पुलिस अधिकारी तक मुझे शिकारी कुत्तों की तरह घेरे रहे, जब तक कि जहाज़ बन्दरगाह से रवाना नहीं हो गया। बम्बई से प्रस्थान करने तक के क्षणों में यन्त्रणा ने मुझे बहुत कष्ट पहुँचाया।

यद्यपि, मेरे विचार में, इन क्षुद्र बातों का वर्णन कर मुझे तुम्हें चिन्तित नहीं करना चाहिए। मेरी गिरफ़्तारी के दौरान, तुम्हें जो मेरी चिन्ता रही उसके बारे में जानकर अच्छा लगा। फिर यह बात अप्रत्याशित भी थी, क्योंकि तुम तो विश्वमोह त्याग कर योग ले चुके हो। प्रिय दिलीप, सच तो यह है कि योग और अध्यात्म से परे मेरे प्रति तुम्हारी मानवीय संवेदना ने मुझे बहुत प्रभावित किया है। क्योंकि तुमसे, जिससे सभी सांसारिक बातों और अपने सांसारिक मित्रों को भूल जाने की अपेक्षा थी, मेरे जैसे व्यक्ति के लिए इतना चिन्तन कल्पना से परे की बात है।

तुमने अपने किसी पत्र में शिव या ऐसे ही किसी विषय के सम्बन्ध में मुझसे प्रश्न किया था। सच तो यह है कि, शिव, काली और कृष्ण के प्रति अपने प्रेम के कारण मैं, एक विभक्त व्यक्तित्व हूँ। यद्यपि मूलतः ये तीनों एक ही हैं,

*मूल बंगला से अनूदित।

किन्तु व्यक्ति का एक की अपेक्षा दूसरा प्रतीक अधिक प्रिय हो सकता है। मेरे स्वयं के अनुभव के आधार पर मेरी मनोदशा परिवर्तित होती रहती है और वर्तमान मनोदशा के अनुसार मैं शिव, काली और कृष्ण तीनों रूपों में से किसी एक का चुनाव करता हूँ। इन तीनों में से फिर शिव और शक्ति का संघर्ष है। शिव एक योगी होने के कारण मुझे आकर्षित करते हैं तो काली माँ होने के नाते मुझे सम्मोहित करती हैं। तुम तो जानते ही हो कि पिछले दिनों (अर्थात पिछले चार-पाँच वर्ष से) से मैं मन्त्र शक्ति में आस्था रखने लगा हूँ। अब मेरा विश्वास है कि कुछ मन्त्रों में अन्तर्निहित शक्ति होती है, इससे पहले मेरी दृष्टि तार्किक थी और मैं मानता था कि मन्त्र केवल प्रतीक मात्र हैं जो ध्यान में सहायक होते हैं। किन्तु तन्त्रशास्त्र पढ़ने के बाद मुझे विश्वास हुआ कि कुछ मन्त्रों में शक्ति अन्तर्निहित होती है और कुछ विशिष्ट मन्त्रों के अनुरूप ही मानसिक संरचना भी होती है। तभी से मैं इस खोज में हूँ कि मेरी मानसिक संरचना किस मन्त्र के योग्य है और मैं किस मन्त्र को सही रूप में अपना सकता हूँ। किन्तु अभी तक मैं इसमें असफल रहा हूँ क्योंकि मेरी मानसिकता परिवर्तित होती रहती है और मैं कभी शैव, कभी शक्ति और कभी वैष्णव बन जाता हूँ। मेरे विचार में ऐसी दशा में ही हमें गुरु की आवश्यकता रहती है क्योंकि सच्चा गुरु हमसे अधिक हमें पहचानता है। वही हमें तत्काल बता सकता है कि हमें किस मन्त्र को अपनाना चाहिए और पूजा की किस विधि का अनुपालन करना चाहिए।

अब पुनः इहलोक में वापिस आता हूँ। कल मैं वेनिस पहुँच जाऊँगा वहाँ से विएना के लिए प्रस्थान करूँगा जहाँ चिकित्सकों से परामर्श करूँगा। उसके पश्चात शायद किसी सैनिटोरियम में जाऊँगा।

सईद बन्दरगाह तक की यात्रा बहुत सुखद रही क्योंकि समुद्र बिल्कुल शान्त था। सईद बन्दरगाह के पार करते ही ख़राब मौसम से सामना हुआ। मेरी परेशानियाँ (पेटदर्द आदि) अभी भी ज्यों की त्यों बनी हैं फिर भी पहले की अपेक्षा बेहतर अनुभव कर रहा हूँ। सईद बन्दरगाह तक पहुँचने से पहले तो मैं निश्चित रूप से ही बेहतर अनुभव कर रहा था, किन्तु मध्यसागर के ख़राब मौसम ने मुझे काफ़ी कष्ट पहुँचाया।

मैं यहीं समाप्त करता हूँ क्योंकि लहरों के कारण डगमगाते जहाज़ में लिख पाना काफ़ी कठिन हो रहा है।

प्रेम सहित,

तुम्हारा अपना

सुभाष

कान्तिलाल पारीख को

होटल रॉयल डैनियली
वेनेजिया
7 मार्च, 1933

मेरे प्रिय कान्तिलाल,

मैं कल दोपहर यहाँ पहुँच गया था। जहाज़ से एक मोटरबोट में हम यहाँ होटल में पहुँचे। जेटी में मुझे मेरा भतीजा (शरत बाबू का पुत्र) मिला जो पिछले डेढ़ वर्ष से म्यूनिख में अध्ययन कर रहा है।

कल से ही मौसम धुँधला और बरसाती बना हुआ है और अभी तक हम इटली का सूर्यास्त नहीं देख पाये हैं। इस बार मैं वेनिस और यहाँ की कला देख नहीं पाऊँगा और यह सब मुझे स्वास्थ्य लाभ होने तक स्थगित ही रखना पड़ेगा।

तुम्हारा 27 फ़रवरी का पत्र मुझे आज प्रातः मिला।

जैसा कि आप जानते ही हैं कि वेनिस, नहरों का शहर है। नहरें ही यहाँ यातायात का मार्ग हैं और 'नाव' तथा 'गोन्डोलाज़' यहाँ के वाहन और घोड़ागाड़ियाँ हैं।

तुम्हारे 27 तारीख़ के पत्र में, जो मुझे आज ही प्राप्त हुआ, आपने श्री अरविन्द घोष के लिए कोई फूल आदि नहीं भेजा। न ही कोई प्रेस कटिंग (फ्री प्रेस या अन्य अख़बारों से) ही भेजी। मैं भारतीय पत्रों में अत्यधिक रुचि रखता हूँ। अख़बारों की कटिंग्स आप एयरमेल से भिजवा सकते हो, किन्तु कुछ मुख्य भारतीय पत्रों की मानार्थ प्रति मैं लगातार देखना चाहूँगा। कृपया मुझे इस पते पर लिखिए–द्वारा–द अमेरिकन एक्सप्रेस कम्पनी, 14-कैरंटनेरिंग, विएना।

कल मुझे इटली के समाचार-पत्रों के कुछ प्रतिनिधियों को साक्षात्कार देना है। मैं शीघ्र ही आपको इटली के कुछ अख़बार भेजूँगा। कृपया उनको अंग्रेज़ी में अनुवाद कर भारतीय पत्रों में छपवाने का प्रयास करना। बम्बई में इटली के कस्यूलेट और लॉयड ट्रियेस्टिनो के एजेंट इसमें प्रसन्नतापूर्वक आपको सहायता करेंगे।

इटली सरकार के आदेशानुसार लॉयड ट्रियेस्टिनो के एजेंट्स ने वेनिस में मेरे जहाज़ से उतरने पर कुछ विशेष व्यवस्थाएँ की हैं। जहाज़ में भी उन्होंने मेरा विशेष ध्यान रखा जिसके लिए मैं उनका बहुत आभारी हूँ।

आपके पत्रों को प्राप्त करने के पश्चात मैं आपको केबल करने की सोच रहा था किन्तु फिर मैंने सोचा कि मुझे आपका टेलिग्राफ़िक पता मिलने तक इन्तज़ार करना चाहिए। इस बीच मैं आपको एयरमेल अथवा साधारण डाक द्वारा पत्र लिखता रहूँगा।

यात्रा प्रारम्भ होने से लेकर आज तक मैंने एसोसिएटेड प्रेस और फ्री प्रेस को कुछ सन्देश भेजे हैं। 24, 25, 27 फ़रवरी और 2 मार्च तथा 6 मार्च को मैंने रेडियो एवं केबल से कुछ सन्देश भेजे थे। फ्री प्रेस को मैंने 23 फ़रवरी और 6 मार्च को सन्देश भेजे। कृपया पता करें कि उनका उपयोग हुआ और वे प्रकाशित हुए या नहीं।

पोर्ट सईद में रायटर के प्रतिनिधि ने मेरा साक्षात्कार लिया। उसने मुझसे पूछा कि क्या मैं मिस्र जाऊँगा। यदि नहीं तो मेरा रास्ता और लक्ष्य कहाँ जाने का है। अभी तक किसी अन्य स्थान पर रायटर के प्रतिनिधि ने मुझसे कोई मुलाक़ात नहीं की। इससे तुम स्वयं अन्दाज़ लगा सकते हो। कृपया इसी सन्दर्भ में भविष्य के लिए मेरा मार्गदर्शन करो।

धन के मामले में, मुझे विश्वास है कि आप पूरा प्रयत्न करेंगे।

कृपया जगमोहन को बता दें कि आपके पत्र के साथ उनका पत्र पा मुझे हार्दिक प्रसन्नता हुई। मुझे आशा है कि अलग से उन्हें पत्र न लिख पाने के लिए वे बुरा नहीं मानेंगे।

कृपया मुझे निरन्तर पत्र लिखते रहें। मेरा विश्वास है कि जब तक डॉक्टर मेरे परीक्षण एवं निदान के लिए यहाँ रखना चाहेंगे तब तक मैं यहीं रहूँगा, उनके कहने पर ही मैं सैनिटोरियम जाऊँगा।

आशा है वहाँ सब ठीक-ठाक होगा।

आपका अपना

सुभाष

कान्तिलाल पारीख को

द्वारा द अमेरिकन एक्सप्रेस कम्पनी

14-कैरटनेरिंग

विएना-1

8 मार्च, 1933

प्रिय कान्तिलाल,

तुम्हारा 27.2.33 का पत्र वेनिस में मिला था। मैंने वेनिस से ही साधारण डाक द्वारा पत्र का उत्तर दे दिया था। यह पत्र मैं एयरमेल से भेज रहा हूँ।

मैंने 24, 25 और 27 फ़रवरी तथा 2 मार्च को एसोसिएटेड प्रेस को केबल पर सन्देश भेजे थे। मैं यह जानने को उत्सुक हूँ कि उन्होंने उनका क्या किया।

मैं तुम्हारे टेलिग्राफ़िक पते के इन्तज़ार में हूँ, सईद बन्दरगाह पर रायटर का प्रतिनिधि मेरे लक्ष्य स्थान और मार्ग के बारे में पूछताछ करने आया था।

अन्य किसी भी स्थान पर रायटर ने मेरे बारे में कोई पूछताछ नहीं की। 6 तारीख़ को वेनिस में मुझसे इटली के पत्रकारों ने सम्पर्क किया था। कृपया मुझे बतायें कि मुझे भविष्य में भारतीय प्रेस से क्या व्यवहार करना चाहिए। यदि सम्भव हो तो मुझे इस प्रकार लिखें।

बोस, द्वारा ट्रैवामैक्स

विएना,

शेष अगले पत्र में,

तुम्हारा अपना

सुभाष

कान्तिलाल पारीख को

लॉयड

द्वारा द अमेरिकन एक्सप्रेस कम्पनी

14-कैरटनेरिंग

विएना-1

15 मार्च, 1933

प्रिय कान्तिलाल,

तुम्हारा 27 फ़रवरी का पत्र मिलने के बाद मैंने विएना से तुम्हें एयरमेल द्वारा और वेनिस से 7 तारीख़ को साधारण डाक द्वारा पत्र भेजा था।

11 फ़रवरी को मुझे होटल से हटाकर शहर के फ्यूरेथ सैनिटोरियम में भेज दिया गया। अब मेरी गहन एक्स-रे और चिकित्सकीय प्रयोगशाला जाँच हो रही है। जाँच पूरी होने पर मैं तीन या चार विशेषज्ञों की राय लूँगा और सैनिटोरियम शायद स्विट्ज़रलैंड के सैनिटोरियम में दाख़िल होना चाहूँगा।

पता नहीं तुम कुछ पैसा एकत्र कर पाये या नहीं। यदि धन एकत्र हुआ तो कृपया इस पत्र के मिलते ही केबल से मुझे कुछ धन शीघ्र ही भेज दो। यहाँ द अमेरिकन एक्सप्रेस कम्पनी का टेलिग्राफ़िक पता इस प्रकार है—ट्रैवामैक्स, विएना। यहाँ विशेष रूप से सैनिटोरियम में रहने का ख़र्च जितना मैंने सोचा था, उससे बहुत अधिक है। मैं यह पत्र एयरमेल से भेज रहा हूँ ताकि तुम्हें शीघ्र मिल सके।

मैं तुम्हारी राय जानना चाहता हूँ कि मुझे फ्री प्रेस अथवा एसोसिएटेड प्रेस में से किसे अपने समाचार भेजने चाहिए। कृपया मुझे अपना टेलिग्राफ़िक पता तत्काल भेजो।

अभी तक मैंने तुम्हें कोई केबल नहीं भेजा है क्योंकि लम्बे पते पर ख़र्च अधिक आयेगा।

तुमने अपने पत्र में लिखा है कि समाचार-पत्रों की कटिंग्स भेज रहे हो किन्तु मुझे आज तक कोई कटिंग नहीं मिली है न ही मुझे श्री अरबिन्दो घोष की ओर से फूल आदि ही प्राप्त हुए हैं।

जैसा कि मैं अपने पहले पत्र में भी लिख चुका हूँ कि सईद बन्दरगाह के अतिरिक्त रायटर ने मेरे बारे में और कहीं कैसी भी पूछताछ नहीं की। मैं फ्री प्रेस और एसोसिएटेड प्रेस दोनों को ही अपने सन्देश भेज चुका हूँ और यह जानने को उत्सुक हूँ कि उन्होंने उनका क्या उपयोग किया। 23 फ़रवरी को 6 मार्च (वेनिस से) और 8 मार्च को (विएना से) मैंने फ्री प्रेस को केबल किया था। 24, 25 और 27 फ़रवरी तथा 2 मार्च को मैंने एसोसिएटेड प्रेस को भी केबल किया था।

यदि तुम कुछ धन एकत्र कर पाये हो तो कृपया केबल द्वारा शीघ्र ही भिजवा दो।

सभी को मेरा प्यार,

तुम्हारा अपना
सुभाष

कान्तिलाल पारीख को

द्वारा अमेरिकन एक्सप्रेस कम्पनी
14-कैरटनेरिंग
विएना-1
30 मार्च, 1933

प्रिय कान्तिलाल,

21 तारीख़ का तुम्हारा पत्र पाकर प्रसन्नता हुई। मुझे 22, 23 और 24 तारीख़ के फ्री प्रेस जर्नल प्राप्त हुए हैं। कृपया देखो कि मुझे लगातार अख़बार और सामग्री प्राप्त होती रहे।

पैसे के बारे में तुमने क्या किया? यदि कुछ एकत्र कर पाये हो तो कृपया अमेरिकन एक्सप्रेस में केबल के ज़रिये शीघ्र भिजवा दो। यदि ऐसा कर पाना सम्भव न हो तो बिना किसी झिझक के मुझे साफ़-साफ़ लिखो। ऐसे मामलों में किसी प्रकार की हिचकिचाहट उचित नहीं है। कृपया मुझे अनिश्चय की स्थिति में न रखो, बल्कि मुझे ठीक-ठीक सूचित करो कि क्या मैं तुमसे कोई अपेक्षा करूँ या नहीं।

जैसे ही तुम स्वस्थ हो जाओ, श्री हैरीमन से मिलो और परिणाम से मुझे भी सूचित करो।

कृपया बम्बई एसोसिएट प्रेस के श्री निखिल सेन से कहो कि वे मेरे पत्रों का उत्तर शीघ्र दें। मैं यूरोप में रायटर के प्रतिनिधियों की जानकारी तुमसे चाहता हूँ। कोशिश करो कि प्रत्येक डाक से तुम पत्र—बेशक चंद पंक्तियाँ ही, लिख सको।

सभी को स्नेह

तुम्हारा

सुभाष

सत्येन्द्रनाथ मजूमदार को*

द्वारा अमेरिकन एक्सप्रेस कपनी

14-कैरटनेरिंग

विएना

28 अप्रैल, 1933

प्रिय मित्र,

समय-समय पर तुम्हारे पत्र मिले। उत्तर नहीं दे पाया इसके लिए क्षमाप्रार्थी हूँ। मैं बहुत कुछ कहना और लिखना चाहता हूँ किन्तु शारीरिक क्षमता इनकी इजाज़त नहीं दे रही, वैसे भी कुछ कहने का समय नहीं आया है। यदि मैं अभी कहना शुरू करूँ तो क्या तुम ध्यान दे पाओगे?

मेरे जीवन का एक अध्याय समाप्त हो चुका है। दूसरे की शुरुआत करने की कोशिश में हूँ, और अब पूरी तरह इस कार्य में व्यस्त हूँ। आज मैं समुद्र पार विदेशी भूमि विएना में रह रहा हूँ किन्तु मेरा तन-मन सब तुम्हारे साथ है। हर क्षण एक ही विचार, एक ही प्रयत्न, एक ही साधना में लगा रहता हूँ कि किस प्रकार, किस शक्ति के स्फुरण से, किस विधि से यह अर्धजाग्रत देश आत्मनिर्भर और विजयी हो पायेगा।

हमारे राष्ट्रीय इतिहास का भी पुराना अध्याय समाप्त हो चुका है। सन् 1920 में प्रारम्भ हुआ अध्याय समाप्त हो गया है। सत्येन बाबू, मुझ पर विश्वास करें, पुराना समय वापिस नहीं लौटेगा। आज एक नयी विधि, एक नये सन्देश और नयी शक्ति को महसूस करने की आवश्यकता है। जिस शक्ति, जिस सन्देश की कामना हम उनके लिए करते हैं, उसकी खोज हमें अपनी आत्मा में करनी होगी।

---

*मूल बंगला से अनूदित।

जब सन् 1921 में मैंने अपनी आत्मशक्ति के आधार पर सभी सम्मानजनक पदों का त्याग किया था, उसी दिन मैंने अपने जीवन के पुराने अध्याय को भी समाप्त मान लिया था, तब एक मित्र ने मेरे इस व्यवहार पर शंका व्यक्त करते हुए टिप्पणी की थी–"अरे! यह तो राजनीतिक दाँव है।"

मैंने दुखी होकर उत्तर दिया था–"भविष्य ही बतायेगा।" लोग कुछ भी कहें लेकिन मैं जानता हूँ कि समाप्त हुआ अध्याय पुनः नहीं लौटेगा।

आज जो मैंने क़दम उठाया है, वहाँ मैं बिल्कुल अकेला और मित्रविहीन हूँ अपने चारों ओर दृष्टिपात करने पर पाता हूँ कि मैं एकान्त के रेगिस्तान से घिरा हूँ। मैं उस लम्बे मार्ग पर चल पड़ा हूँ, जिस पर अकेला यात्री यह गीत गाता चलता है–'यदि कोई तुम्हारी पुकार न भी सुने तो भी अकेले चलते रहो।'

लेकिन यह अकेलापन अधिक समय तक टिकने वाला नहीं। जीवन में समृद्धि और पूर्णता पाने के लिए सब कुछ त्याग कर अकेला होना ही पड़ता है। इसी कारण व्यक्ति को अकेलापन महसूस होता है। यदि तुम व्यक्ति निर्माण करना चाहते हो, लौह से भी शक्तिशाली संगठन बनाना चाहते हो तो ऐसी स्थिति में यह अति आवश्यक है कि तुम नितान्त एकाकीपन से शुरुआत करो। जहाँ दाल-रोटी का संघर्ष हो या निजी स्वार्थों का द्वन्द्व हो, जहाँ मानवीयता और दृढ़ चरित्र का अभाव है वहाँ विशुद्ध रूप में कुछ प्राप्त नहीं किया जा सकता और वह स्थायी भी नहीं होता। क्रॉमवेल की विजय का राज़ यही था कि उसने लौह सेना का निर्माण किया था। हमारी लौह सेना कहाँ है। अभी हम स्वराज्य प्राप्त नहीं कर पाये हैं, क्योंकि हमारे देश में वे व्यक्तित्व कहाँ हैं जिन्हें हम वास्तविक व्यक्ति कह सकें, अभी हम उनका निर्माण नहीं कर पाये हैं, अभी हमारे पास शक्तिशाली सेना नहीं है। जिस शक्ति का अभाव है वह हमें पैदा करनी होगी तभी हम विजयी हो पायेंगे अन्यथा नहीं। इसीलिए आज से मैंने नयी खोज प्रारम्भ कर दी है। क्या कोई मेरे साथ आयेगा? यदि वे आयेंगे तो मुझे भय है कि, हर क़दम पर ख़तरों और रुकावटों का सामना करना होगा। प्रत्येक चीज़ का परित्याग कर, व्यक्ति को एकाकी निकल पड़ना होगा और वह भी किसी संसाधन के बिना। यहाँ किसी पुरस्कार या उपहार मिलने की आशा नहीं है। यहाँ मैं गैरीबाल्डी के शब्दों का उद्धरण देने का लोभ संवरण नहीं कर पा रहा है। उसने कहा था, "मैं तुम्हें भूख, प्यास, अभाव, प्रयाण और मृत्यु दूँगा" जिसे ये सब बातें मंजूर हों वही साथ चल सकता है। ऐसे सहयात्री को या तो मृत्यु प्राप्त होगी या फिर स्वतन्त्रता और अमरत्व प्राप्त होगा। बंगाल की राजनीति दूषित है। अनन्त त्याग एक बार फिर बंगाल के वातावरण को स्पष्ट और साफ़

कर देगा। कार्य दुष्कर अवश्य है किन्तु असम्भव नहीं। मुझ पर विश्वास रखें, दो वर्ष के भीतर ही बंगाल में अद्‌भुत परिवर्तन आयेगा। वर्तमान में चल रहे निजी स्वार्थों के झगड़े अधिक समय तक बंगाल की वायु को प्रदूषित नहीं कर पायेंगे। आने वाली भोर की तैयारियाँ क्यों न अभी से शुरू कर दी जायें। यह मेरी सच्ची प्रार्थना और इच्छा है।

आशा है तुम सब लोग पूर्ण स्वस्थ हो। हृदय से प्रेम युक्त।

तुम्हारा अपना
सुभाष चन्द्र बोस

सन्तोष कुमार बासु, मेयर कलकत्ता को

11 मई, 1933

महोदय,

विएना के लार्ड मेयर (बर्गरमिस्टर) ने कल 10 मई को मुझे राथूस (म्युनिसिपल कार्यालय) में आमन्त्रित किया था। आपका पत्र उन्हें दे दिया गया था। मैंने स्वयं भी उन्हें तथा म्युनिसिपल कॉर्पोरेशन कलकत्ता के मेयर एवं म्युनिसिपल कॉर्पोरेशन की ओर से शुभकामनाएँ दे दी थीं। निजी रूप से भी विएना की म्युनिसिपल एडमिनिस्ट्रेशन की तथा समाजवादी सत्ता के अधीन हुई प्रगति की प्रशंसा की।

लार्ड मेयर ने धन्यवाद दिया और कलकत्ता के मेयर तथा म्युनिसिपल कॉर्पोरेशन को हार्दिक शुभकामनाएँ दीं। वे मुझसे कांग्रेस के कॉर्पोरेशन में आने के बाद वर्ष 1924 से लेकर आज तक हुई कलकत्ता की प्रगति के बारे में जानने को बहुत उत्सुक थे।

मैंने लार्ड मेयर को कलकत्ता म्युनिसिपल गजट (वार्षिक अंक और हाल ही में प्रकाशित स्वास्थ्य अंक) की दो प्रतियाँ भेंट कीं और उन्होंने अत्यधिक प्रसन्नता ज़ाहिर की। मैंने उन्हें बताया कि मैं विएना के म्युनिसिपल प्रशासन का अध्ययन करना चाहता हूँ। उन्होंने मुझे भरसक सहायता देने का आश्वासन दिया। उन्होंने मेरे शीघ्र स्वास्थ्य लाभ की कामना की और इस बात पर अपना सन्तोष व्यक्त किया कि मैं चिकित्सकों से परामर्श ले रहा हूँ।

मेयर साहब, आप जानते ही हैं कि विएना म्युनिसिपैलिटी का प्रशासन पिछले बारह वर्षों से समाजवादी पार्टी के अधीन है। इन वर्षों में उन्होंने आवास, शिक्षा, चिकित्सा और सामाजिक भलाई जैसे सामान्य कार्यों में पर्याप्त प्रगति की है। इस दौरान उन्होंने लगभग दो लाख लोगों को आवास सुविधा

उपलब्ध कराई है और वह भी बिना धन उधार लिए। यही उनकी सबसे बड़ी उपलब्धि भी है। यह सब धन मनोरंजन एवं ऐश्वर्य के सामान पर लगे कर से प्राप्त किया गया।

कुछ आस्ट्रियाई मित्र, जो म्युनिसिपैलिटी से सम्बद्ध थे, मुझे म्युनिसिपैलिटी द्वारा बनाये गये आवास और वे संस्थाएँ, जो बच्चों की भलाई और शिक्षा के लिए बनाई गयी हैं, दिखाने भी ले गये। जो कुछ मैंने देखा, उससे मैं काफ़ी प्रभावित हुआ। मेरी इच्छा है कि ऐसा ही प्रयास कलकत्ता म्युनिसिपल द्वारा भी किया जाना चाहिए।

मैंने विएना के बर्गरमिस्टर सीट्ज को आपके कार्यों का लेखा-जोखा भी दिया, जो कि वास्तव में एक समाजवादी कार्य ही है। रूस के अलावा विएना म्युनिसिपल, पूरे यूरोप में, अत्यधिक महत्त्वपूर्ण म्युनिसिपैलिटी है। यदि कलकत्ता कॉर्पोरेशन चाहे और उसे प्रकाशित करने का इच्छुक हो तो मैं विएना पर (भारतीय दृष्टि से) एक पुस्तक, जो कुछ मैंने यहाँ देखा और सीखा, लिखना चाहूँगा। विएना पर तो मैं एक पुस्तक लिखूँगा ही, लेकिन म्युनिसिपल काउंसलर्स और कार्यकर्ताओं के लिए यह पुस्तक अधिक विस्तार में होनी चाहिए। अतः मैं आपका अति आभारी होऊँगा यदि आप मुझे सूचित कर सकें कि कॉर्पोरेशन मुझे इस कार्य को करने की अनुमति देता है। यदि आवश्यक हो तो आप यह पत्र कॉर्पोरेशन के सम्मुख रख सकते हैं।

मेयर साहब, आपको तथा कॉर्पोरेशन को मेरी हार्दिक शुभकामनाएँ और धन्यवाद।

भवदीय

सुभाष चन्द्र बोस

जेटी सुदरलैंड को

द्वारा अमेरिकन एक्सप्रेस कम्पनी
14-कैरटनेरिंग
विएना (आस्ट्रिया)
18 मई, 1933

प्रिय महोदय सुदरलैंड,

आपका पत्र पाकर मुझे अतीव प्रसन्नता और गर्व का अनुभव हुआ है। मैं क्षमा चाहता हूँ कि मैं तत्काल आपको पत्रोत्तर नहीं दे सका। मुझे आशा है कि मेरे स्वास्थ्य को देखते हुए आप मुझे क्षमा करेंगे।

आपकी हस्ताक्षरित पुस्तक मेरे लिए एक और सुखद आश्चर्य थी। जब से वह मुझे मिली है तभी से उसको लेकर मेरे मित्रों में छीना-झपटी चल रही है। जैसा कि आप जानते ही हैं कि यह पुस्तक भारत में उपलब्ध नहीं है, क्योंकि भारतीय सरकार ने उस पर रोक लगा दी है।

अतः यह पुस्तक एक ख़जाने के रूप में है।

श्री वीजे पटेल आजकल विएना के ही एक सैनिटोरियम में हैं और हम लोग प्रायः मिलते रहते हैं। आपने सुना होगा कि अमेरिका से लौटने के बाद उनका स्वास्थ्य बहुत अधिक ख़राब हो गया था। चिकित्सकों की राय है कि उन्होंने वहाँ क्षमता से अधिक कार्य किया। फिर भी जिस दशा में वे यहाँ आये थे उसमें अब बहुत बेहतर हैं और ऐसी आशा है कि आराम और उपचार के परिणामस्वरूप वे पुनः पहले जैसे स्वस्थ हो जायेंगे। श्री पटेल ने अमेरिका के अपने अनुभव मुझे बताये।

आपके पत्रों में जो मेरे प्रति आपकी सदाशयता व्यक्त हुई है उससे मुझे जो प्रसन्नता मिली मैं उसका वर्णन नहीं कर सकता। आपने पत्राचार प्रारम्भ किया है और मुझे आशा है भविष्य में भी इसे क़ायम रखेंगे।

मैं आपकी पुस्तक को ख़जाने को भाँति सँभाले हूँ। एक बार पुनः आपको धन्यवाद देता हूँ।

आपका आज्ञाकारी
सुभाष चन्द्र बोस

पुनश्च : पहले की अपेक्षा मैं काफ़ी बेहतर अनुभव कर रहा हूँ, यद्यपि प्रगति बहुत धीमी गति से हो रही है।

सु. च. बो.

श्री सन्तोष कुमार बासु मेयर, कलकत्ता को

द्वारा द अमेरिकन एक्सप्रेस कम्पनी
14-कैरटनेरिंग
विएना-1
23 मई, 1933

सेवा में,
मेयर साहब,
कॉर्पोरेशन ऑफ़ कलकत्ता

प्रिय महोदय,

पिछले सप्ताह आपको लिखे अपने पत्र में मैंने विएना नगरपालिका पर

भारतीय दृष्टि से एक पुस्तक लिखने की इच्छा व्यक्त की थी। मैंने यह भी सुझाव दिया था कि कलकत्ता निगम उसे प्रकाशित करने का कार्य कर सकता है। यदि यह सम्भव हो तो, मैं उस पुस्तक को और अधिक विस्तृत आकार देने का प्रयत्न करूँगा।

क्योंकि विएना के मेयर ने मुझे रार्थोस में (टाउनहॉल) मिलने के लिए आमन्त्रित किया था, इसलिए मुझे पिछले बारह वर्ष में नगरपालिका द्वारा निर्मित कुछ भवनों को देखने का अवसर मिला। अभी तक मैं नगरपालिका द्वारा बनाये गये कुछ मकानों को ही देख पाया हूँ। उनकी योजना में अद्‌भुत वैविध्य है। एक ओर शहर के मध्य में बड़े-बड़े मकान हैं जिसमें लम्बे-चौड़े अपार्टमेंट्स हैं और दूसरी ओर छोटे-छोटे कुटीर हैं सब सुविधाओं से युक्त जिनके साथ बगीचे जुड़े हैं जिन्हें गार्डनसिटी के अनुरूप बनाया गया है। इन दोनों प्रकार के अलग-अलग आवासों के बीच शिल्पकारों ने मिले-जुले मकान बनाने का प्रयोग किया है।

मुझे किंडरगार्टेन आवासों को भी देखने का अवसर मिला, जहाँ निर्धनों के बच्चे, या उन लोगों के बच्चे जो दिन में कार्य पर जाते हैं, की देखभाल और शिक्षा का प्रबन्ध है। निर्धनों के बच्चों को वे सुविधाएँ देने का प्रबन्ध है कि उसे देख धनवानों को भी ईर्ष्या हो जाये।

लोगों के लिए तैरने की संस्थाओं को देखने का अवसर भी मिला जिन्हें युद्ध के बाद बनाया गया है। ऐसे जनसाधारण के लिए निगम द्वारा बनाये गये स्नानागारों के कारण विएना के लोगों को सूर्य की रोशनी में नहाने की सुविधा मिली और परिणामस्वरूप तपेदिक के रोग में आश्चर्यजनक रूप से गिरावट आयी। स्नानागारों में नहाने की सुविधा इतनी अच्छी है कि हज़ारों लोग बिना किसी हिचक और असुविधा के प्रतिदिन स्नान कर सकते हैं। निरन्तर पानी फिल्टर होता रहता है जिसकी वजह से स्विमिंग का पानी पूरी तरह स्वच्छ और साफ़ रहता है बच्चों के लिए बिल्कुल अलग स्नानागार बनाये गये हैं।

इस सप्ताह मैं बड़े-बड़े बिजली और गैस के संस्थान देखने जाऊँगा। ये संस्थान नगरपालिका के अधीन ही हैं। जहाँ तक मेरा स्वास्थ्य साथ देगा, मेरी कोशिश रहेगी कि मैं ऐसे प्रत्येक विभाग को देखूँ, जिस क्षेत्र में हम अभी पिछड़े हुए हैं। मैं जिस भी संस्था को देखना चाहता हूँ उसमें नगरपालिका मुझे पूरी सुविधा उपलब्ध करा रही है इसके लिए मैं उनका आभारी हूँ।

अन्त में मैं वित्त विभाग की चर्चा करना चाहूँगा जिसके सक्षम कार्य द्वारा ही पिछले बारह वर्ष में अद्‌भुत सफलता इन्हें प्राप्त हुई है। मेयर साहब, आपको

यह जानकर आश्चर्य होगा कि सभी नये कार्य इन्होंने करों से प्राप्त राशि द्वारा किये हैं अतः किसी प्रकार का उधार नहीं लिया। इसके लिए इन्होंने मनोरंजन एवं ऐश्वर्य के साधनों पर कर लगाये ताकि धनी वर्ग से पैसे लेकर निर्धनों पर व्यय हो सके ताकि पहल कीं अपेक्षा उनकी अधिक देखभाल सम्भव हो सके।

मेयर साहब, जैसा कि आप जानते ही हैं कि विएना समाजवादी नगरपालिका का व्यावहारिक उदाहरण है और इस दृष्टि से इसका यूरोप में अलग स्थान है।

मेरे विचार में कलकत्ता के प्रथम मेयर का कार्यक्रम भी समाजवादी कार्यक्रम है फिर भी इस बात में कोई दो राय नहीं कि विएना की नगरपालिका में बहुत कुछ सीखा जा सकता है।

मेयर साहब! यदि आप मेरे कार्य को निगम के सम्मुख रख सकें और उनके निर्णय से मुझे सूचित कर सकें तो मैं आपका बहुत आभारी रहूँगा।

धन्यवाद,

आपका आज्ञाकारी
सुभाष चन्द्र बोस

एल्फेड टायरनौर को

होटल डी फ्रांस
27 मई, 1933

प्रिय श्री टायरनौर,

पत्र के साथ कुछ समाचार हैं जिनमें शायद आपकी रुचि हो। यदि आप इन समाचारों का जहाँ तक सम्भव हो, विस्तृत प्रचार कर सकें तो मुझे बहुत प्रसन्नता होगी, यदि आप इन्हें आस्ट्रियन एजेंसी को दे सकें तो अच्छा रहेगा क्योंकि इससे यह विएना के पत्रों में स्थान पा सकेंगे। इसके अतिरिक्त आप इन्हें इटली, फ्रांस और जर्मनी के समाचार-पत्रों में भेजने का प्रयास भी कर सकते हैं। अमेरिका के पत्रों को भी भेजे सकते हैं।

यदि वहाँ इसका विस्तृत प्रचार हो सका तो मुझे विश्वास है कि उन्हें इंग्लैंड के लिए पासपोर्ट देने पर विवश होना पड़ेगा। अतः कृपया मेरे लिए इतना कष्ट अवश्य करें।

धन्यवाद,

शुभाकांक्षी
सुभाष चन्द्र बोस

नाओमी सी. वैटर को

होटलडी फ्रांस, विएना

28 मई, 1933

प्रिय श्रीमती वैटर,

मेरे एक मित्र भारत से कुछ आम लाये हैं। क्या मैं उनमें से कुछ आम डॉ. वैटर और आपके लिए भिजवा सकता हूँ। मैं चाहता हूँ कि काश मेरे पास कुछ और होते ताकि मैं अधिक से अधिक आप तक भेज पाता।

जैसा कि आप जानती ही हैं कि, आम एक भारतीय फल है और अच्छे फलों में से एक है। मुझे आशा है कि यह बहुत मीठी किस्म का आम है।

डॉ. वैटर और आपको शुभकामनाओं सहित!

शुभाकांक्षी

सुभाष चन्द्र बोस

नाओमी सी. वैटर को

होटल डी फ्रांस

31 मई, 1933

प्रिय श्रीमती वैटर,

आज शाम के भाषण की एक प्रति भिजवा रहा हूँ। यद्यपि मैं भाषण पढ़ूंगा नहीं बल्कि सीधे भाषण दूँगा ही। किन्तु संलग्न प्रति से आपको यह पता लग जायेगा कि मैं क्या बोलूँगा। अतः आपको उसे तत्काल जर्मन भाषा में अनुवाद करने में सुविधा रहेगी।

धन्यवाद,

शुभाकांक्षी

सुभाष चन्द्र बोस

सन्तोष कुमार बासु, मेयर कलकत्ता को

द्वारा अमेरिकन एक्सप्रेस कम्पनी

14-कैरटनेरिंग

विएना (आस्ट्रिया)

18 जून, 1933

सेवा में,

मेयर साहब

कलकत्ता नगर निगम,

महोदय,

आपको दूसरा पत्र लिखने के पश्चात मैंने विएना की कुछ अन्य निगम संस्थाओं को देखा है। विएना के मेयर ने मेरी सुविधा के लिए एक अंग्रेज़ी बोलने वाला व्यक्ति और कार मुझे उपलब्ध करवा दी। पिछले पन्द्रह दिनों में मैं बिजली विभाग, गैस विभाग और जल विभाग देखने गया। सभी विभागों के प्रमुख बहुत सदाशय थे और उन्होंने ऐसी कोई भी सूचना, जो कलकत्ता के लिए उपयोगी हो, उपलब्ध कराने का आश्वासन दिया। अगले सप्ताह मैं जल-मल-व्ययन संस्थान तथा सड़क निर्माण व सड़कों को साफ़ रखने की व्यवस्था का अध्ययन करूँगा जिनकी व्यवस्था नगर निगम करता है। मेरी इच्छा है कि यहाँ जो कुछ मैं देख और अनुभव कर रहा हूँ उसका उपयोग हमें भी करना चाहिए।

मेयर साहब, आप जानते ही होंगे कि बिजली, गैस, ट्राम आदि जैसे सभी जनोपयोगी विभाग विएना नगर निगम के अधीन हैं। यूरोप में अन्य किसी भी स्थान की अपेक्षा बिजली और गैस यहाँ सस्ती है।

पिछले बारह वर्षों में निगम ने लगभग 2 लाख लोगों को आवास की सुविधा उपलब्ध कराई है वह भी बिना धन उधार लिए, केवल मनोरंजन और ऐश्वर्य के साधनों पर कर लगाकर राशि एकत्र की है। मुझे इसमें शंका नहीं कि निगम भी कलकत्ता के निवासियों को सस्ती गैस और बिजली उपलब्ध कराने की आवश्यकताओं की प्रतिपूर्ति करती रहेगी। इस जैसी अन्य समस्याओं के समाधान खोजने के लिए हम विएना निगम के कार्यों व अनुभवों से बहुत कुछ सीख सकते हैं।

मेयर साहब को अनेकानेक शुभकामनाओं सहित!

आपका
सुभाष चन्द्र बोस

बिभावती बोस को*

विएना
21 जून, 1933

प्रिय मेजो बोवदीदी,

एक लम्बे अरसे से आपको पत्र नहीं लिख पाया, इससे आप अवश्य नाराज़ होंगी। बहरहाल। मैं क्षमाप्रार्थी हूँ। जब पत्र लिखने का समय मिलता है तो

*मूल बंगला से अनूदित।

आलस्य घेर लेता है, जिसके परिणामस्वरूप मैं पत्र नहीं लिख पाता। इसी प्रकार कई सप्ताह बीत गये। मेरा स्वास्थ्य धीरे-धीरे सुधर रहा है। यद्यपि मेरा वज़न तो बहुत अधिक नहीं बढ़ पाया है, फिर भी मैं अधिक चिन्तित नहीं हूँ, क्योंकि पेट बढ़ाने का कोई लाभ नहीं। शारीरिक रूप से मैं स्वयं को पहले की अपेक्षा अधिक शक्तिशाली महसूस कर रहा हूँ।

अभी उपचार चल रहा है और खान-पान पर बहुत-सी बंदिशें हैं। सबसे मज़ेदार बात तो यह है कि कुछ लोग जो मेरी उम्र का अन्दाज़ा लगाने का प्रयास करते हैं उनका कहना है कि मेरी उम्र 32 वर्ष से अधिक नहीं। कुछ कहते हैं मैं 28 वर्ष का हूँ। इसलिए जो मुझे शक होने लगा था कि मैं उम्र से पहले ही बूढ़ा हो रहा हूँ वह शंका समाप्त हो रही है।

यह जानकर प्रसन्नता हुई कि मेजदादा का स्वास्थ्य पहले से बेहतर है। आप कैसी हैं? 'नेरा-नेरी' कैसे हैं? मैंने उन्हें पत्र नहीं लिखा इस बात से वे नाराज़ होंगे। अशोक से पता चला कि अब वह ठीक है। कृपया मेरा प्रणाम स्वीकार करें।

आपका

सुभाष

नाओमी सी-वैटर को

पैलेस होटल

इन्ड्ररिस्क

प्राग

29 जून, 1933

प्रिय श्रीमती वैटर,

मैं विएना से वायुयान द्वारा आज दोपहर यहाँ पहुँचा हूँ और अभी तक होटल में ही हूँ। वायुयान की यात्रा अच्छी नहीं लगी, क्योंकि हल्का-हल्का सिर चकराने सा लगा। यहाँ पहुँच कर स्वस्थ महसूस कर रहा हूँ। अभी तक शहर की कोई जगह नहीं देखी है।

प्रेज़ीडेंट वैटर व आपको सादर प्रणाम।

आपका शुभाकांक्षी

सुभाष चन्द्र बोस

श्री सन्तोष कुमार बासु, मेयर, कलकत्ता को

पैलेस होटल
प्राग
9 जुलाई, 1933

प्रिय श्री मेयर साहब,

मैं यहाँ (प्राग) में एक सप्ताह पहले आया था। यहाँ पहुँचने पर मैं प्राग के प्राइमेटर (मेयर) डॉ. बाक्सा से उनके कार्यालय टाउनहॉल में मिला। हम दोंनों में लम्बा वार्तालाप हुआ और उन्होंने कलकत्ता और प्राग के बीच निकट सम्बन्धों पर अपनी प्रसन्नता ज़ाहिर की।

प्राग के प्राइमेटर ने कलकत्ता के मेयर और वहाँ के निवासियों के लिए अपने आटोग्राफ, चित्र और शुभकामनाएँ भेजी हैं। इस सप्ताह के अन्त तक यह सब भिजवा दी जायेंगी।

मुझे निगम कार्यालय दिखाया गया, जो प्राचीन और कलात्मक ढंग से बना हुआ है। बाद में मैं समाज सुधार संस्थाओं को देखने भी गया जिनमें से सबसे प्रसिद्ध मसारिक होम है जहाँ अनाथ और बच्चे रहते हैं। जल संस्थान, मल व्ययन संस्थान और गैस संस्थान भी मैंने देखे। बिजली संस्थान को देखने की व्यवस्था भी की गयी थी। किन्तु मैं वहाँ जा नहीं पाया। अपने अगले पत्र में मैं उन बातों के बारे में चर्चा करूँगा जिन्होंने मुझे काफ़ी प्रभावित किया। मैं आपको बताना चाहूँगा कि यहाँ निगम ने कूड़ा-करकट ख़त्म करने के लिए भस्मकारी यत्र का निर्माण किया है इसी की सहायता से बिजली का उत्पादन किया जायेगा। इस कार्य को सकोड़ा वर्क्स कर रहा है।

प्राइमेटर ने मुझे गाड़ी की सुविधा उपलब्ध करा दी थी और जिन संस्थानों को मैं देखने गया वहाँ की जानकारी उपलब्ध कराने के लिए अंग्रेज़ी बोलने वाले अधिकारियों की व्यवस्था भी करवा दी थी।

मेयर साहब, प्राग के प्राइमेटर के सन्देश के उत्तर में आपके पत्र को पाकर यहाँ के प्राइमेटर निश्चित रूप से प्रसन्न ही होंगे। यदि निगम, कोई सदस्य या अधिकारी प्राग की निगम सम्बन्धी समस्याओं की जानकारी चाहेंगे तो यहाँ के अधिकारी प्रसन्नतापूर्वक अपना सहयोग देंगे?

प्राग नगर निगम आजकल एक नयी किस्म की सड़कों (टार-मैकेडम) के निर्माण का कार्य कर रही है जो कि डामर की सड़कों जैसी ही सस्ती और अच्छी

होंगी। जिस इंजीनियर ने मुझे यह सब दिखाया मैंने उसे बताया कि कलकत्ता नगर निगम भी इस विषय में रुचि लेगा।

मेयर साहब, आपको व नगर निगम को हार्दिक शुभकामनाएँ।

आपका अपना
सुभाष चन्द्र बोस

नाओमी सी. वैटर को

होटल ब्रुहल
फ्रैड्री नं. 12
वारसा (पोलैंड)
10 जुलाई, 1933

प्रिय श्रीमती वैटर,

उपर्युक्त पते से आप अनुमान लगा लेंगी कि मैं कितना घुमक्कड़ हो गया हूँ।

प्राग में मैं अत्यधिक व्यस्त रहा। दिनभर घूमते रहने के बाद, शाम को मैं इतना थक जाता था कि मुझमें इतनी शक्ति भी शेष नहीं रहती थी कि पत्र भी लिख सकूँ। शीघ्र पत्र न लिख पाने के लिए कृपया मुझे क्षमा करें।

आपके दोनों पत्र पाकर मुझे बहुत प्रसन्नता हुई। विएना से जब मैंने आप लोगों से विदा ली तो मन काफ़ी दुखी था और आपके तथा श्री वैटर के आभार को व्यक्त करने के लिए मेरे पास शब्द नहीं हैं। मानव होने के नाते, हम बहुत भावुक हैं यद्यपि बाहर से मैं बहुत कठोर प्रतीत होता हूँ। कम-से-कम मेरे कुछ मित्र तो मुझे ऐसा ही मानते हैं।

इस तथ्य को जानकर कि आपको मेरे देश के प्रति इतनी रुचि है मुझे बेहद प्रसन्नता हुई और मैं आप लोगों के प्रति कृतज्ञ हूँ। आप तो जानती ही हैं कि मैंने अपने क्षुद्र जीवन को अपने देश के प्रति समर्पित कर दिया है। परिणामतः जो भी मेरे देश के प्रति रुचि दर्शाता है वही मेरी श्रद्धा का पात्र हो जाता है।

मुझे विश्वास है कि यदि आप निर्णय कर लें तो आप भी भारत के लिए बहुत कुछ कर सकती हैं।

भारत के सम्बन्ध में पुस्तक लिखने का आपका विचार, यूरोप के पाठकों की दृष्टि से, बहुत अच्छा और उपयोगी है। यदि मेरी सेवाओं की आवश्यकता पड़े तो अवश्य कहें।

मैं अभी वारसा पहुँचा हूँ और जब यहाँ के लोगों और जगहों को देख लूँगा तब आपको लिखूँगा।

प्राग में एक विशेष आकर्षण है—विशेषकर पुराने भवनों और मध्ययुगीन कृतियों में किन्तु विएना निश्चय ही अद्भुत है। प्राग में मैं बहुत अधिक समय तक रुक नहीं पाया और मैत्री भी स्थापित नहीं कर पाया। किन्तु जिन लोगों से भी मिला वे बहुत सहृदय थे। सरकार ने (विदेश विभाग और वाणिज्य मन्त्रालय ने) ही व्यवस्था की कि किन-किन स्थानों को मुझे देखना चाहिए। परिणामस्वरूप मुझे अधिक कठिनाई का सामना नहीं करना पड़ा। मैं विदेश मन्त्री डॉ. बैनेस से भी मिला और दिलचस्प वार्तालाप हुआ। कुल मिलाकर मेरी यात्रा सफल रही और अब हम चेकोस्लोवाकिया और भारत के बीच सम्बन्ध स्थापित करने के लिए एक संगठन प्राग में बना सकेंगे।

यहाँ मेरे आठ दिन रुकने का विचार है। यहाँ से बर्लिन जाऊँगा जहाँ एक सप्ताह या दस दिन रहूँगा। बर्लिन के बाद का कार्यक्रम अभी तय नहीं कर पाया हूँ किन्तु जैसे ही कोई निर्णय लूँगा आपको तत्काल सूचित करूँगा।

शुभकामनाओं सहित

आपका अपना

सुभाष चन्द्र बोस

नाओमी सी. वैटर को

होटल ब्रुहल

वारसा

15 जलाई, 1933

शनिवार, रात्रि

प्रिय श्रीमती वैटर,

आपके कई पत्र मिले, समझ नहीं पा रहा किन शब्दों में धन्यवाद करूँ। मुझे दुख है कि मैं इतना समय नहीं निकाल पा रहा कि जो कुछ कहना चाहता हूँ वह सब लिखते हुए एक लम्बा पत्र लिख पाऊँ। आज रात्रि में मैं केवल यही कह सकता हूँ कि मुझे प्रसन्नता है कि मैंने विएना में इतने महीने बिताये और बदले में मुझे अपने देश का आप जैसा सच्चा मित्र मिला। मुझे आशा और विश्वास है कि आप सदा भारत के प्रति ऐसी ही रुचि रखेंगी। मैं तो अपने देश का एक अदना-सा प्रतिनिधि मात्र हूँ। यदि मुझमें कोई ख़ूबी है तो वह मेरे देश की ख़ूबी है। मुझमें जो बुराई है वह केवल मेरी अपनी है किसी और की नहीं।

सोमवार प्रातः (17 जुलाई) मैं बर्लिन के लिए रवाना हो रहा हूँ और मेरा विचार है कि वहाँ कुछ दिन आराम कर पाऊँगा। प्राग और वारसा में तो मैं

लगातार भ्रमण करता रहा। आपको बताने में प्रसन्नता अनुभव कर रहा हूँ कि दोनों स्थानों की मेरी यात्रा एक सफल यात्रा रही।

कृपया, स्पेन के राजदूत से पत्र लेकर आप अपने पास ही रख लें। मैं स्पेन जाने से पूर्व आपसे ले लूँगा।

बर्लिन में मेरा पता होगा—द्वारा द अमेरिकन एक्सप्रेस कम्पनी। बर्लिन से मैं आपको पुनः लम्बा पत्र लिखूँगा। अपने कार्यक्रम निर्धारण में मुझे कुछ कठिनाई का सामना करना पड़ता है इसलिए पक्के तौर पर आपको कुछ कह नहीं सकता। मुझे यह सुनकर बहुत गर्व और आनन्द हुआ कि यदि मैं विएना लौटा तो आप मुझे वहाँ मिलेंगी। जैसे ही किसी निर्णय पर पहुँचूँगा आपको तत्काल अपना कार्यक्रम लिखूँगा।

प्रेज़ीडेंट वैटर साहब व आपको मेरी अनन्त शुभकामनाएँ।

आपका शुभाकांक्षी
सुभाष चन्द्र बोस

नाओमी सी. वैटर को

ग्रैंड होटल एम नी
बर्लिन
22 जुलाई, 1933

प्रिय श्रीमती वैटर,

मुझे खेद है कि मैं वादे के अनुसार बर्लिन पहुँचकर आपको लम्बा पत्र नहीं लिख पाया।

मेरे विचार में मैंने स्वयं को प्राग और वारसा में अत्यधिक थका लिया जिसका प्रभाव मैं अब महसूस कर रहा हूँ। अपने आपको पूरी तरह थका हुआ और कुछ-कुछ बुाार का भी अनुभव कर रहा हूँ। किन्तु आशा है दो-तीन दिन बाद पूर्ण स्वस्थ हो पाऊँगा।

अभी तक मैं कुछ विशेष स्थान देख नहीं पाया हूँ। इसलिए एक सप्ताह और यहाँ रुकने का विचार बना रहा हूँ। कुछ परिचितों को पत्र लिखने के लिए मैं आपका आभारी हूँ।

वारसा में जिन मित्रों से आपने मेरा परिचय कराया था उन्होंने मेरे पत्रों के उत्तर नहीं दिये। शायद गर्मियों की छुट्टियों में वे वारसा से बाहर गये हुए हों। मैं स्वयं उनके घर जाकर उनसे व्यक्तिगत रूप में सम्पर्क नहीं कर पाया।

सोमवार या मंगलवार को मैं आपको पुनः पत्र लिखूँगा। शेष अगले पत्र में। डॉ. वैटर और आपको शुभकामनाएँ।

आपका शुभेच्छु
सुभाष चन्द्र बोस

नाओमी सी. वैटर को

ग्रैंड होटल एमनी
4 अगस्त, 1933

प्रिय श्रीमती वैटर,

आपने जो ख़ूबसूरत फूल भेजे हैं उनका किन शब्दों में आभार व्यक्त करूँ? इतना सुन्दर और सटीक उपहार आपने मेरे लिए भेजा, जिसके बारे में मैं सोच भी नहीं सकता था। फूल अभी तक बिल्कुल ताज़ा हैं और वे ताज़ा रहेंगे।

फूलों के सन्देश को आप बेहतर समझती हैं। मंगलवार से मैं कुछ बेहतर अनुभव कर रहा हूँ और मैंने कुछ कार्य भी प्रारम्भ कर दिया है। आजकल मैं विभिन्न निगम संस्थाओं को देख रहा हूँ। मंगलवार को मैंने बर्लिन के ओवर बर्गरमिस्टर से साक्षात्कार किया।

बर्लिन के विषय में आपको अपनी राय बताना अभी जल्दबाज़ी होगी। किन्तु इतना अवश्य कह सकता हूँ कि प्राग और वारसा दोनों ही स्थानों पर अधिकारियों ने पर्याप्त स्वागत किया और भारत के प्रति रुचि भी दिखाई।

मैं कलकत्ता के मेयर और डिप्टी मेयर के पत्र संलग्न कर रहा हूँ। दोनों ही मेरे परम मित्र हैं। दोनों को विएना के प्रति रुचि हो गयी है। जब आपको सुविधा हो कृपया पत्र मुझे लौटा दें क्योंकि मुझे उन्हें उत्तर भेजना होगा।

मुझे पर्वत बहुत पसन्द हैं और मुझे खेद है कि बंगाल में अधिक पर्वत नहीं हैं। पर्वतों पर जाने के लिए हमें उत्तर की ओर जाना पड़ता है। अर्थात हिमालय की ओर। किन्तु विश्व का प्रसिद्ध बर्फ़ीला स्थान कंचनजंघा जो 27,000 फ़ीट की ऊँचाई पर है हमारे यहाँ है। आपका 2 अगस्त का पत्र, जो मुझे आज ही प्रातः मिला, मुझे पर्वतों और फूलों के बारे में पढ़कर बहुत प्रसन्नता हुई।

डॉ. वैटर और आपको शुभकामनाएँ।

आपका अपना
सुभाष चन्द्र बोस

नाओमी सी. वैटर को

होटल ग्रैंड एमनी
बर्लिन
10 अगस्त, 1933

प्रिय श्रीमती वैटर

कलकत्ता यूनिवर्सिटी के डॉ. हरीशचन्द्र सिन्हा जो मेरे परम मित्र हैं आजकल विएना में हैं। 13 तारीख़ की प्रातः वे म्यूनिख के लिए विएना से रवाना होंगे। यदि वे विएना में आपसे मिल सके तो मुझे बहुत प्रसन्नता और गर्व होगा।

डॉ. सिन्हा इकोनॉमिक्स के ज्ञाता हैं और कलकत्ता में बैंकिंग और कॉमर्स पढ़ाते हैं। वे आल इंडिया स्टैटिस्टिकल सोसायटी के सचिव भी हैं।

मैं चाहूँगा कि डॉ. सिन्हा राथौस का डॉ. न्यूरथ म्यूज़ियम भी देखें। उसे देखकर वे प्रसन्न भी होंगे और लाभान्वित भी होंगे। क्या आप ऐसी व्यवस्था कर पायेंगी?

मेरा स्वास्थ्य पहले से बेहतर है।

शेष अगले पत्र में।

आपका शुभाकांक्षी
सुभाष चन्द्र बोस

नाओमी सी. वैटर को

बर्लिन
25 अगस्त, 1933
शुक्रवार, रात्रि

प्रिय श्रीमती वैटर,

मुझे खेद है कि मैं लम्बे समय से आपको पत्र नहीं लिख पाया।

डॉ. सिन्हा यहाँ कुछ दिनों के लिए आये थे। मुझे प्रसन्नता है कि आपने वहाँ उनकी पर्याप्त सहायता की।

रविवार को मैं फ्रैंजेंसबाद के लिए निकलूँगा। कुछ दिन वहाँ रहूँगा। वहाँ से मैं ब्लैक फारेस्ट जाना चाहता हूँ।

कृपया यथाशीघ्र मुझे सूचित करें कि 4 या 5 दिन बाद आप कहाँ होंगी। आपका पत्र मिलने पर ही मैं आपको सूचित करूँगा कि फ्रैंजेंसबाद जाते हुए मैं विएना जाऊँगा या नहीं।

कृपया निम्न पते पर पत्र लिखें–

विलां डॉ. स्टीसबर्ग
फ्रैंजेंसबाद
सी.एस.आर.
डॉ. वैटर व आपको हार्दिक शुभकामनाएँ।

आपका शुभाकांक्षी
सुभाष चन्द्र बोस

नाओमी सी. वैटर को

फ्रैंजेंसबाद सी.एस.आर.
31 अगस्त, 1933
बृहस्पतिवार

प्रिय श्रीमती वैटर,

पिछले रविवार को मैं बर्लिन से यहाँ पहुँच गया था। कल (शुक्रवार) मैं श्री पटेल के साथ विएना के लिए रवाना होऊँगा, श्री पटेल आजकल यहीं हैं।

यहाँ आने से पहले बर्लिन से मैंने आपको पत्र लिखा था। शायद आप विएना से बाहर गयी थीं तभी आपका उत्तर प्राप्त नहीं हुआ।

मैं विएना में कुछ दिन रुकूँगा और शायद यहीं से स्कवर्जवाल्ड या किसी अन्य स्वास्थ्य केन्द्र में जाऊँगा। फ़िलहाल मैं विएना में एक सप्ताह रुकने का विचार रखता हूँ।

विएना में मुझसे मिलने के लिए कृपया आप अपना छुट्टियों का कार्यक्रम परिवर्तित न करें। मैं अभी भारत वापिस नहीं लौट रहा हूँ। कुछ माह अभी यूरोप में रहूँगा और एक बार विएना अवश्य आऊँगा। ऐसी सम्भावना है कि नवम्बर के अथवा दिसम्बर के प्रारम्भ में मैं विएना आऊँगा।

बर्लिन में मैं लगभग तीन सप्ताह अस्वस्थ रहा। अब काफ़ी स्वस्थ अनुभव कर रहा हूँ। आशा है आप भी स्वस्थ होंगे। डॉ. वैटर और आपको शुभकामनाएँ।

आपका शुभाकांक्षी
सुभाष चन्द्र बोस

नाओमी सी. वैटर को

ज्यूरिख
16 सितम्बर, 1933

प्रिय श्रीमती वैटर,

आज प्रातः बहुत सुहावना मौसम है, बादल भी नहीं हैं, किन्तु मौसम ठंडा है।

स्विट्ज़रलैंड और आस्ट्रिया के जिस भाग से आज प्रातः मैं गुज़रा हूँ बहुत ही मोहक है। जगह-जगह पर्वत बर्फ़ से आच्छादित थे।

एक दिन के लिए मैंने यात्रा रोकी। मेरा जिनेवा का पता रहेगा—

द्वारा द अमेरिकन एक्सप्रेस कम्पनी

जिनेवा,

कल सायं मैं जिनेवा पहुँचूँगा।

डॉ. वैटर और आपको मेरा नमस्कार,

सुभाष चन्द्र बोस

नाओमी सी. वैटर को

पैंशन सर्जी
केमिन करिंग
जिनेवा
21 सितम्बर, 1933

श्रीमती वैटर,

आपका 18 तारीख़ का पत्र पाकर प्रसन्नता हुई।

यहाँ आने के बाद से मैं बहुत व्यस्त रहा हूँ। सम्मेलन पूर्णतः सफल रहा। शाम को लोगों की काफ़ी भीड़ थी, मैं भी वक्ताओं में से एक था। लोगों का मानना है कि यह सम्मेलन जिनेवा में भारत के लिए आयोजित अब तक के सभी सम्मेलनों में सबसे बड़ा था।

यहाँ आकर पहले से कुछ बेहतर अनुभव कर रहा हूँ। दो दिन मौसम बिल्कुल साफ़ था, फिर बादल आये और मौसम बरसाती हुआ।

श्री पटेल बीमार हैं और उन्हें यहीं सैनिटोरियम में जाना होगा।

सम्मेलन में पारित निर्णय की प्रति भिजवा रहा हूँ।

अभी यहाँ कितने दिन रहूँगा तय नहीं कर पाया हूँ। यदि मौसम साफ़ रहा तो कुछ दिन और रुकना चाहूँगा।

आप अपनी पुस्तक लिखनी प्रारम्भ करेंगी। डॉ. वैटर व आपको प्रणाम। वहाँ का मौसम कैसा है?

हाँ, मैं विएना अवश्य आऊँगा।

आपका शुभाकांक्षी
सुभाष चन्द्र बोस

नाओमी सी. वैटर को

इस्टैब्लिशमेंट फिजिक थेरैपिक
डू लमन
ले लिग्नीयर
ग्लैंड (जिनेवा के निकट)
25 सितम्बर, 1933
सोमवार, सायं

प्रिय श्रीमती वैटर,

मैं यह पत्र आपको इस सैनिटोरियम से लिख रहा हूँ जहाँ आजकल श्री पटेल दाख़िल हैं। जब से श्री पटेल ने विएना छोड़ा है, उनका स्वास्थ्य बिगड़ता ही जा रहा है। आजकल उनकी स्थिति बहुत गम्भीर है। भगवान ही जानता है कि वे इस हार्टअटैक से उबर पायेंगे या नहीं। हम केवल उनके स्वास्थ्य लाभ की कामना और प्रार्थना ही कर सकते हैं।

अगले कुछ दिन तक मैं आपको पत्र नहीं लिख पाऊँगा इसीलिए जल्दबाज़ी में कुछ पंक्तियाँ लिख रहा हूँ।

जिनेवा में मेरा पता है पैंशन सर्जी, चेमिनकरिंग, जिनेवा। मैं अभी अगले तीन-चार दिन यहीं रहूँगा ताकि श्री पटेल के निकट रह सकूँ। कृपया मुझे जिनेवा के पते पर ही पत्र लिखें।

मैं आपको पहले भी लिख चुका हूँ कि भारतीय सम्मेलन एक सफल सम्मेलन रहा। एक सफल आयोजन था।

भारतीय चाय आपको पसन्द आयी, जानकर अच्छा लगा। काश यहाँ मेरे पास कुछ अधिक चाय होती।

मुझे आशा है कि जिनेवा में कुछ और दिलचस्प लोगों से मेरी मुलाक़ात होगी। यदि मौसम ने मेरा साथ दिया तो मैं अंचलों में जाने की अपेक्षा जिनेवा में ही रहना चाहूँगा। अब साफ़ मौसम नहीं है और आजकल यहाँ बरसात हो रही है।

प्रेज़ीडेंट वैटर और आपको नमस्कार।

आपका शुभाकांक्षी
सुभाष चन्द्र बोस

नाओमी सी. वैटर

पैंशन सर्जी
केमिन करिंग
जिनेवा
21 सितम्बर, 1933

प्रिय श्रीमती वैटर,

आपको सूचित कर रहा हूँ कि श्री पटेल अब पहल से बेहर हैं। किन्तु ख़तरा अभी टला नहीं हैं। मुझे आपके सभी पत्र प्राप्त होते रहे हैं और जैसे ही मैं कुछ समय निकाल पाऊँगा तो आपको विस्तृत पत्र अवश्य लिखूँगा।

श्री पटेल के स्वस्थ होने पर शायद मैं सैनिटोरियम से दाख़िल होऊँगा और आपरेशन करवाऊँगा। अभी तक दर्द ज्यों का त्यों है।

जल्दबाज़ी में लिख इस पत्र के लिए कृपया क्षमा करें।

आपका शुभाकांक्षी

सुभाष चन्द्र बोस

कान्तिलाल पारीख को

द्वारा द अमेरिकन एक्सप्रेस कम्पनी
जिनेवा
3 अक्टूबर, 1933

प्रिय कान्तिलाल,

खेद है कि लम्बे अरसे से तुम्हें पत्र नहीं लिख पाया। जून के अन्त में मैंने एक छोटी-सी यात्रा के लिए जिनेवा छोड़ दिया था। वहाँ मुझे दर्द नहीं हुआ। मैं चेकोस्लोवाकिया, पोलेंड और जर्मनी गया। सभी स्थानों पर ख़ूब स्वागत हुआ और लोगों ने भारत के प्रति पर्याप्त रुचि भी दिखाई।

यात्रा से पुराना कष्ट पुनः शुरू हो गया और बर्लिन में मुझे तीन सप्ताह तक पूर्ण विश्राम करना पड़ा। अगस्त के अन्त में मैं बर्लिन से रवाना हुआ और रास्ते में चेकोस्लोवाकिया में फ्रैंजेंसबाद में एक सप्ताह रुका। वहाँ से मैं विएना आया। यहीं चिकित्सकों को दिखाया।

15 सितम्बर को मैं विएना से रवाना हुआ और रास्ते में ज्यूरिख रुकता हुआ जिनेवा आया। 9 सितम्बर को जिनेवा में भारत पर एक सम्मेलन आयोजित किया गया था। जिसमें हमने भी भाग लिया। काफ़ी भीड़ थी।

पिछले लगभग बारह दिनों से मुझे डॉ. पटेल के स्वास्थ्य की बहुत चिन्ता है। पहले से बेहतर तो हैं किन्तु ख़तरा अभी टला नहीं है। पिछले कुछ दिनों से रात-दिन मैं उनके साथ हूँ। वे आजकल ग्लैंड के क्लीनिक ला लिग्नीयर में दाख़िल हैं जो जिनेवा से लगभग एक घण्टे की रेलयात्रा की दूरी पर है।

कल मैं भी उसी क्लीनिक में एक रोगी के रूप में दाख़िल होऊँगा। बर्लिन के बाद से मेरा दर्द पुनः शुरू हो गया है और अभी तक जारी है बल्कि कुछ दिन से बढ़ ही गया है। यदि उस क्लीनिक में मुझे आराम आया तो मैं दो माह वहीं ठहरूँगा। सर्दियों में स्विट्ज़रलैंड का मौसम जिनेवा की अपेक्षा अधिक सुहावना है।

आप सब लोग कैसे हैं। सभी को मेरा प्यार व शुभकामनाएँ। यदि मैं पत्र व्यवहार निरन्तर न भी कर पाऊँ तब भी कृपया तुम लगातार पत्र लिखते रहो।

तुम्हारा अपना
सुभाष

नाओमी सी. वैटर को

क्लीनिक ला लिग्नीयर
ग्लैंड
सूइस
5 अक्टूबर, 1933

महोदय, प्रेंजीडेंट वैटर साहब,
वेहरिंगर स्ट्रासे 41
विएना-9
(आस्ट्रेख)
प्रिय श्रीमती वैटर,

आगन्तुक से मैं इस क्लीनिक का एक रोगी बन गया हूँ। देखता हूँ यहाँ का उपचार मुझे लाभ पहुँचाता है या नहीं।

आपको जानकर प्रसन्नता होगी कि श्री पटेल अब पहले की अपेक्षा बेहतर हैं यद्यपि अभी पूर्णतः ख़तरे से बाहर नहीं हैं। हर बीते दिन के साथ मुझे आशा बँधती है कि वे इससे उबर जायेंगे। आशा है आप सभी पूर्ण स्वस्थ होंगे। प्रेज़ीडेंट वैटर और आपको शुभकामनाएँ।

सदैव आपका अपना
सुभाष चन्द्र बोस

नाओमी सी. वैटर को

क्लीनिक ला लिग्नीयर
ग्लैंड
सूइस
10 अक्टूबर, 1933

प्रिय श्रीमती वैटर,

आपका 27 तारीख़ का पत्र, उसी दिन का भेजा पोस्टकार्ड और तत्पश्चात 2 अक्टूबर का पत्र सभी आज ही मिले।

भारत से प्राप्त जो पत्र आपने साथ भेजे हैं मैंने बहुत दिलचस्पी से उन्हें पढ़ा। श्री श्रीकृष्ण का पत्र मैं आपको लौटा रहा हूँ किन्तु श्री अग्निहोत्री का पत्र नहीं लौटाऊँगा, क्योंकि आपको उसकी आवश्यकता नहीं है। श्री अग्निहोत्री का पता है–

के. बी. एल. अग्निहोत्री
बिलासपुर,
सी. पी.
इंडिया

बर्गर मिस्टर सिट्ज का पत्र अच्छा है और मुझे उसकी प्रति पाकर प्रसन्नता हुई।

क्या आपने देखा कि हेस्टिंग्स, इंग्लैंड में आयोजित लेबर पार्टी कॉन्फ्रेंस में आस्ट्रिया की समाजवादी पार्टी द्वारा विएना में पिछले 15 वर्षों में किये गये कार्यों की प्रशंसा की गयी।

पण्डित का वास्तविक अर्थ हमारे यहाँ उस व्यक्ति से है जो दर्शन और साहित्य (संस्कृत) का ज्ञाता हो। आधुनिक युग के हमारे स्कूलों, कॉलेजों में संस्कृत के अध्यापकों को भी पण्डित ही कहा जाने लगा है। भारत के कुछ क्षेत्रों में, विशेषरूप से कश्मीर में ब्राह्मण स्वयं को पण्डित कहलाना पसन्द करते हैं। सामान्य रूप में जब पण्डित शब्द का प्रयोग होता है तो वह ब्राह्मण के सन्दर्भ में होता है जिसका उसके संस्कृत ज्ञान अथवा भारतीय दर्शन से कोई सम्बन्ध नहीं है। मैं जानना चाहता हूँ कि ज्यूरिखर जीटुंग में प्रकाशित, भारत के सम्बन्ध में लिखे गये लेख, को क्या ब्रिटिश दृष्टि से लिखा गया है मुझे आशंका है कि यह भी भारत के विरुद्ध प्रचार का ही एक हिस्सा तो नहीं, जैसे कि प्रायः जर्मन प्रेस में प्रकाशित होता रहता है।

यह जानकर प्रसन्नता हुई कि वहाँ का मौसम पिछले कुछ अर्से से अच्छा चल रहा है। यहाँ भी पिछले कुछ दिनों मौसम बहुत साफ़ था और प्रायः बरसात भी होती रहती है।

श्री पटेल को पुनः हृदय सम्बन्धी परेशानियाँ उठ खड़ी हुई हैं और मुझे इससे बहुत निराशा हुई है क्योंकि मुझे पूर्ण आशा थी कि वे शीघ्र स्वस्थ हो जायेंगे। मैं नहीं जानता क्या होगा यद्यपि अभी भी पूर्ण आश्वस्त हूँ कि वे शीघ्र ही स्वस्थ हो जायेंगे।

मेरा दर्द (खाना खाने के बाद) अभी भी वैसे ही है, मैं समझ नहीं पा रहा कि क्या करूँ। मुझे शक है कि वे मेरे रोग का ठीक निदान भी कर पाये हैं या नहीं। बहरहाल, दर्द सहने के अलावा कुछ नहीं किया जा सकता। मैं यहाँ के लोगों को अवसर दे रहा हूँ कि स्विस चिकित्सक मुझे स्वस्थ कर पाते हैं अथवा नहीं। अब मैं इस क्लीनिक (सैनिटोरियम) का रोगी बन चुका हूँ।

साथ में अमेरिका से डॉ. सुदरलैंड का लिखा पत्र भी भेज रहा हूँ। कृपया यह पत्र आवश्यक कार्रवाई के बाद लौटा दें। आशा है अब तक आपको उनका पत्र व उनकी पुस्तक मिल चुकी होगी। अब आप उसका अनुवाद प्रारम्भ कर सकती हैं।

डॉ. वैटर को व आपको नमस्कार।

आपका शुभेच्छु
सुभाष चन्द्र बोस

ई वुड्स को

क्लीनिक ला लिग्नीयर
ग्लैंड
स्विट्ज़रलैंड

12 अक्टूबर, 1933

प्रिय श्रीमती वुड्स,

श्री वी. जे. पटेल के नाम आपका 4 तारीख़ का पत्र मिला। आपका सन्देश पाकर वे बहुत प्रसन्न हैं और उनकी इच्छा थी कि मैं धन्यवाद आप तक प्रेषित कर दूँ। खेद है कि वे अस्वस्थता के कारण स्वयं पत्र नहीं लिख पाये।

पुनश्च : दुख के साथ सूचित कर रहा हूँ कि, उनका स्वास्थ्य अभी बहुत ख़राब है। हम केवल उनके स्वस्थ होने की कामना ही कर सकते हैं किन्तु ईश्वर ही जानता है कि वे इस हार्टअटैक से उबर पायेंगे या नहीं।

चिकित्सक भी अभी कुछ कह सकने में असमर्थ हैं।

शुभकामना सहित,

आपका शुभाकांक्षी
सुभाष चन्द्र बोस

सन्तोष कुमार बासु, मेयर कलकत्ता को

एम. सी. बोस
द्वारा द अमेरिकन एक्सप्रेस कम्पनी
रूडू मोट ब्लैंक
जिनेवा
ला लिग्नीयर, ग्लैंड
स्विट्ज़रलैंड
17 अक्टूबर, 1933

सेवा में,
मेयर साहब
कलकत्ता नगर निगम,

मेयर साहब,

पिछले सप्ताह, विएना के मेयर (बर्गरमिस्टर) का स्वयं का लिखा मूल पत्र और एक चित्र विएना से आपको प्रेषित किया गया था। उस पत्र की एक प्रति मैं आपको भेज रहा हूँ। मुझे आशा है कि इस प्रेमपूर्वक भेजे गये सन्देश से कलकत्ता नगर निगम, कलकत्तावासी और उनके प्रतिनिधि होने के नाते आप भी प्रसन्नता अनुभव करेंगे और यथाशीघ्र उत्तर भी प्रेषित करेंगे।

सादर,

आपका अपना
सुभाष चन्द्र बोस

सत्येन्द्रनाथ मजूमदार को

द्वारा द अमेरिकन एक्सप्रेस कम्पनी
जिनेवा
19 अक्टूबर, 1933

प्रिय सत्येन बाबू,

एक लम्बे अरसे से मैंने आपको पत्र नहीं लिखा। इसीलिए निराश होकर आपने भी लिखना बन्द कर दिया। दोष आपका नहीं मेरा है। ख़ैर विजय के अवसर पर हार्दिक शुभकामनाएँ व प्रेम स्वीकार करें।

श्री सेनगुप्ता के असामयिक निधन से मुझे गहरा आघात पहुँचा है। बंगाल का दुर्भाग्य है कि राजनीति के क्षेत्र से धीरे-धीरे एक-एक कर व्यक्तित्व कम हो रहे हैं। श्री सेनगुप्ता की कमी पूरी नहीं होगी।

मैं आजकल जिनेवा के निकट ग्लैंड नामक शहर (गाँव) के ला लिग्नीयर

नामक सैनिटोरियम में हूँ। श्री पटेल भी यही हैं। उनका स्वास्थ्य बहुत ख़राब है, शायद अधिक समय तक उन्हें जीवित रख पाना सम्भव नहीं।

मेरे पेट का दर्द फिर शुरू हो गया है, बल्कि अब और तेज़ है। समझ नहीं पा रहा क्या करूँ। कभी सोचता हूँ कि ऑपरेशन करवा लूँ। बहरहाल, आजकल मुझे अपने से अधिक श्री पटेल की चिन्ता रहती है।

आप सब लोग कैसे हैं? काश! विस्तृत समाचार मिल पाते। आप लोग कब तक महात्मा गाँधी का अन्धानुकरण करते रहेंगे। ऐसा प्रतीत होता है कि देश ग़लत दिशा में जा रहा है, जबकि अभी समय है, कृपया नया सन्देश दीजिए और नया आन्दोलन शुरू कीजिए अन्यथा देश को जगाने में बहुत समय लग जायेगा।

इसके अतिरिक्त, कृपया बंगाल को पुनः संयोजित कीजिए। यदि श्रीमती नेली सेनगुप्ता प्रयास करेंगी तो परिणाम बेहतर होंगे। मैं इस विषय में उन्हें लिखने की भी सोच रहा हूँ। कुछ दिन पहले मुझे उनका पत्र मिला था।

आज इतना ही काफ़ी है। कृपया विजयदशमी की शुभकामनाएँ सभी को दें।

आपका अपना

सुभाष चन्द्र बोस

नाओमी सी. वैटर को

ला लिग्नीयर

ग्लैंड

सूइस

22 अक्टूबर, 1933

प्रिय श्रीमती वैटर,

लम्बे अरसे से आपका कोई समाचार नहीं मिला, चिन्तित हूँ। प्रतिदिन आपके पत्र की प्रतीक्षा रहती है क्या आपको मेरा पिछला लम्बा पत्र नहीं मिला, जिसके साथ मैंने डॉ. सुदरलैंड का पत्र और वे सभी पत्र भेजे थे जो आपने मुझे भिजवाये थे।

श्री पटेल की स्थिति बहुत नाज़ुक है। मैं भी यहाँ अपना उपचार करा रहा हूँ किन्तु कोई लाभ नहीं हो रहा। पेट के अन्दर का दर्द बहुत परेशान कर रहा है।

श्री वैटर और आपको प्रणाम।

आपका अपना

सुभाष चन्द्र बोस

पुनश्च : अब तक आपको सूचना मिल ही चुकी होगी कि डॉ. सुदरलैंड पुस्तक के अनुवाद के लिए राजी हो गये हैं।

सु. च. बोस

नाओमी सी. वैटर को

पेंशन सर्जी
कैमिन करिंग
जिनेवा
1 नवम्बर, 1933

प्रिय श्रीमती वैटर,

आपका 23 अक्टूबर का पत्र पाकर निश्चित हुआ। डॉ. वैटर और आपको बहुत धन्यवाद।

श्री पटेल की अन्तिम इच्छा के अनुसार हमें उनका पार्थिव शरीर अन्तिम संस्कार हेतु भारत भिजवाना होगा। मैं मर्सिलेज गया था और मृत देह को जहाज़ में चढ़ाने के बाद ही एक दिन बाद यहाँ लौटा हूँ।

फ़िलहाल मैं उपर्युक्त पते पर ठहरा हूँ और भविष्य की योजना के बारे में निश्चित रूप से कुछ कह नहीं सकता।

वारसा के आपके मित्र का पत्र मुझे मिला जो मैं साथ में भेज रहा हूँ। क्या आप उनका नाम व पता मुझे लिखने का कष्ट करेंगी। उन्होंने भारत पत्र भेजा था जहाँ से मुझे प्रेषित किया गया है।

मैं एक तार भी भेज रहा हूँ जिसे भेजने वाले का नाम बहुत कोशिश के बावजूद मैं जान नहीं पाया। शायद कोई चीनी नाम है। आश्चर्य नहीं यदि वे विएना में चीनी राजदूत हों जो शायद श्री पटेल को निजी रूप में जानते हों।

क्या आपको डॉ. सुदरलैंड के पत्र और पुस्तकें प्राप्त हुईं?

वहाँ मौसम कैसा है? यहाँ तो अभी सर्दी है।

डॉ. वैटर व आपको प्रणाम।

शुभेच्छु
सुभाष चन्द्र बोस

प्रोफ़ेसर वी. लैस्नी को

द्वारा द अमेरिकन एक्सप्रेस कम्पनी
जिनेवा
10 नवम्बर, 1933

सेवा में,
प्रबन्धक
ओरिएंटल इंस्टीट्यूट
प्राग

महोदय,

आपका पत्र संख्या 1397/33, दिनांक 3 नवम्बर को प्राप्त हुआ। ओरिएंटल इंस्टीट्यूट के भारतीय केन्द्र के उद्घाटन समारोह के निमन्त्रण के लिए धन्यवाद।

अस्वस्थता के कारण आजकल मैं उपचार करवा रहा हूँ और शीघ्र ही दक्षिणी फ्रांस के लिए रवाना होऊँगा। ऐसी स्थिति में मेरा नवम्बर के मध्य तक प्राग आना सम्भव नहीं हो पायेगा। इसीलिए मैंने आपका निमन्त्रण मिलते ही आपको तार भेजा था जिससे दिसम्बर के मध्य कोई तिथि निश्चित करने की सलाह दी थी। यदि आपके लिए उस समय की कोई तिथि निश्चित कर पाना सम्भव हो तो मैं अवश्य आपका निमन्त्रण स्वीकार कर सकता हूँ और प्राग आ सकूँगा।

यहाँ मेरा यह कहना आवश्यक नहीं कि मैं दोनों देशों के मध्य सांस्कृतिक एवं वाणिज्यिक सम्बन्ध स्थापित होने की बात से अत्यधिक प्रसन्न हूँ। आपको जानकर प्रसन्नता होगी कि अपने हाल ही के प्राग दौरे के पश्चात मैंने भारत में इसका काफ़ी प्रचार किया है। जब पुनः प्राग आऊँगा तो इस उद्देश्य की पूर्ति के लिए हर सम्भव प्रयत्न करूँगा। और यदि सम्भव हो सका और आयोजन हो सका तो कुछ भाषण आदि भी दूँगा। एक बार पुनः आपका धन्यवाद।

आपका अपना

सुभाष चन्द्र बोस

नाओमी सी. वैटर

द्वारा द अमेरिकन एक्सप्रेस कम्पनी

जिनेवा

13 नवम्बर, 1933

फ्रॉ प्रेज़ीडेंट वैटर
व्हीरिंगर स्ट्रीट 41
विएना-9
(आस्ट्रेख)

प्रिय श्रीमती वैटर,

मुझे खेद है कि काफ़ी समय से मैं आपको पत्र नहीं लिख पाया। इस बीच आप सोचती रही होंगी कि न जाने मुझे क्या हो गया।

आपके दोनों पत्र मिले—धन्यवाद। तीन-चार दिन बाद लम्बा पत्र लिखूँगा। एक-दो दिन के बीच मैं दक्षिणी फ्रांस की यात्रा पर निकलूँगा।

मेरा स्वास्थ्य पहले जैसा ही है। आजकल मैं विएना के प्रोफ़ेसर न्यूमन की बताई दवाइयों को ही ले रहा हूँ।

आप सब लोग कैसे हैं? डॉ. प्रेज़ीडेंट वैटर व आपको नमस्कार।

सदैव आपका अपना
सुभाष चन्द्र बोस

प्रोफ़ेसर फ्रांसिस जजती को

होटल दि लग्जमबर्ग
प्रोमैंडे डीस एग्लेस
नाइस
टेलि— 839.45-839-46
फ्रांस
6 दिसम्बर, 1933

आदरणीय प्रोफ़ेसर साहब,

विएना में मेरे श्रद्धेय मित्र श्रीमती एवं श्री फ्यूलप-मिलर से आपके और भारत एवं हंगरी के सम्बन्ध में आपके कार्यों के बारे में जानकारी प्राप्त हुई।

भारत और हंगरी के मध्य मैत्रीपूर्ण सम्बन्धों की इच्छा रखने के नाते मैं आपके इस कार्य की प्रशंसा करता हूँ।

मैं उस दिन की प्रतीक्षा में हूँ जब आपके दर्शनों का लाभ व सुख प्राप्त कर सकूँगा। अगले वर्ष गर्मियों से पहले मेरा बुडापेस्ट आने का विचार है।

इस वर्ष कई महीने मैं विएना में रहा। उसके बाद से स्विट्ज़रलैंड और फ्रांस की यात्रा पर हूँ।

शुभकामनाओं सहित सदा आपका

शुभाकांक्षी
सुभाष चन्द्र बोस

ई वुड्स को

द्वारा अमेरिकन एक्सप्रेस कम्पनी
नाइस (फ्रांस)
7 दिसम्बर, 1933

प्रिय श्रीमती वुड्स,

आपके 3 नवम्बर के पत्र के लिए धन्यवाद, पत्र लिखने में देरी के लिए क्षमा चाहता हूँ।

आयरिश मित्रों के सहानुभूति सन्देश भारतीय प्रेस में भेजने के लिए आपका धन्यवाद। मुझे आशा है कि वे काफ़ी पसन्द किये जायेंगे। मुझे याद है लाहौर जेल में श्री जतीनदास के भूख हड़ताल के कारण हुई मृत्यु पर सितम्बर 1929 में टैरेम मैक्सकीनी परिवार ने महत्त्वपूर्ण सन्देश भेजा था। उस सन्देश का भी बहुत स्वागत हुआ था।

आयरलैंड आने के लिए निमन्त्रण भेजने के लिए धन्यवाद। कई वर्षों से आयरलैंड आने को उत्सुक था और भारत लौटने से पूर्व एक बार वहाँ अवश्य आऊँगा। देश के एक हिस्से (बंगाल) में आजकल स्वतन्त्र प्रेमी पुरुष व स्त्री आयरिश इतिहास को बहुत गम्भीरता से पढ़ रहे हैं। और कुछ घरों में तो कई आयरिश व्यक्तित्वों की पूजा भी हो रही है। फ़िलहाल मुझे यूनाइटेड किंगडम जाने की आज्ञा नहीं मिली है किन्तु शीघ्र ही मुझे आयरिश फ्री स्टेट गवर्नमेंट से आयरलैंड (स्वतन्त्र राज्य) जाने की अनुमति मिलने वाली है। किन्तु मैं इस तथ्य को गुप्त ही रखना चाहता हूँ। लन्दन के मेरे कुछ मित्र मेरी इंग्लैंड यात्रा की अनुमति प्राप्त करने का प्रयत्न कर रहे हैं। किन्तु यदि ब्रिटिश सरकार को पता चल गया कि मेरी आयरलैंड जाने की योजना है तो वे पलट जायेंगे और कभी भी मुझे इंग्लैंड जाने का पासपोर्ट नहीं देंगे। जब तक मेरे इंग्लैंड जाने का निर्णय—हो या ना—नहीं हो जाता तब तक मैं आयरलैंड जाने की अपनी इच्छा को गुप्त ही रखना चाहता हूँ।

यूरोप से निकलने से पहले जेल में मुझे मेरे भाई मिले थे, जिन्होंने मैडम गोने मैकब्राइड के लिए एक सन्देश भिजवाया है। मेरे भाई वर्ष 1914 में पेरिस में मैडम से मिले थे और तभी से वे उनके प्रशंसक हैं। सम्भव है मैडम को अब मेरे भाई की याद ही न हो। फ़रवरी 1932 में उसका देहान्त हो गया। मेरे भाई श्री मुखर्जी, जो उनके मित्र थे, के साथ मैडम से मिला था।

आपके बुलेटिन की प्रति मिल गयी थी, काफ़ी पसन्द आयी। क्या आपको भारतीय समाचार-पत्र (अंग्रेज़ी में) निरन्तर मिल रहे हैं? यदि मिल रहे हैं तो क्या आप उनमें से उपयोगी समाचार निकाल लेती हैं या कि आपको समाचार तैयारशुदा ही भिजवाये जायें। बुलेटिन कब-कब प्रकाशित करती हैं? मैं आपको भारत के विषय में कुछ सूचनाएँ भेजना चाहता हूँ।

कृपया मुझे बतायें कि आयरलैंड के कौन-कौन से पत्र मुख्य ख़बरें प्रकाशित करना चाहेंगे विशेषकर ब्रिटिश साम्राज्यवाद का पर्दाफाश करने वाले समाचार मेरे ख़याल से डब्लिन का आयरिश प्रेस देव का अख़बार है। आई.आर.ए. का तन्त्र

कौन-सा है? यदि आप मुझे कुछ आयरिश अख़बारों व पत्रिकाओं के पते भेज सकें तो मैं समय पर आपको कुछ समाचार उपलब्ध कराने का प्रयत्न करूँगा।

मुझे आशा है कि आजकल भारत की तरह आयरलैंड में पत्र सेंसर नहीं किये जाते होंगे। मेरे लिए यह जानना अति आवश्यक है।

शुभकामनाओं सहित,

मैं,

आपका शुभाकांक्षी
सुभाष चन्द्र बोस

सुनील मोहन घोष मौलिक को

स्थायी पता
द अमेरिकन एक्सप्रेस कम्पनी
14-कैरटनेरिंग
विएना
नाइस (फ्रांस)
7 दिसम्बर, 1933

प्रिय सुनील,

तुम्हारे बहुत से ख़त मिले। उत्तर नहीं दे सका क्षमा चाहता हूँ। हाल ही में विजयादशमी के उपलक्ष्य में लिखा तुम्हारा पत्र मिला, प्रसन्नता हुई।

अपने पहले पत्रों में तुमने बंगाल में वाद को कम करने के प्रयास के बारे में लिखा था। मैं यहाँ स्पष्ट आकाश और सूर्य की रोशनी की तलाश में आया हूँ। मध्य सागर के ये विश्रामगृह बहुत ख़ूबसूरत हैं।

मेरा मुख्य कष्ट पेट-दर्द अभी भी कष्ट दे रहा है। पिछली जून में दर्द ख़त्म हो गया था। जुलाई में पुनः शुरू हुआ और तभी से अभी भी है। कुछ दिन पहले दर्द बहुत अधिक बढ़ गया था। अब कुछ कम है किन्तु प्रगति बहुत धीमी है। कह नहीं सकता कि पूर्णरूप से स्वस्थ होने में कितना समय लगेगा। पिछले आठ माह से यूरोप में हूँ किन्तु अभी तक ठीक होने के ठोस लक्षण महसूस नहीं हुए। और यदि मैं ठीक नहीं हो पाया तो घर वापिस लौटकर क्या करूँगा? अस्वस्थता की हालत में कोई कार्य सम्भव नहीं है।

बहरहाल। आशा है तुम सब लोग ठीक-ठाक हो। प्रेम व शुभकामनाओं सहित।

तुम्हारा अपना
सुभाष चन्द्र बोस

नाओमी सी. वैटर को

होटल डि लग्जमबर्ग
नाइस (फ्रांस)
9 दिसम्बर, 1933

प्रिय श्रीमती वैटर,

जब मैं विएना में था तब आस्ट्रिया और भारत के सम्बन्ध में मेरी श्री रोकोवन्स्की से लम्बी बातचीत हुई थी। श्री रोकोवन्स्की ने मेरा परिचय निदेशक ओटो फाल्टिस से करवाया था। श्री फाल्टिस मुझे योग्य और व्यापारिक दृष्टि वाले व्यक्ति लगे और हमने दोनों देशों को निकट लाने के लिए कुछ व्यावहारिक योजना भी बनाई। वे यहाँ कार्य करेंगे और मैं भारत लौटने के पश्चात वहाँ कार्य करूँगा। हम वास्तव में कोई व्यापार नहीं करेंगे। हम केवल व्यापार तथा दोनों देशों के सम्बन्धों को प्रगाढ़ करने का प्रयत्न करेंगे। बाद में यदि हम व्यापार करना चाहेंगे तो नयी दिशा में नये रूप में उस पर पुनर्विचार करेंगे। हाल ही में निदेशक ओटो फाल्टिस ने मुझे नये संगठन का प्रारूप भेजा है। इससे पहले मैंने इस विषय में डॉ. वैटर व आपकी राय नहीं ली थी, क्योंकि आवश्यकता महसूस नहीं हुई। किन्तु अब चूँकि योजना मूर्त रूप ले रही है और यदि ठीक प्रकार कार्यरत हुई तो लाभकारी भी होगी, मैं निम्न मुद्दों पर आपकी राय लेना चाहूँगा–

1. क्या वे लोग जिनके साथ मुझे कार्य करना है, विश्वसनीय हैं?
2. क्या योजना सही दिशा में है?

मैं कहना चाहूँगा कि पूरे वार्तालाप और पत्राचार के दौरान मुझे श्री फाल्टिस सज्जन और विश्वसनीय व्यक्ति लगे हैं। किन्तु परम मित्र होने के नाते मुझे आगे बढ़ने से पहले आप लोगों से परामर्श लेना ही चाहिए। कृपया इस बात को पूर्णतः गुप्त ही रखें और यथाशीघ्र मुझे पत्रोत्तर दें।

एक कटिंग भेज रहा हूँ जिसमें आपको भी दिलचस्पी होगी। ब्रिटिश का एक और उदाहरण।

मैंने आपको एक लम्बा ख़त लिखा था जो अब तक आपको मिल चुका होगा। आप दोनों को शुभकामनाएँ।

आपका शुभाकांक्षी
सुभाष चन्द्र बोस

नाओमी सी. वैटर को

होटल एक्सैल्सियर
रोम
21 दिसम्बर, 1933

प्रिय श्रीमती वैटर,

रोम से मेरे इस पत्र को पाकर आप आश्चर्यचकित रह जायेंगी। 19 तारीख़ को अचानक मुझे इंडियन ओरिएंटल इंस्टीट्यूट के उद्घाटन-समारोह का सरकारी निमन्त्रण मिला। 19 की शाम जल्दबाज़ी में मैंने नाइस से प्रस्थान किया और कल दोपहर यहाँ पहुँचा, कल की यात्रा दुखद रही। आज यहाँ रोम में मौसम बहुत साफ़ है बल्कि कहना चाहिए कि सबसे अच्छा है।

विएना बैच के लगभग 22 विद्यार्थी भी यहाँ आये हैं। यूरोप के विभिन्न केन्द्रों से लगभग 90 भारतीय विद्यार्थी और 150 चीनी विद्यार्थी यहाँ पहुँचे हैं।

ओरिएंटल इंस्टीट्यूट का औपचारिक उद्घाटन आज प्रातः हुआ, हम सभी वहाँ उपस्थित थे। कल और उसके बाद एशियाटिक स्टूडेंट्स कॉन्फ्रेंस को श्रीमान मुसोलिनी सम्बोधित करेंगे।

नाइस आने के बाद से मेरा स्वास्थ्य कुछ बेहतर था तभी मेरा यहाँ आ पाना सम्भव हुआ। वहाँ मुझे आपके दो पत्र मिले थे। धन्यवाद। शेष अगले पत्र में। श्री वैटर व आपको प्रणाम।

आपका शुभाकांक्षी
सुभाष चन्द्र बोस

नाओमी सी. वैटर को

मिलान
होटल प्रिंसिप 7 सवोला,
12 जनवरी, 1934

प्रिय श्रीमती वैटर,

आप हैरान होंगी कि जब से मैं रोम आया हूँ मुझे क्या हो गया। प्रत्यक्षदर्शियों ने अब तक आपको सब कुछ बता ही दिया होगा। अतः रोम में क्या हुआ मैं संक्षेप में आपको बताऊँगा।

1. ओरिएंटल इंस्टीट्यूट ऑफ़ रोम (बल्कि, इटली कहना चाहिए) का 21 दिसम्बर का उद्घाटन समारोह था।

2. 22 से 28 दिसम्बर तक एशियाटिक स्टूडेंट्स की मीटिंग थी जिसमें यूरोप के विभिन्न केन्द्रों के लगभग 600 एशियाटिक स्टूडेंट्स ने भाग लिया।

इटली की गाड़ियों में यात्रा निःशुल्क थी और रोम में एक सप्ताह तक रहने व खाने-पीने की सुविधा भी निःशुल्क उपलब्ध कराई गयी थी। 22 दिसम्बर का संगठन को मुसोलिनी ने सम्बोधित किया। वक्ता के बारे में हमारी राय कुछ भी हो किन्तु भाषण अच्छा था। उन्होंने कहा—यह सोचना मूर्खता है कि पूर्व और पश्चिम कभी एक नहीं हो सकते। पहले भी यूरोप और एशिया के मध्य रोम ने कड़ी का काम किया था वैसा ही वह अब भी करेगा। इसी पुनर्मिलन में विश्व की गति है। रोम ने यूरोप में पहले उपनिवेशवाद फैलाया था किन्तु एशिया के साथ उसके सम्बन्ध मैत्रीपूर्ण और सहयोग के रहे हैं।

3. इंडियन स्टूडेंट कन्वेशन रोम में तीसरी बार एकत्र हुई, इसमें पहले वर्ष 1931 में लन्दन में और 1932 में म्यूनिख में हुई थी। निर्णय लिया गया कि यूरोप में फ़ेडरेशन ऑफ़ इंडियन स्टूडेंट्स के ऑफिस को लन्दन से विएना में स्थानान्तरित कर दिया जाये। मैंने इस विचार का हार्दिक स्वागत किया और अपनी सहमति भी दी और मेरे मन में यही विचार था कि विएना में हमारे पास आप जैसे भले मित्र भी हैं। यह भी निर्णय हुआ कि इंडियन स्टूडेंट्स की चौथी कन्वेंशन विएना में वर्ष 1934 में आयोजित की जायेगी। इस सबका अर्थ है कि न केवल विएना में रह रहे भारतीय विद्यार्थियों बल्कि उनके मित्रों पर भी काफ़ी ज़िम्मेदारी आन पड़ी है। मैं जानने को उत्सुक हूँ कि आपकी राय में हमें क्या करना चाहिए।

बैठक व सम्मेलन के पश्चात मैं रोम में लगभग पन्द्रह दिन रुका रहा। बहुत-सी बातों को जानने की दृष्टि से तथा भारत के लिए कुछ मित्र बनाने की दृष्टि से। संक्षेप में मैं अपने अनुभव लिख रहा हूँ।

1. रोम में कुछ लोग ऐसे हैं जो वास्तव में भारत के प्रति रुचि रखते हैं।
2. सामान्यतः लोग भारत के विषय में कुछ नहीं जानते किन्तु जानना चाहते हैं। भारत के प्रति कोई पूर्वाग्रह नहीं बल्कि सहानुभूति है।
3. सामाजिक दृष्टि से इटलीवासी एकान्तप्रिय हैं। जब तक वे विदेशियों को भलीभाँति जान नहीं लेते तब तक उन्हें अपने घर आमन्त्रित नहीं करते। मुझे पता चला है कि ऐसी ही फ्रांस के लोगों की भी स्थिति है। किन्तु यूरोप के अन्य स्थानों पर मैंने जर्मन बोलने वाले लोगों में इसके विपरीत आचरण अनुभव किया है।
4. मेरे विचार में मैंने रोम में जिन लोगों से परिचय स्थापित किया उनमें भारत के प्रति गहरी रुचि जगाने में सफलता पायी है। किन्तु अभी कुछ कहना जल्दबाज़ी होगी कि वे इस दिशा में कितना कार्य करते हैं। अधिकारियों का

रवैया भी अब ठीक है और वे पूर्व के साथ सम्बन्ध स्थापित करने के इच्छुक भी हैं। यदि ऐसा ही रवैया विएना और बर्लिन के अधिकारियों में भी होता तो मुझे विश्वास है कि हम वहाँ कुछ उपयोगी कार्य करने में सक्षम होते।

नववर्ष पर सुन्दर उपहार भेजने के लिए अनेकानेक धन्यवाद। इससे अच्छा और कोई उपहार हो ही नहीं सकता।

आपने अपने पिछले पत्रों में यह जानना चाहा है कि घर वापिस लौट कर मेरा क्या होगा। आपको चिन्तित होने की आवश्यकता नहीं। वे मुझे बम्बई पहुँचने से रोक नहीं सकते और यदि वे वहा पहुँचने पर मुझे जेल में डालते हैं तो भी मुझे कोई चिन्ता नहीं। जब तक भारत में ऐसी दशा रहेगी जैसी कि आजकल है, वे मुझे बम्बई पहुँचते ही जेल में डालेंगे—किन्तु इस विषय में कुछ नहीं किया जा सकता। अतः जब तक मैं यूरोप में हूँ मुझे अपनी स्वतन्त्रता का पूरा-पूरा उपयोग कर लेना चाहिए।

आपको श्रीमती एवं श्री एन.के. बोस का स्मरण होगा जो कुछ सप्ताह पूर्व विएना में थे। श्रीमती बोस एक दिलचस्प परिवार से सम्बन्ध रखती हैं। उनकी एक बहन पिछले 9 वर्ष से, सन् 1932 में दीक्षान्त समारोह में बंगाल के गवर्नर को मारने के प्रयास के आरोप में जेल में है। वह उस समारोह में अपनी स्नातक की उपाधि लेने गयी थी किन्तु कुछ गोलियाँ, जो निशाने पर नहीं लगीं, चलाने के बाद गिरफ़्तार कर ली गयी। वह लड़की प्रकृति से बहुत शान्त व शर्मीली है। दूसरी बहन स्नातकोत्तर उपाधि लेने के पश्चात बिना किसी वजह से जेल में है। यह हमारी नयी पीढ़ी है। अब मैं समाप्त करता हूँ। 18 जनवरी को मैं जिनेवा पहुँच जाऊँगा। जिनेवा में मेरा पता होगा—

द्वारा श्रीमती होर्प, 23 एवेन्यू वीयू सेजोर, जेन्फ़, स्वीज़,

सादर,

आपका शुभाकांक्षी
सुभाष चन्द्र बोस

बिभावती बोस को*

मिलान, इटली
16 जनवरी, 1934

प्रिय मेजो बोवदीदी,

मैं 20 दिसम्बर को रोम पहुँच गया था और लगभग तीन सप्ताह वहीं व्यतीत किये। अशोक आया था और लगभग आठ-नौ दिन यहाँ रहा। मैंने रोम से एयरमेल द्वारा मेजदादा को एक लम्बा पत्र लिखा था।

---

*मूल बंगला से अनूदित।

अब मैं जिनेवा की यात्रा पर हूँ। तीन-चार दिन पहले ही मिलान पहुँचा हूँ और परसों जिनेवा के लिए रवाना होऊँगा। वहाँ मेरा पता रहेगा—द्वारा द अमेरिकन एक्सप्रेस कम्पनी।

क्या आप बता सकती हैं कि परिवार में बार-बार पैराटाइफायड का आक्रमण क्यों हो रहा है? मेरे विचार में इस पर कुछ विचार और खोज की जानी चाहिए। अब तक शायद कोई भी सदस्य इससे बचा नहीं, इसलिए इसके पीछे कोई न कोई कारण अवश्य होगा। पुतुल अब कैसा है? मिलान में खींचे दो चित्र भेज रहा हूँ। कृपया एक मेजदादा को भिजवा दें। साथ में गोपाली और मेजदादा के पत्र भी भेज रहा हूँ। कृपया डाक द्वारा दोनों को यथास्थान भिजवा दें।

आपका

सुभाष

पुनश्च : श्री पी. सी. बासु ने लिखना बन्द क्यों कर दिया?

सुरामा दे को

द्वारा द अमेरिकन एक्सप्रेस कम्पनी

जिनेवा

21 जनवरी, 1934

प्रिय महोदया,

आपका 5 अक्टूबर का पत्र समय पर मिल गया था किन्तु पत्रोत्तर देने में देरी हो गयी। कृपया क्षमा करें।

इस बीच, बुडापेस्ट के चित्र आपको भिजवा दिये गये थे। पता नहीं आपको मिले या नहीं, आशा है मिल गये होंगे। यदि नहीं मिले तो कृपया मुझे सूचित करें ताकि मैं पूछताछ करूँ।

मेरा स्वास्थ्य पहले की अपेक्षा बेहतर है। पेट-दर्द भी पहले से कम है और वज़न भी बढ़ा है। किन्तु अभी भी स्वस्थ होने में कुछ समय लगेगा। अब मैं अपने स्वास्थ्य की देखभाल भी ख़ूब करता हूँ।

इस पत्र के साथ मैं अमिया के लिए भी एक पत्र भेज रहा हूँ। कृपया उसे बुलाकर यह पत्र उसके हवाले कर दें।

आशा है आप सभी पूर्णतः स्वस्थ हैं।

सादर प्रणाम,

आपका

सुभाष चन्द्र बोस

नाओमी सी. वैटर को

23, एवेन्यू बीयू सेजोर
जिनेवा
6 फ़रवरी, 1934

प्रिय श्रीमती वैटर,

पिछले कई दिनों से आपका कोई समाचार नहीं।

मेरे ख़याल से अन्तिम पत्र मैंने ही लिखा था।

तीन सप्ताह पूर्व मैं इटली से यहाँ आया हूँ। रोम आते हुए मैं कुछ दिन मिलान रुका था। भारतीय विद्यार्थियों का एक दल मिलान में अध्ययन हेतु आया हुआ है।

यहाँ आने के पश्चात मैं श्रीमती होरप की, उनके द्वारा भारत पर प्रकाशित बुलेटिन में, सहायता करने में व्यस्त था। वे भारत पर तीन भाषाओं में बुलेटिन प्रकाशित करेंगी यानी कि—अंग्रेज़ी, फ्रेंच और जर्मन में। कल मैंने आपको जनवरी के बुलेटिन की जर्मन कॉपी भेजी थी। आशा है इस माह की प्रति आपको जल्दी मिल जायेगी।

मेरे बड़े भाई जो आजकल भारत में हैं, पिछले आठ वर्षों से कलकत्ता नगरपालिका के एल्डरमैन थे। उन्होंने मुझे पत्र लिखकर पूछा है कि क्या विएना नगरपालिका की कार्य-पद्धति पर अंग्रेज़ी में कोई पुस्तक है। मैंने श्री कटयार को भी लिखा है कि वे आपसे ऐसी किसी पुस्तक का नाम पूछकर उसकी एक प्रति मुझे भिजवाएँ जो मैं अपने भाई साहब को भिजवा सकूँ।

श्री सुदरलैंड की पुस्तक 'इंडिया इन बांडेज' के अनुवाद कार्य से कुछ प्रगति हुई? ऐसी बहुत-सी बातें हैं जो मैं आपको लिखना चाहता हूँ किन्तु उन्हें अगले पत्र के लिए रखूँगा। आशा है इस बीच आपका पत्र मुझे मिलेगा। श्री वैटर व आपको सादर नमस्कार।

आपका शुभाकांक्षी
सुभाष चन्द्र बोस

नाओमी सी. वैटर को

23, एवेन्यू बीयू सेजोर
जिनेवा
14 फ़रवरी, 1934

प्रिय श्रीमती वैटर,

आज की शाम लन्दन के अख़बारों में आस्ट्रिया के विषय में दुखद समाचार पढ़ा।

मैं 'टाइम्स' की कटिंग साथ में भेज रहा हूँ जिससे आपको अनुमान होगा कि आस्ट्रिया के बाहर क्या कुछ छप रहा है।

इन परिस्थितियों में आप कैसा अनुभव कर रहे होंगे मैं समझ सकता हूँ यह कहना आवश्यक नहीं कि मैं आस्ट्रिया में विशेषरूप से विएना के मित्रों के प्रति अत्यधिक चिन्तित हूँ।

लम्बे समय से आपका समाचार व ख़त न मिलने से चिन्तित था और उस चिन्ता को श्री रोशोवास्की के पत्र ने आपकी अस्वस्थता की सूचना देकर और बढ़ा दिया है। मैं आपको तार भेजने ही वाला था कि आपका चिरप्रतीक्षित पत्र मिला।

आज मैं आपका अधिक समय नहीं लूँगा कृपया इतना अवश्य लिखें कि आप सब कैसे हैं। श्री वैटर की ओर से भी बहुत चिन्तित हूँ।

आपका शुभाकांक्षी
सुभाष चन्द्र बोस

सुनील मोहन घोष मौलिक को

द्वारा द अमेरिकन एक्सप्रेस कम्पनी
जिनेवा
15 फ़रवरी, 1934

प्रिय सुनील,

यहाँ लौटने पर 24 जनवरी, 1934 को तुम्हारा पत्र मिला। रोम और मिलान की यात्रा के पश्चात मैं 18 जनवरी, 1934 को नाइस पहुँचा था। पहले की अपेक्षा मेरा स्वास्थ्य ठीक है और कुछ वज़न भी बढ़ा है। प्रगति बहुत ही धीमी है और दिनचर्या से थोड़ा भी इधर-उधर होने से पेट का दर्द असहनीय हो जाता है। दर्द पहले से कम तो है किन्तु हल्का-हल्का दर्द हमेशा बना रहता है। पता नहीं कब पहले की तरह स्वस्थ हो पाऊँगा।

पृथकतावादी झगड़ों को समाप्त करने के विषय में तुम्हारा विचार पढ़कर अच्छा लगा। श्रीमती सेनगुप्ता कैसी हैं और इस विषय में उनके क्या विचार हैं। कुछ समय पूर्व मैंने उन्हें पत्र लिखा था और अलगाववाद समाप्त करने के लिए प्रयत्न करने का आग्रह भी किया था किन्तु आज तक उनका जवाब नहीं आया।

सबको एकत्र करने के लिए तुमने एक सम्मेलन का उल्लेख किया था। इस विषय में विस्तृत जानकारी प्राप्त करने को मैं उत्सुक हूँ।

तुमने जिस पुस्तक का ज़िक्र किया है वह भेजने की कोशिश करूँगा। इस कार्य में कुछ विलम्ब हो सकता है, क्योंकि उसकी अतिरिक्त प्रति मेरे पास नहीं है।

पिछले माह मिलान में खींचे एक चित्र की प्रति भेज रहा हूँ।

एक लम्बे समय से, शायद पाँच या छह माह से तुम्हें पत्र नहीं लिख पाया।

द अमेरिकन एक्सप्रेस कम्पनी का तार का पता सभी जगह यही है—अमैक्सको। केवल विएना के लिए तार का पता है—ट्रैवामैक्स लगभग सभी बड़े शहरों में अमेरिकन एक्सप्रेस के उप कार्यालय हैं।

आजकल मेरी अपनी पार्टी कोई नहीं है। नयी नींव पर नयी पार्टी बनाने की आवश्यकता है। मैं डरपोक लोगों के साथ कार्य नहीं कर सकता। इस संगठन से दो किस्म के लोगों को अलग रखने की आवश्यकता है—डरपोक और स्वार्थी।

फ़िलहाल मैंने आपरेशन की सलाह ठुकरा दी है। पिछले तीन-चार माह से मैं विएना के प्रोफ़ेसर न्यूमान के उपचार में हूँ जिससे मुझे काफ़ी लाभ हुआ है। आजकल मैं श्यामदास कविराज द्वारा बताई गयी मकरध्वज भी ले रहा हूँ।

रोम और मिलान में बिताये दिन आनन्ददायक रहे। वहाँ के मुख्य समाचार-पत्रों में मैंने भारत के सम्बन्ध में लेख लिखे, मिलान में सबसे बड़ी सोसायटी (सिसलो फ़िलोलोगियो सोसायटी) में 'इटली व भारत' विषय पर भाषण भी दिया। गण्यमान्य व्यक्ति वहाँ एकत्र हुए थे।

आशा है तुम ठीक-ठाक हो।

शुभकामनाओं सहित

तुम्हारा शुभेच्छु
सुभाष चन्द्र बोस

नाओमी सी. वैटर को

23, एवेन्यू बीयू, सेजोर
जिनेवा
17 फ़रवरी, 1934

प्रिय श्रीमती वैटर,

विएना में पिछले कुछ दिन से जो कुछ हो रहा है, उसके लिए मैं काफ़ी चिन्तित हूँ। पहले भी आपको पत्र लिख चुका हूँ। जब तक आपका कोई समाचार नहीं मिलता मैं चिन्तित रहूँगा। कृपया तुरन्त सूचित करें कि आप सब लोग कैसे हैं।

सदैव आपका अपना
सुभाष चन्द्र बोस

श्रीमती एनसी वैटर
द्वारा प्रेज़ीडेंट डॉ. वैटर
व्हीरिंगर स्ट्रीट-41
विएना-9, (आस्ट्रिया)

ई. वुड्स को

23, एवेन्यू बीयू सेजोर
जिनेवा
20 फ़रवरी, 1934

प्रिय श्रीमती वुड्स,

12 जनवरी का आपका कृपापत्र पाकर प्रसन्नता हुई। आपके पत्र का उत्तर देने में विलम्ब हुआ, क्षमा चाहता हूँ। आशा है इस बीच आपका पुत्र पूर्णतः स्वस्थ हो गया होगा।

कृपया मुझे सूचित करें कि भारत से कौन-कौन से दैनिक अंग्रेज़ी राष्ट्रीय समाचार-पत्र आपको प्राप्त हो रहे हैं। सम्भव है मैं सहायता कर सकूँ कि वे आपको निरन्तर प्राप्त हो सकें।

मैडम मैकब्राईड के पत्र का उत्तर देने में विलम्ब हुआ, क्षमा चाहता हूँ। मैंने अभी उन्हें सब कुछ बताते हुए एक विस्तृत पत्र लिखा है।

बुलेटिन आपने मुझे भेजा उसके लिए धन्यवाद। मेरी उसमें बहुत दिलचस्पी थी। कुछ दिन पूर्व यहाँ से प्रकाशित बुलेटिन की प्रति आपको भिजवाई थी। हम प्रतिमाह तीन भाषाओं—अंग्रेज़ी, फ्रेंच और जर्मन में बुलेटिन प्रकाशित करेंगे।

भारत में सरकारी दबाव के विषय में आप द्वारा सुझाये गये मुद्दों पर मैं लेख लिखना चाहूँगा। शायद अब तक लिख भी चुकता लेकिन यहाँ के कुछ विषयों के कारण मैं बहुत व्यस्त था। किन्तु आशा है कि शीघ्र ही लिखूँगा। मैं आपको भेज दूँगा और आप उसें सबसे अच्छे समाचार-पत्र में प्रकाशित करा सकेंगी। प्रचार की दृष्टि से, मेरे विचार में, आयरिश प्रेस सबसे अच्छा रहेगा।

हम आपके आभारी हैं कि आपने श्रीमती कज़िन के नेक अनुभवों पर प्रकाशित लेख पर तत्काल टिप्पणी भेजी। मुझे पढ़कर बहुत आश्चर्य हुआ। सच कहूँ तो मैं उनकी मानसिकता समझ नहीं पाया हूँ।

कृपया आयरलैंड के कुछ परिचित अख़बारों के पन्ने भिजवाएँ। हम उन्हें भी अपना बुलेटिन सीधे भेजेंगे। जनवरी का अंक केवल आयरिश प्रेस व फ्री प्रेस जर्नल और अमृत बाज़ार पत्रिका आदि के मिल रहे हैं। क्या ये आपको लगातार यानी हर सत्पाह प्राप्त हो रही हैं? आपको इन पत्रों के दैनिक संस्करण या साप्ताहिक संस्करण में से कौन से मिल रहे हैं?

मैडम मैकब्राइड ने लिखा है कि धनाभाव के कारण आई.आई. लोग का कार्य समाप्त करना होगा। आशा है जैसे भी सम्भव होगा आप उसे जारी रखेंगी। मेरी ओर से, मैं इस अनुबन्ध को पूर्ण करने का हर सम्भव प्रयास करूँगा।

के सामने आकर देशवासियों को बता देना चाहिए कि कठोर निर्णय लेने का समय आ गया है और अब हमें मध्यम मार्ग अपनाना होगा। मैं नेताओं को अपमानित करने या उन्हें छोटा करने के लिए आलोचना नहीं कर रहा बल्कि भविष्य के मार्ग का निर्णय करने की दृष्टि से यह सब कह रहा हूँ। किन्तु आपको लगता है कि आलोचना का अर्थ उनकी बुराई करना है और उनके पूर्ण कार्य व आन्दोलन की निन्दा करना है। किन्तु जिस आन्दोलन से मेरा अस्तित्व अभिन्न रूप से जुड़ा है, मैं उसकी अवज्ञा कैसे कर सकता हूँ।

आपने लिखा है कि–"हम लोग महात्मा गाँधी का अन्धानुकरण नहीं कर रहे।" किन्तु मैं पूछता हूँ कि प्रतिदिन आनन्द बाज़ार पत्रिका पढ़ने वाला व्यक्ति क्या राय क़ायम करेगा? क्या आपने कभी किसी रूप में महात्मा गाँधी का, उनके आन्दोलन की आलोचना की है? पाठक नहीं जानते कि आपके मस्तिष्क में क्या है। वे तो केवल आनन्द बाज़ार पत्रिका पढ़ते हैं। कब तक अंधानुकरण होता रहेगा, नेताओं की आँखें नहीं खुलेंगी।

फिर आपने लिखा है–"आज बंगाल में कोई नेता नहीं जो बंगाल को, एकत्र कर सके और राष्ट्रीय स्तर पर अपना स्थान बना सके।" किन्तु मेरे प्रिय पत्रकार मित्र, मैं आपसे पूछता हूँ कि क्या आपने लोगों के सम्मुख ऐसे किसी व्यक्ति की छवि रखने का प्रयत्न किया है? बंगाल के लोगों को बंगाल की प्रेस से जैसा व्यवहार मिल रहा है वैसा देश के किसी अन्य प्रान्त में नहीं है। हम अपने लोगों को नीचा दिखाते हैं और फिर स्वयं को कोसते हैं। आपने देखा होगा कि अन्य प्रान्तों के पत्रकारों ने अपने लोगों की छवि कैसे निर्मित की है। मैं अपने ही विषय में कह सकता हूँ कि, 1927 और 1928 के कुछ महीनों के अलावा, मुझसे भी अधिक सहयोग प्राप्त नहीं हो पाया। और मेरे पिछले बारह-तेरह वर्षों के लोकजीवन के दौरान बंगाल की राष्ट्रीय प्रेस ने मेरे साथ जो दुर्व्यवहार किया वैसा तो ब्रिटिश पत्रकारों के हाथों भी नहीं हुआ। ब्रिटिश उत्पीड़न ने मुझे हानि नहीं पहुँचाई बल्कि मेरे देशवासियों की दृष्टि में मुझे ऊँचा ही उठाया है इसके विपरीत राष्ट्रीय प्रेस के अत्याचारों ने मुझे मेरे देशवासियों की नज़र में गिराया ही है। मुझे इसका दुख नहीं है। मेरी चिन्ता केवल आनन्द बाज़ार पत्रिका के महात्मा गाँधी के प्रति अपनाये गये रवैये को लेकर है–वही रवैया बंगाल के लोगों के प्रति क्यों नहीं? ख़ैर! इस विषय को यहीं छोड़ दें।

एक और टिप्पणी के साथ मैं समाप्त करूँगा। मैं जवाहरलाल नेहरू को समझ नहीं पा रहा–वे एक ही समय पर गाँधीवाद और साम्यवाद का समर्थन कैसे करते हैं मेरी समझ से परे है। पिछले वर्ष जून में लन्दन के अपने भाषण में मैंने अपनी

राय ज़ाहिर की थी। हाल ही में भारतीय प्रेस के लिए अपनी सम्मति भेजी। मैं नहीं जानता कि वह प्रकाशित भी होगी या नहीं। मैं नहीं जानता, कि आप इसे अभिमान भी कह सकते हैं, किन्तु मेरा पूर्ण विश्वास है कि, जिस मार्ग का संकेत मैंने दिया है उसके अतिरिक्त कोई मार्ग सम्मुख नहीं है। एक-न-एक दिन तो हमारे देशवासियों को यह मार्ग चुनना ही होगा। मेरा मूल उद्देश्य साम्यवादी संघ का निर्माण करना है और साम्यवाद के उद्देश्य लोगों तक पहुँचाना है। इस प्रकार जो पार्टी बनेगी वही देश को स्वतन्त्र करा पायेगी। मेरा हार्दिक स्नेह स्वीकार करें। मेरा स्वास्थ्य पहले से बेहतर है। आशा है आप सभी स्वस्थ हैं। क्या 'देश' का प्रसारण हो रहा है। आनन्द बाज़ार मुझे लगातार मिल रहा है।

आपका शुभाकांक्षी
सुभाष चन्द्र बोस

किट्टी कुर्टी को

23, ऐवन्यू बीयू सेजोर
जिनेवा
23 फ़रवरी, 1934

प्रिय श्रीमती कुर्टी,

विएना से भेजा आपका कार्ड पाकर प्रसन्नता हुई। वास्तव में मुझे तो आश्चर्य ही हुआ, क्योंकि मुझे उम्मीद नहीं थी कि आप वहाँ होंगी।

आपका 22 दिसम्बर का लम्बा पत्र समय पर मिल गया था जो बहुत दिलचस्प था। मुझे खेद है कि मैं पहले उसका उत्तर नहीं दे पाया।

साम्य का अर्थ बराबरी है और साम्यवादी का अर्थ है जो बराबरी में विश्वास रखता है। संघ का अर्थ समूह या संगठन है।

'साम्य' एक बहुत प्राचीन भारतीय विचार है। जिसे ईसा से लगभग 500 वर्ष पूर्व बौद्धों ने प्रचारित किया था। इसीलिए यूरोप में प्रचारित अन्य नामों की अपेक्षा यह मुझे अधिक प्रिय है।

भारत की युवा पीढ़ी में धैर्य नहीं है। मेरी भाँति उनका भी विचार है कि गाँधी अपने विचारों में व कार्यों में आवश्यकता से अधिक भले और मध्यमार्गी हैं। हम अधिक परिवर्तनकारी आक्रामक नीति में विश्वास करते हैं। नेहरू के विचार हमारे पक्ष में अधिक हैं। किन्तु व्यावहारिक रूप में वे महात्मा गाँधी को समर्थन देते हैं। उनका मस्तिष्क उन्हें एक ओर खींचता है किन्तु हृदय दूसरी ओर आकर्षित करता है। हृदय से वे गाँधी के साथ हैं।

मुझे हार्दिक प्रसन्नता होगी यदि आप मुझे वे सभी लेख भिजवा सकें जो आपने भारत के सम्बन्ध में यूरोपीय पत्रों में पढ़े हैं।

मेरे विचार में जापानी पूर्व के अंग्रेज़ हैं। एक जाति के रूप में चीनी अधिक अच्छे हैं, क्योंकि वे मानवीय, दयालु और सुरुचिपूर्ण हैं।

आप जानना चाहती हैं कि मैंने क्या-क्या पढ़ा है। पहले मैंने दर्शन–जिसे इंग्लैंड में मनोविज्ञान एवं नैतिक विज्ञान कहते हैं पढ़ा है। उसके पश्चात मैंने प्रशासनिक सेवा की परीक्षा पास की, जिसके लिए मुझे अर्थशास्त्र, इतिहास, राजनीति विज्ञान, भूगोल, विधि आदि जैसे कई विषयों का अध्ययन करना पड़ा। बाद में मैंने सेवा से त्यागपत्र दे दिया, क्योंकि मैं विदेशी सरकार की सेवा करना नहीं चाहता था।

मनोविज्ञान में मेरी बहुत रुचि थी अतः कुछ समय तक मैंने प्रायोगिक मनोविज्ञान भी पढ़ा। यदि राजनीति में नहीं आया होता तो शायद आज एक मनोवैज्ञानिक होता।

एग्नेस स्मैडली की किस पुस्तक की आप चर्चा कर रही हैं? वे बहुत योग्य और चतुर लेखिका हैं।

शीघ्र ही मैं आर.आर. से मिलूँगा। उनकी बहन से मैं मिला था। वे जिनेवा में इंडियन कमेटी के लिए कार्य कर रही हैं।

अब आपका स्वास्थ्य कैसा है? क्या आपने सुन्दरलैंड लिखित पुस्तक 'इंडिया इन बांडेज' पढ़ी है?

पहले की अपेक्षा मेरा स्वास्थ्य अब ठीक है, किन्तु पूर्ण स्वस्थ नहीं हूँ। शुभकामनाओं सहित।

आपका शुभाकांक्षी

सुभाष चन्द्र बोस

पुनश्च : कृपया विएना के समाचार दें। चेक प्रेस के लिए मुझे किस विषय पर लेख लिखना चाहिए?

सन्तोष कुमार बासु, मेयर, कलकत्ता को

14 मार्च, 1934

प्रिय मेयर साहब,

आशा है आपको मेरा, क्लिनिक ला लिग्नीयर स्विट्ज़रलैंड से 19 अक्टूबर को लिखा पत्र समय पर मिल गया होगा जिसके साथ मैंने कलकत्तावासियों व

मेयर के लिए वारसा के मेयर (प्रेज़ीडेंट) का सन्देश और वारसा के सम्बन्ध में एक ब्रोशर भी भेजा था।

प्राग जाने के बाद पिछली जुलाई में मैं वारसा भी गया था। सिटी हाल में वाइस प्रेज़ीडेंट (डिप्टी मेयर) ने मेयर की अनुपस्थिति में मेरा स्वागत किया, क्योंकि वे उन दिनों गर्मियों की छुट्टियों में शहर से बाहर थे। अन्तरंग बातचीत के बाद उनके कमरे में चित्र भी खींचा गया जो बाद में पोलिश अख़बार से प्रकाशित भी हुआ और जिसकी प्रति मैंने 19 अक्टूबर के पत्र के साथ प्रेषित भी की थी।

पहले रूसी पोलैंड की राजधानी वारसा थी। पिछले युद्ध के बाद स्वतन्त्र संयुक्त राज्य पोलैंड का गठन हुआ और नये पोलैंड की राजधानी वारसा बनी। पोलैंड स्वतन्त्रता की उत्साह से वारसा शहर की प्रगति को बहुत लाभ हुआ। पिछले चौदह वर्षों में शहर ने बहुत प्रगति की और चारों ओर शानदार इमारतें बनी हैं। वारसा की सड़कों पर चलने से नये जीवन की उमंग का अनुभव होता है।

शहर की इतनी उन्नति एवं प्रगति से नगर निगम पर काफ़ी दबाव रहा है। मेयर की कृपा से मुझे निगम के कार्यों को देखने की सुविधा प्राप्त हुई। उन्होंने अंग्रेज़ी बोलने वाले अधिकारी व अन्य सुविधाएँ मुझे मुहैया करा दी थीं।

यह देखकर बहुत प्रसन्नता हुई कि नगर निगम और सरकार दोनों ही आपसी सहयोग से कार्य कर रहे हैं। जिस पहली चीज़ ने मुझे आकर्षित किया वह यह था कि जनसंख्या वृद्धि के साथ-साथ जलापूर्ति की बढ़ती माँग को पूरा करने के लिए इंजीनियरिंग कार्य हो रहा है। इस उद्देश्य की पूर्ति के लिए वारसा की मुख्य नदी विस्तुला को बाँधा जा रहा है। यूरोप के अन्य शहरों में मैंने देखा बिजली, गैस, यातायात आदि जैसे जनोपयोगी साधनों की देखभाल नगरपालिका के नियन्त्रण में है। हाल ही में शहर की आवश्यकता को देखते हुए, गैस संयन्त्र का नवीनीकरण एवं वृहदीकरण हुआ है जिसे देखकर मुझे बहुत अच्छा लगा। सभी कार्य पोलैंड के इंजीनियर्स व अधिकारियों द्वारा किया गया है और जहाँ तक सम्भव था मशीनरी भी पोलैंड की ही निर्मित थी। नगर निगम के अधिकारियों के आत्मविश्वास ने मुझे बहुत प्रभावित किया है।

युद्ध के बाद से वारसा की जनसंख्या दस लाख के लगभग बढ़ी है और अब लगभग पन्द्रह लाख के क़रीब है। दूसरे शब्दों में कलकत्ता की जनसंख्या के आस-पास पहुँच रही है। फिर भी मैंने अनुभव किया है कि निगम की आय कलकत्ता की अपेक्षा वारसा में अधिक है। इस सन्दर्भ में मुझसे कुछ निगम अधिकारियों ने प्रश्न किये और मुझे उन्हें बताना पड़ा कि कलकत्ता में कुछ लोक उपयोगी विभाग निगम के अधीन नहीं हैं अतः हमारी आय वारसा की आय की अपेक्षा कम प्रतीत होती है।

वारसा से मैं निगम बेकरी भी देखने गया जो शायद पोलैंड, बल्कि पूरे यूरोप में अपने किस्म की सबसे बड़ी बेकरी है। आधुनिक उपकरणों से युक्त इस बेकरी में प्रतिदिन पर्याप्त मात्रा में डबलरोटी बनती है जो शहर की जनसंख्या की एक तिहाई माँग की आपूर्ति कर सकती है तथा आपात स्थिति में आपूर्ति बढ़ाकर आधी जनसंख्या की पूर्ति की जा सकती है। दूसरे शब्दों में निगम बेकरी सामान्यतः, इतनी डबलरोटी का उत्पादन करती है कि 5 लाख लोगों को बिना किसी कठिनाई के डबलरोटी उपलब्ध कराई जा सकती है।

जिस अन्य संस्था ने मुझे प्रभावित किया वह थी वारसा की शारीरिक एवं सांस्कृतिक संस्था, जो यूरोपभर में सबसे बड़ी संस्था है। कम अवधि में युवा पीढ़ी के स्वास्थ्य निर्माण की आवश्यकता की पूर्ति के कारण इस विशाल संस्था का निर्माण सम्भव हुआ। शारीरिक प्रशिक्षण का सारा कार्य चिकित्सकीय-वैज्ञानिक पद्धति पर आधारित है और यहाँ एक प्रयोगशाला व अनुसन्धानशाला भी है। प्राधिकरण की योजना यहाँ अन्य सुविधाओं से युक्त एक विशाल स्टेडियम के निर्माण की भी है जहाँ भविष्य में अन्तरराष्ट्रीय ओलंपिक खेलों का आयोजन भी हो सके। इसे देखकर मुझे उस योजना की याद आयी जो कलकत्ता में निगम स्टेडियम और शारीरिक, सांस्कृतिक संस्था के निर्माण के लिए तैयार की गयी थी।

मेरी वारसा यात्रा का अन्त वारसा के ओरिएंटल इंस्टीट्यूट द्वारा किये गये स्वागत समारोह से हुआ जिसमें गण्यमान्य व्यक्ति उपस्थित थे। मैंने उनके स्वागत का यथायोग्य शब्दों में उत्तर दिया। सभी स्थानों पर गर्मजोशी से किये गये मेरे अभिनन्दन से मैं बहुत प्रभावित हुआ और लोगों में भारत एवं भारत की संस्कृति के प्रति रुचि ने भी मुझे प्रभावित किया। संस्कृत के विद्वान प्रो. मिकाल्सकी से भेंट करने का सुअवसर भी मिला। कुछ लोगों ने तो मज़ाक़ में यहाँ तक भी कहा कि यूरोप के लोगों में पोलिश भाषा की अपेक्षा संस्कृत के प्रति अधिक रुचि है।

कुल मिलाकर मेरी यह यात्रा मेरे लिए बहुत उत्साहवर्द्धक थी। यह देखकर मुझे अनुभव हुआ कि वर्षों से दबाये गये लोग भी, समय आने पर कितनी उन्नति कर सकते हैं और यदि उन्हें अवसर प्रदान किये जायें तो वे अपनी ज़िम्मेदारियों को पूरा करने के लिए ऊपर उठकर कार्य भी कर सकते हैं। लोक उत्थान की दृष्टि से यूरोप भर में वारसा को सबसे उत्तम शहर की संज्ञा दी जा सकती है। आधुनिक शहरों में जब तेज़ी से विस्तार होता है—जैसा कि पिछले दिनों कलकत्ता का हुआ—तब सामने आनेवाली समस्याओं का निराकरण किस

प्रकार किया जा सकता है, के अध्ययन के लिए वारसा शहर के अध्ययन से अच्छा अन्य कोई स्थान नहीं है। सभी उच्चाधिकारियों ने मुझे आश्वासन दिया कि यदि कलकत्ता में समस्याओं के निराकरण हेतु आवश्यकता महसूस की गयी और उनकी सेवाओं की आवश्यकता महसूस हुई तो वे सहर्ष सहायता प्रदान करेंगे।

मेयर साहब मुझे आशा है कि वारसा के निगम द्वारा आपको एवं कलकत्तावासियों को भेजी गयी शुभकामनाओं सहित मैं,

आपका शुभेच्छु

सुभाष चन्द्र बोस

कान्तिलाल पारीख को

म्यूनिख

24 मार्च, 1934

प्रिय कान्तिलाल,

एक लम्बे समय से तुम्हारा कोई समाचार नहीं। अब तुम्हारा स्वास्थ्य कैसा है? मुझे पता चला है कि आजकल तुम अहमदाबाद में हो। कृपया शीघ्र मुझे निम्न पते पर पत्र लिखो—द्वारा द अमेरिकन एक्सप्रेस कम्पनी, विएना (अथवा जिनेवा)

21 मार्च को मैं यहाँ आ गया था। अप्रैल के मध्य तक मैं विएना में ही रहूँगा। स्वास्थ्य पहले की अपेक्षा बेहतर है, यद्यपि प्रगति बहुत धीमी है। आशा है आप पूर्णतः स्वस्थ हैं।

तुम्हारा अपना

सुभाष

नाओमी सी. वैटर को

ईडन होटल

वुडापेस्टर स्ट्रीट

बर्लिन

30 मार्च, 1934

माननीय प्रेज़ीडेंट वैटर
व्हीरिंगर स्ट्रीट-41
विएना-9
(आस्ट्रिया)

प्रिय श्रीमती वैटर,

ईस्टर के उपलक्ष्य में हार्दिक शुभकामनाएँ स्वीकार करें। प्रेज़ीडेंट वैटर तक शुभकामनाएँ पहुँचा दें।

आपका शुभाकांक्षी
सुभाष सी. बोस

सी. आर. प्रूफर को

ईडन होटल
बर्लिन
5 अप्रैल, 1934

मिनिस्टीरीयलरट सिकोफ
आस्वेटिंग्स एमट
बिहलमस्टर 74-76

प्रिय महोदय,

मैं आपको ज्ञापन की प्रति, जिसमें मैंने जर्मनी व भारत के सम्बन्धों पर भाषण दिया था, की प्रति भी शामिल है, भेज रहा हूँ। आशा है आप इस विषय पर गम्भीरता से विचार करेंगे।

सादर,

आपका शुभाकांक्षी
सुभाष चन्द्र बोस

जर्मनी और भारत

जर्मनी में राष्ट्रीय समाजवादी पार्टी के शासन के पश्चात, कुछ तथ्य उभरे हैं। जिन पर यदि जर्मनी व भारत के मध्य मैत्रीपूर्ण सम्बन्धों की स्थापना करनी है, तो विचार करना आवश्यक है। ये तीन तथ्य हैं–

1. पिछले बारह माह के दौरान भारत के प्रति जर्मन प्रेस का रवैया।
2. भारत के सम्बन्ध में जर्मनी के नेताओं की टिप्पणियाँ।
3. जर्मनी में आजकल चल रहा जाति-प्रचार।

राष्ट्रीय समाजवादी क्रान्ति से पूर्व, जर्मनी के पत्र-पत्रिकाओं में कई लेख प्रकाशित हुए, जिन्होंने भारत के स्वतन्त्रता संघर्ष के प्रति सहानुभूतिपूर्वक लिखा। अब वैसे लेख प्रकाशित होने बन्द हो गये हैं। सम्भव है जर्मन अधिकारियों को महसूस हुआ कि भारत के पक्ष में लेख प्रकाशित करने से ग्रेट ब्रिटेन नाराज़ हो जायेगा, जिसके साथ आजकल जर्मनी सम्बन्ध स्थापित करने को उत्सुक है।

यद्यपि भारत के पक्ष में लेख प्रकाशित करने बन्द किये जा चुके हैं, जबकि म्यूनकेनर, न्यूत्से, नखरिख्तन, कोरेडल, कोलनिशे जीतुग, कोलनिशे इलस्ट्रेर्ट, दास हौस तथा ऐसे ही कुछ अन्य पत्र भारत विरोधी लेख प्रकाशित कर रहे हैं, जिनमें जर्मनी के लोगों के बीच भारतीय लोगों की अवमानना होती है और छवि बिगड़ती है और यह सब उस समय हो रहा है जब जर्मन प्रेस पर पूर्णतः सरकार का नियन्त्रण है।

पिछले वर्ष जब मैं बर्लिन में था तब मैंने हिटलर (मीन काम्फ) तथा एल्फर्ड रोजेनवर्ग (माइथोज ऑफ़ द ट्वेंटीएथ सेंचुरी) जैसी महान् हस्तियों द्वारा अपनी पुस्तकों व अन्य लेखों में भारत के प्रति दुर्भावनापूर्ण रवैया अपनाने से, पड़ने वाले दुष्प्रभावों की तरफ़ सरकार का ध्यान आकर्षित किया था। किन्तु 20 फ़रवरी, 1934 के लन्दन के डेली मेल में प्रकाशित जनरल गोरिंग के साक्षात्कार में महात्मा गाँधी के सम्बन्ध में की गयी टिप्पणी से स्थिति और ख़राब हुई है। इस साक्षात्कार में जनरल गोरिंग ने श्री गाँधी को ब्रिटिश विरोधी बोल्शेविक एजेंट बताया है और कहा है कि उन्होंने कई वर्ष पूर्व श्री गाँधी के सहयोगी से मिलने से मना कर दिया था। श्री गाँधी को बोल्शेविक एजेंट बताना बिल्कुल ग़लत है और इस तथ्य से सभी वाक़िफ़ हैं कि श्री गाँधी साम्यवादियों से घृणा करते हैं, वे चाहे भारतीय हों या विदेशी। भारत से अनेकों मित्र मुझे लगातार पत्र लिखकर पूछ रहे हैं कि भारत ने तो जर्मनी को कोई हानि नहीं पहुँचाई फिर जर्मनी की हिटलर जैसी महत्त्वपूर्ण हस्तियाँ भारत के विरुद्ध क्यों हैं? इन प्रश्नों का जवाब देने में मैं असमर्थ हूँ, क्योंकि जर्मन नेताओं ने स्वयं भारत के प्रति अपना रुख अभी तक स्पष्ट नहीं किया है।

भारत और जर्मनी के मैत्रीपूर्ण सम्बन्धों को सबसे ज़्यादा ख़तरा जर्मनी द्वारा फैलाये जा रहे जाति-प्रचार के प्रभाव से उत्पन्न हुआ है। एक सप्ताह पूर्व जब मैं मुनेकन की सड़क पर घूम रहा था तो जर्मनी के कुछ बालकों ने मुझे 'नीगर' कहकर सम्बोधित किया। यहाँ के भारतीय विद्यार्थियों ने भी मुझे बताया कि उन सबको भी जर्मन बच्चे 'नीगर' कहकर ही पुकारते हैं। इसके अतिरिक्त वैसे भी आजकल जर्मनी का रुख़ भारत के प्रति पहले जैसा मैत्रीपूर्ण नहीं रहा है। ऐसा ही अनुभव बर्लिन में रह रहे भारतीयों का भी है, किन्तु मुनकेन में स्थिति बहुत ख़राब है जहाँ कुछ अवसरों पर भारतीय वि़द्यार्थियों ने यह भी अनुभव किया है कि जब बच्चों ने भारतीय विद्यार्थियों के प्रति ऐसा रुख अपनाया तो उनके माता-पिता या संरक्षकों ने उन्हें डाँटने-फटकारने या मना करने की जगह उत्साहित ही किया। सभी भारतीयों की राय है कि जर्मनी के स्कूलों व कॉलेजों

में चल रहे वर्तमान जाति-प्रचार के कारण भारतीयों के प्रति घृणा का भाव उत्पन्न हो रहा है। इससे पहले तो जर्मनी में कभी ऐसा वातावरण नहीं रहा।

मैं आप लोगों का ध्यान नेशनल सोजियलिस्टिक स्ट्राफ्रेख्ट में विधि मन्त्रालय द्वारा छापे गये प्रारूप की ओर दिलाना चाहूँगा जिसमें कहा गया है कि यहूदी, नीग्रो और कालों के विरुद्ध नियम विचाराधीन है। जर्मनी में रह रहे भारतीयों की राय है कि यदि यह प्रारूप नियम बन जाता है तो राष्ट्र के रूप में भारत की स्थिति सदा के लिए जातिहीनता की हो जायेगी। इस कारण यह प्रारूप भारतीयों के लिए पर्याप्त चिन्ता व विरोध का कारण बना हुआ है।

मेरी राय में यदि जर्मनी और भारत के मध्य मैत्रीपूर्ण सम्बन्धों की स्थापना करनी है तो निम्न क़दम उठाये जाने चाहिए–

1. जर्मनी के पत्र-पत्रिकाओं में भारत विरोध पर रोक लगायी जाये।

2. कुछ ज़िम्मेदार वरिष्ठ नेताओं द्वारा पूर्व प्रचारित विरोध के प्रभाव को निष्क्रिय करने के लिए, मैत्रीपूर्ण टिप्पणियाँ की जायें।

3. भारतीयों के विरुद्ध प्रस्तावित जातिगत क़ानून को रोका जाये। जर्मनी के स्कूलों व विश्वविद्यायों में जाति-प्रचार समाप्त किये जाये ताकि भारतीयों के विरुद्ध घृणा के भाव पर रोक लग सके।

सुभाष चन्द्र बोस

सन्तोष कुमार बासु, मेयर कलकत्ता को

7 अप्रैल, 1934

महोदय,

मेरी बर्लिन यात्रा व वहाँ के मेयर (ओबरबर्गर मीस्टर) द्वारा किये गये अभिनन्दन के सन्दर्भ में, यह मेरा कर्तव्य है कि मैं आपको तथा निगम को वह सब बताऊँ जो मैंने वहाँ के निगम प्रशासन में देखा।

यद्यपि बर्लिन समतल भूमि पर बसा शहर है इसलिए विएना एवं प्राग जैसी विहंगम दृश्यावली से वंचित है, किन्तु यहाँ की ख़ूबसूरत नहरों ने इस कमी को कम कर दिया है, क्योंकि इन नहरों का उपयोग स्नान, नौकायन और अन्य खेलों के लिए किया जा रहा है। शहर के रूप में, सभी की राय में यह बेहद साफ़-सुथरा (यूरोपभर का सबसे साफ़ शहर) शहर है और यह सब यहाँ के निवासियों की वजह से सम्भव हुआ है, क्योंकि वे शहर को स्वच्छ और सुन्दर रखने में लोक-विभाग को पूर्ण सहयोग देते हैं।

यद्यपि यहाँ की जनसंख्या चालीस या पचास लाख के लगभग है फिर भी वैसी भीड़-भाड़ नहीं जैसी की अपेक्षा की जा सकती है। इसका कारण यही है कि शहर पूर्णरूप से आधुनिक है और योजना बनाते समय काफ़ी स्थान घेरा गया है। शहर की घनी आबादी को ध्यान में रखकर, जल, गैस और बिजली की आपूर्ति के स्थान केन्द्र में न रखकर, शहर के विभिन्न हिस्सों में रखे गये हैं। सभी जन उपयोगी विभाग, यातायात सहित, नगर निगम के नियन्त्रण में हैं।

कलकत्तावासियों की समस्याओं के सन्दर्भ में मुझे यहाँ के जल, मलव्ययन, सड़कों तथा बिजली विभाग जैसे विभागों में विशेष रुचि थी। मैंने देखा कि जल आपूर्ति की व्यवस्था के लिए बर्लिन के निकट नहरों पर बाँध बना दिये गये और साथ ही भूमि के नीचे से, जैसे हम लोग ट्यूबवेल के पानी का प्रयोग करते हैं वैसे ही, पानी पंप करने की व्यवस्था भी की गयी। मुझे पता चला है कि शहर में जल आपूर्ति के लिए ऐसे 13 स्टेशन बनाये गये हैं। मुझे यह देखकर आश्चर्य हुआ कि यहाँ जल, मलव्ययन व्यवस्था के लिए केवल एक निकासी का प्रबन्ध नहीं, बल्कि कई निकास स्थानों की व्यवस्था है। गन्दगी व कूड़ा-कर्कट समाप्त करने के लिए बड़े शहरों के बाहर, आधुनिक संसाधनों के आधार पर उसे जलाने के संयन्त्र कार्यरत हैं। कूड़े को तथा जलाने के बाद बने पदार्थ को खेतीबाड़ी के उपयोग में लाया जा रहा है। इतने बड़े शहर की यह व्यवस्था कि वह इस गन्दगी को नदी या समुद्र में डाले बिना किस प्रकार ख़त्म करने में सक्षम है, दर्शनीय है। इस विधि से उन्हें प्रतिदिन 8,000 क्यूबिक मीटर गैस की प्राप्ति होती है। मुझे बताया गया कि इससे उन्हें मीथेन गैस की प्राप्ति होती है।

सड़क निर्माण कार्य के प्रयोगों के लिए बर्लिन में आधुनिकतम प्रयोगशालाएँ हैं। मुझे कुछ प्रयोगशालाओं में जाकर वहाँ की कार्यपद्धति को देखने का सुअवसर मिला। प्रयोगशालाओं में जाने के बाद मैंने वे सड़कें भी देखीं जिनका निर्माण हाल ही में किया गया था। मैंने देखा कि कंक्रीट के ऊपर डामर बिछाकर उनका निर्माण किया गया था। एक वर्ग मीटर कंक्रीट और उस पर डामर की परत बिछाने पर, उनका ग्यारह मार्क (लगभग 1 रुपये) का ख़र्च बैठता है, इसमें 5 वर्ष तक मरम्मत का ख़र्च भी शामिल है।

मैंने यहाँ के जनसाधारण के लिए बनाये गये स्नानागारों (विशेष रूप से वैनसी-लेक के स्नानागार) तथा शहर के मुख्य अस्पतालों का भी निरीक्षण किया।

मानसिक रोगियों के लिए बने गृह तथा विकलांगों की देखभाल के लिए बने संस्थानों को देखने में मेरी विशेष रुचि थी और मैंने अनुभव किया कि वहाँ उनकी देखभाल तथा शिक्षा के लिए आधुनिकतम विधियों का प्रयोग हो रहा है।

बिजली आपूर्ति के लिए वहाँ कम-से-कम सात स्टेशन हैं। कुछ बड़े-बड़े स्टेशनों को देखने मैं भी गया। विद्युत केन्द्रों के बायलरों में केवल भट्ठियाँ ही नहीं बल्कि राख की भट्ठियों की भी व्यवस्था की गयी है, और उन्होंने मुझे बताया कि चूँकि राख बहुत उपयोगी है, इसलिए वे इसको भी प्रयोग में लाते हैं।

कुल मिलाकर मेरी यात्रा बहुत दिलचस्प और ज्ञानवर्धक रही। मेयर साहब की मुझ पर बहुत कृपा रही कि उन्होंने मेरे लिए सब व्यवथ्था कर दी। बर्लिन के श्री वोन हेव ने मेरा हर जगह साथ दिया। मुझे विश्वास दिलाया गया कि आवश्यकता पड़ने पर कलकत्ता की समस्याओं को सुलझाने में बर्लिन नगरपालिका अपना पूरा सहयोग देगी।

आशा है आपको तथा कलकत्तावासियों को बर्लिन के मेयर द्वारा भेजे गये सन्देश का आप उपयुक्त उत्तर दे चुके होंगे।

सुभाष चन्द्र बोस

नाओमी सी. वैटर को

होटल एक्सैल्सियर
रोम
बुधवार
25 अप्रैल, 1934

प्रेजीडेंट वैटर साहब,
व्हीरिंगर स्ट्रीट-41
विएना-9
(आस्ट्रिया)

प्रिय श्रीमती वैटर,

अपनी यात्रा के दौरान मैं फ्लोरेंस में रुका और कल यहाँ पहुँचा हूँ। शुक्रवार तक विएना पहुँचने के लिए मैं अपना कार्य पूर्ण नहीं कर पाऊँगा। इसलिए सोमवार की सुबह तक विएना अवश्य पहुँच जाऊँगा। मेरे विचार से डॉ. वैटर अभी विएना छोड़कर गये नहीं होंगे। यदि वे जा चुके हैं तो आप अकेली होंगी। आपकी पुत्री लन्दन से कब लौट रही हैं। शुभकामनाओं सहित।

आपका शुभाकांक्षी
सुभाष चन्द्र बोस

नाओमी सी. वैटर को

बुडापेस्ट
11 मई, 1934

ग्रांड होटल
हंगेरिया
बुडापेस्ट

प्रिय श्रीमती वैटर,

आपका पत्र पाकर बहुत प्रसन्नता हुई। इतनी तत्परता से पत्रों के उत्तर देने के लिए व उदार विचारों के प्रति आभारी हूँ।

यहाँ पहुँचने के बाद से, एक मिनट भी आराम नहीं कर पाया हूँ। मौसम बहुत गर्म है और मेरा स्वास्थ्य भी ठीक नहीं है। यदि ऐसा ही रहा तो लगता है मैं अपनी यात्रा पूरी नहीं कर पाऊँगा। बहुत थकान महसूस करता हूँ और दिनभर का कार्य करने के पश्चात इतनी शक्ति नहीं रह जाती कि कुछ कार्य करूँ। सिवाय आराम करने के कुछ नहीं कर पाता।

कल बुखारेस्ट के लिए निकलूँगा और 5-6 दिन होटल कांटीनेंटल में ठहरूँगा।

बुडापेस्ट बहुत पसन्द आया। सुन्दर दृश्यावली से युक्त आकर्षक स्थान है। यहाँ के लोगों के बारे में राय व्यक्त करना जल्दबाज़ी होगी।

आपकी क्या योजना है? क्या जून के प्रारम्भ तक आपका विएना में रहने का विचार है?

यदि मैं अपना कार्यक्रम पूरा कर पाया तो भी 25 मई से पहले बल्कि कुछ दिन बाद ही विएना नहीं पहुँच पाऊँगा।

शुभकामनाओं सहित,

आपका
शुभाकांक्षी
सुभाष सी. बोस

नाओमी सी. वैटर को

बुखरेस्ट
18 मई, 1934
शुक्रवार, रात्रि

एथनी पैलेस होटल
94, काबा विक्टोरियल
बुखारेस्ट

प्रिय श्रीमती वैटर,

पिछले रविवार में बुडापेस्ट से यहाँ पहुँचा हूँ। यहाँ बहुत व्यस्त रहा हूँ। बुडापेस्ट की भाँति ही मौसम गर्म है और थकान महसूस कर रहा हूँ। पता नहीं विएना में आपको यह पत्र मिलेगा भी या नहीं।

कल प्रातः वायुयान से कास्टैंटीनोपल (इस्तांबुल) जाऊँगा। रेलमार्ग सुविधाजनक नहीं है, इसलिए वायुयान से जाने का विचार बनाया है। वहाँ पीरा पैलेस होटल, इस्तांबुल, टर्की में रुकने कर विचार है। जब विएना से रवाना हुआ था तब इस्तांबुल जाने का कोई विचार नहीं था, वहाँ जुलाई में जाना चाहता था लेकिन बुखारेस्ट आने के पश्चात मुझे महसूस हुआ कि मैं अभी इस्तांबुल के इतने पास हूँ और बाद में यूरोप के इस भाग तक पहुँचना मेरे लिए कितना कठिन होगा। अतः मैंने अपना विचार बदल लिया। अब की योजना के अनुसार मैं इस्तांबुल से सोफ़िया (बुल्गारिया) फिर वहाँ से बैल्ग्रेड और जगरेव जाऊँगा।

मुझे आशा है इस्तांबुल पहुँचकर आपका पत्र मिलेगा। वहीं से मैं आपको पुनः पत्र लिखूँगा। यहाँ से बस यही। शुभकामनाओं सहित।

आपका शुभाकांक्षी
सुभाष चन्द्र बोस

नाओमी सी. वैटर को

पेरा पैलेस होटल
इस्तांबुल
21 मई, 1934

पेरा पैलेस ओटेली
इस्तांबुल (टर्की)

प्रिय श्रीमती वैटर,

बुखारेस्ट से यहाँ 19 तारीख़ को वायुयान से पहुँचा। अचानक यहाँ आने की योजना बनी, क्योंकि मुझे लगा कि पुनः इस दिशा में आना सम्भव नहीं होगा।

इस्तांबुल के विषय में मुझे बहुत-सी आशाएँ थीं, किन्तु यहाँ पहुँचकर घोर निराशा हुई। इसे देखकर एक ऐसे राज्य का आभास होता है जो जर्जर हालत में हो। पूर्व जैसा आकर्षण नहीं है और पश्चिम जैसी धन-सम्पदा भी नहीं। किन्तु मुझे आशा है कि अंगोरा (अंकारा) भिन्न होगा। क्योंकि टर्की के नये शहर की तुलना कास्टैंटीनोपल से नहीं बल्कि अंगोरा से है।

यहाँ से अंगोरा जाऊँगा और रास्ते में सोफ़िया तक बैल्ग्रेड रुकता हुआ वापिस विएना पहुँचूँगा। दुख है कि मेरी विएना वापसी में देरी हो रही है।

आपकी क्या योजना है? कब तक विएना में रुकने का विचार है? कृपया उपर्युक्त पते पर पत्र लिखें।

शुभकामनाओं सहित,

आपका शुभाकांक्षी
सुभाष सी. बोस

नाओमी सी. वैटर को

सोफ़िया ले—29 मई, 1934

ग्रैंड होटल
बुल्गारिया
सोफ़िया बुल्गारिया,
प्रिय श्रीमती वैटर,

मैं इस्तांबुल से पिछले बुधवार को यहाँ पहुँच गया था। पूरा सप्ताह बहुत व्यस्त रहा। सोफ़िया इस्तांबुल की तरह गन्दा नहीं बल्कि सुन्दर शहर है—मुझे बहुत पसन्द आया। लोग भी बहुत मिलनसार हैं।

आज रात बेल्ग्रेड के लिए रवाना हो रहा हूँ। मेरा वहाँ का पता होगा—

होटल सरबस्की क्राल्ज
बेल्ग्रेड

लगभग एक सप्ताह वहाँ रहूँगा। जब से बुडापेस्ट से चला हूँ आपका एक भी पत्र नहीं मिला।

साथ में आपकी बुडापेस्ट से भेजे गये पत्र की रसीद है। शुभकामनाओं सहित।

आपका शुभाकांक्षी
सुभाष सी. बोस

नाओमी सी. वैटर को

होटल सरबस्की क्राल्ज
बेल्ग्रेड
3 जून, 1934
रविवार

प्रिय श्रीमती वैटर,

पिछले बुधवार मैं सोफ़िया से यहाँ पहुँच गया था। सोफ़िया और यहाँ दोनों जगह अच्छा समय व्यतीत हुआ। बलकान प्रदेश बहुत दिलचस्प स्थान है।

6 तारीख़ की सुबह मैं जगरेब के लिए रवाना होऊँगा और चार दिन होटल एस्पलेनेड जगरेब में रहूँगा। वहाँ से विएना वापिस लौटूँगा। यदि जगरेब में आपके कुछ लोग परिचित हों तो उन्हें मेरे विषय में लिख दें।

प्रेज़ीडेंट वैटर आजकल कहाँ है और कैसे हैं? वे वापिस विएना कब आ रहे हैं? डाल्मेशन कोस्ट पर उनका समय कैसा बीता? आपकी क्या योजना है? कब तक वहाँ रहने का विचार है।

मुझे लगता है मेरे पत्र कहीं इधर-उधर हो गये, क्योंकि जबसे मैंने बुडापेस्ट छोड़ा है आपका कोई पत्र नहीं मिला।

आशा है आप पूर्णतः स्वस्थ हैं क्या सुश्री वैटर लन्दन से वापिस आ गयीं? शुभकामनाओं सहित।

आपका शुभेच्छु
सुभाष सी. बोस

अजित कुमार देव को

द्वारा अमेरिकन एक्सप्रेस कम्पनी
विएना
12 जून, 1934

आदरणीय अजित बाबू,

आपका 17 मई का पत्र जिसमें श्री प्रभुदयाल ने भी कुछ पंक्तियाँ लिखी हैं, पाकर प्रसन्नता हुई। मैं भोलानाथ दत्त के लिए तत्काल सन्देश प्रेषित कर रहा हूँ। क्या आप यह उन तक पहुँचा देंगे। इस समय मैं यह निर्णय नहीं कर पा रहा कि सन्देश सही भी है या नहीं। शब्द-संयोजन ठीक नहीं हैं। अतः कृपया एक प्रारूप एवं विचार भेजें ताकि पता लगे कि मुझे क्या लिखना चाहिए।

जुलाई के अन्त तक मैं विएना में ही रहूँगा। मेरे चिकित्सकों की राय है कि पिछले वर्ष की अपेक्षा अब काफ़ी प्रगति है, किन्तु कुछ माह अभी इलाज़ और चलेगा।

जानकर प्रसन्नता हुई कि अमि ने प्रथम डिवीज़न में परीक्षा उत्तीर्ण की है। आशा है कि बी. एससी. करेगा और बी.ए. करने की ग़लती नहीं करेगा।

कृपया प्रभुदयाल बाबू तक मेरी शुभकामनाएँ पहुँचा दें। आपको भी शुभकामनाएँ। पिछले दो वर्षों के दौरान मैंने बहुत लम्बी यात्रा की है और चेकोस्लोवाकिया, हंगरी, रोमानिया, बुल्गारिया, यूगोस्लाविया आदि देशों में गया। श्रीमती देव को नमस्कार और आपके माता-पिता को प्रणाम।

आपका अपना
सुभाष

सत्येन्द्रनाथ मजूमदार को*

द्वारा द अमेरिकन एक्सप्रेस कम्पनी
विएना
5 जुलाई, 1934

श्री सत्येन्द्रनाथ मजूमदार,
प्रिय मित्र,

एक लम्बे समय से तुम्हें पत्र नहीं लिख पाया। कृपया क्षमा करो। लगभग तीन माह विभिन्न देशों की यात्रा के पश्चात तीन सप्ताह पूर्व ही यहाँ पहुँचा हूँ। अगस्त के अन्त तक यही रहूँगा। पहले की अपेक्षा स्वास्थ्य अच्छा है। किन्तु अभी पूर्णतः स्वस्थ नहीं हो पाया हूँ। अभी भी कभी-कभी पेट में दर्द होने लगता है। अगले दो-तीन माह तक लगातार उपचार करवाऊँगा। पिछले एक सप्ताह से शॉर्ट-वेव थैरेपी करवा रहा हूँ—बाक़ी इलाज़ भी साथ-साथ चल रहा है, किन्तु अभी तक कोई विशेष लाभ नहीं पहुँचा है।

देश की दशा पर कुछ कहना और लिखना चाहता हूँ। किन्तु इतनी देर रहकर अपने विचार व्यक्त कर पाना आसान नहीं। फ़िलहाल इस कोशिश से दूर ही हूँ।

फ़िलहाल मैं 1920 से 1933 के मध्य घटी घटनाओं पर पुस्तक लिख रहा हूँ। यह पूस्तक लन्दन में प्रकाशित होगी, मुझे एक अच्छा प्रकाशक मिल गया है क्या इस अवधि की घटनाओं पर कोई पुस्तक उपलब्ध है? मुझे अभी घटनाएँ व विधियाँ ठीक से याद नहीं हैं, इसलिए मुझे एक-दो पुस्तकों की आवश्यकता महसूस हुई। यदि आप कुछ शीर्षक सुझा सकें तो मुझे हर्ष होगा। आशा है सभी स्वस्थ हैं। निगम में कब तक संघर्ष चलता रहेगा। देश के कांग्रेस कार्यकर्ता क्या कर रहे हैं? वे विद्रोह क्यों नहीं करते? अब यहीं समाप्त करता हूँ। कृपया मेरी शुभकामनाएँ स्वीकार करें।

आपका आज्ञाकारी
सुभाष चन्द्र बोस

ए.सी.एन. नाम्बियार को

पीटर जार्डन स्ट्रीट-28/1
विएना-19
10 जुलाई, 1934

प्रिय श्री नाम्बियार,

तुम्हारी दीर्घ चुप्पी का कारण समझ नहीं पा रहा। उपर्युक्त पते से मैंने पहले भी तुम्हें पत्र लिखा था। अगस्त के अन्त तक यहीं रहूँगा। मुझे यहाँ इलाज़

*मूल बंगला से अनूदित।

करवाना (शॉर्ट-वेव थैरेपी) है तथा लन्दन के प्रकाशक के लिए 1920 से 1933 के मध्य तक की भारत की घटनाओं पर पुस्तक भी लिखनी है। इसलिए मैंने एक भारतीय मित्र के साथ मिलकर उपर्युक्त पते पर एक फ्लैट ले लिया है।

पंजाब के एक मित्र, श्री शेर सिंह कल प्रातः प्राग जा रहे हैं। मैंने उन्हें अपने नाम से तुम्हें एक तार भेजने को कहा है जिसमें तुम्हें स्टेशन पर मिलने को कहा है। वे कल 1 बजे वहाँ पहुँचेंगे। मैंने उन्हें पैलेस होटल में ठहरने का सुझाव दिया है। वे केवल एक दिन वहाँ रुकेंगे।

ड्रेसडन से श्री एस. सी. राय व श्री चटर्जी ने दो फ़रमाइशें की हैं—

1. श्री एस.सी. राय (इंजीनियरिंग)

वे ड्रेसडन में इंजीनियरिंग के विद्यार्थी हैं। वे एक एप्रेंटिस के रूप में कॉटन मिल और फिर बाद में आर्टिफिशियल सिल्क मिल में कार्य करना चाहते हैं। चेकोस्लोवाकिया एक उन्नत देश है क्या आप इसका प्रबन्ध कर सकते हैं। जो भी हो कृपया श्री राय को सूचित कर दें। उनका पता है—श्री एस. सी. राय, नूरमबर्गर, स्ट्रीट 31, ड्रेस्डन ए-24।

2. श्री एन. सी. चटर्जी (फिजिक्स)

म्यूनिख की ड्यूत्से अकादमी से वजीफ़ा पा रहे हैं। भारत से एम. एस.सी. करने के बाद ड्रेस्डन में पीएच.डी. कर रहे हैं। उनके प्रोफ़ेसर डॉ. डी...(पढ़ पाना कठिन है) को नौकरी से निकाल दिया गया क्योंकि वे यहूदी थे और नये प्रोफ़ेसर डॉ. तोममाश्क (3) ने उनके पूर्व कार्य को रद्द कर दिया और नये सिरे से शुरुआत करने को कहा है। जिसका अर्थ है कि अब उन्हें लगभग डेढ़ वर्ष ड्रेसडन में और अधिक रहना पड़ेगा। इसके अलावा ड्यूत्से अकादमी ने वजीफ़ा भी रोक दिया है?

1. क्या प्राग में उन्हें अध्ययन और अनुसन्धान की सुविधा मिल सकती है?
2. क्या वजीफ़ा, निःशुल्क शिक्षा और रहने-सहने के स्थान आदि का प्रबन्ध हो सकता है।

श्री चटर्जी एक भद्र पुरुष हैं। उनका पता है—

एन.सी. चटर्जी, लिडेनन स्ट्रीट, 32/1, ड्रेस्डन,

कृपया इन दोनों मसलों को यथाशीघ्र सुलझाने का कष्ट करें।

जब मैं पिछली बार प्राग में था तो मैंने अपने फ़ोटो की सात प्रतियों (छह अपने लिए और एक डॉ. शर्मा के लिए) की माँग की थी और मेरा ख़याल है इसके लिए मैं 150 क्री आपके पास छोड़ आया था। आपने इस विषय में क्या किया?

आपका अपना

सुभाष चन्द्र बोस

वी. लैस्नी को

पीटर जार्डन स्ट्रीट 28/1
विएना-19
25 जुलाई, 1934

प्रिय प्रोफ़ेसर साहब,

जर्मनी में कई भारतीय विद्यार्थी प्राग के बारे में बहुत-से प्रश्न पूछते हैं। शायद वे आपको भी लिख चुके हैं। जर्मनी में जहाँ कहीं भी मैं गया हर स्थान पर मैंने प्राग के समाज की चर्चा की और आपका पता लोगों को देता रहा हूँ। हाल ही में ड्रेस्डन के तीन विद्यार्थियों ने मुझे लिखा है कि वे प्राग जाने को उत्सुक हैं। मेरे विचार से वे आपको व श्री नाम्बियार को इस विषय में पत्र लिख चुके हैं। तीनों ही अच्छे लड़के हैं।

1. श्री चटर्जी, कलकत्ता से एम. एससी. पास हैं और फिजिक्स में डाक्टरेट लेना चाहते हैं। पहले वे म्यूनिख की ड्यूत्से अकादमी से वजीफ़ा पा रहे थे जो अब बन्द कर दिया गया है।
2. ड्रेस्डन के श्री के.पी. झा प्राग से मैकेनिकल इजीनियरिंग में डाक्टरेट करना चाहते हैं। पिछले तीन वर्ष से वे जर्मनी में अध्ययनरत हैं। मेरी उनसे मुलाक़ात ड्रेस्डन में हुई और यह बताने में मुझे गर्व महसूस हो रहा है कि वे सच्चरित्र और बहुत परिश्रमी युवक हैं। अभी तक उन्हें दरभंगा के महाराजा से वजीफ़ा मिल रहा था, जो अब बन्द हो गया है। वे निःशुल्क शिक्षा और रहने-सहने की व्यवस्था चाहते हैं।
3. ड्रेस्डन के श्री एस.सी. राय इंजीनियरिंग की पढ़ाई कर रहे हैं। अब वे बिना पारिश्रमिक प्राप्त किये चेकोस्लोवाकिया अपरेंटिस के रूप में कपड़ा मिल या आर्टिफिशियल सिल्क मिल में कार्य करने के इच्छुक हैं। यदि वे आर्टिफिशियल सिल्क मिल में स्थान न पा सके तो सूती कपड़ा मिल में कार्य करना चाहेंगे। चेकोस्लोवाकिया में बहुत-सी कपड़ा मिलें हैं, अतः उनके लिए अपरेंटिस के रूप में जगह खोजने में अधिक कठिनाई नहीं होगी।

मैं आपका क़ीमती समय अधिक नहीं लूँगा। आशा है आप इन युवाओं की सहायता कर सकेंगे। अगस्त के अन्त तक मैं उपर्युक्त पते पर ही रहूँगा।

शुभकामनाओं सहित,

आपका

प्रो. डॉ. लैस्नी
प्राग

शुभाकांक्षी
सुभाष सी. बोस

सत्येन्द्र चन्द्र मित्रा को

द्वारा द अमेरिकन एक्सप्रेस कम्पनी
विएना
25 जुलाई, 1934

प्रिय सत्येन बाबू,

आपका 6 तारीख़ का पत्र समय पर मिल गया था। मैं आपकी क्या सहायता कर सकता हूँ? मेरा सम्बन्ध किसी पार्टी से नहीं है, इसलिए मैं किसी भी पार्टी को अपना नहीं समझता और मुझे नहीं लगता कि बंगाल में आज मेरी बात का कोई वज़न है। मैं अपनी स्थिति के प्रति सचेत तो हूँ किन्तु अधिक परवाह नहीं करता। मैं देश की सेवा के लिए वचनबद्ध हूँ और यथासम्भव अपनी तरह सेवा करूँगा भी। चाहे मैं इस विश्व में अकेला ही क्यों न हो जाऊँगा रोटी के टुकड़े के लिए लड़ने वाली वर्तमान दोनों पार्टियों में से एक भी ऐसी नहीं जिसमें शामिल हुआ जाये। खेद है। यदि मुझे 1929 में ही इस बात का पता चल जाता तो बड़े कष्ट से बच जाता।

मुझे नहीं लगता कि अखिल बाबू की दृष्टि में भी मेरी राय का कोई अर्थ है। आप तो अखिल बाबू को अच्छी तरह जानते हैं। एक बार वे जो निर्णय कर लें उससे उन्हें विचलित कर पाना कठिन है। यहाँ तक कि सन् 1923 में देशबन्धु बाबू भी अखिल बाबू को मना नहीं कर सके, जब कि उनकी राय थी कि अखिल बाबू को राज्यसभा में शामिल होना चाहिए।

बंगाल के राजनीतिक बन्दियों की ओर से मैं आपके राज्यसभा में किये गये कार्य की सराहना करता हूँ। भगवान आपका पथ प्रशस्त करे।

मैं आपकी सहायता करने को कुछ भी कर सकता हूँ किन्तु मुझे कलकत्ता की भ्रष्ट पार्टीगत राजनीति से कुछ लेना-देना नहीं है। इस स्थिति में मेरे विचार से आपको सच्चे मित्रों की शुभकामनाओं की बहुत आवश्यकता है।

श्रीमती मित्रा को मेरा प्रणाम व आपको प्यार, आपकी पुत्री अब कितनी बड़ी हो गयी है?

पहले की अपेक्षा स्वास्थ्य अब अच्छा है। किन्तु पूर्ण उपचार नहीं हो पाया। दर्द बार-बार हो उठता है, जिसका वर्णन कर पाना सम्भव नहीं है। मैं पुनः ऑपरेशन कराने पर विचार कर रहा हूँ ताकि सदा के लिए इस दर्द से छुटकारा पाया जा सके।

अपने फ़ालतू वक़्त में मैं, भारत में पिछले 14 वर्षों के दौरान घटी घटनाओं के सम्बन्ध में, लन्दन के एक प्रकाशक के लिए पुस्तक लिख रहा हूँ। अगस्त तक यह पुस्तक समाप्त हो पायेगी।

आपका शुभाकांक्षी
सुभाष चन्द्र बोस

पुनश्च : ढाका के बाबू प्रियनाथ सेन ने भी मुझसे उनकी उम्मीदवारी की अनुशंसा करने को कहा है। उन्हें भी मैंने ऐसा ही उत्तर लिखा है।

रवीन्द्रनाथ टैगोर को

द्वारा द अमेरिकन एक्सप्रेस कम्पनी
विएना
3 अगस्त, 1934

माननीय महोदय,

मैं आपको एक विशिष्ट प्रयोजन से कष्ट दे रहा हूँ, आशा है असुविधा के लिए क्षमा करेंगे।

आजकल मैं लन्दन के एक प्रकाशक के आग्रह पर एक पुस्तक लिख रहा हूँ। पुस्तक का विषय है—द इंडियन स्ट्रगल (1920-34), प्रकाशक हैं—विशार्ट एंड कम्पनी, 9 जॉन स्ट्रीट, एडल्फी, लन्दन, डब्ल्यू सी-2। अगस्त के अन्त तक मैं पुस्तक लिखकर दे दूँगा और अक्टूबर माह में पुस्तक प्रकाशित होने की आशा है। ज्वाइंट सिलेक्ट कमेटी की रिपोर्ट लोगों के सम्मुख आने के साथ-साथ मेरी पुस्तकें भी तैयार हो चुकेंगी। पुस्तक का पहला अध्याय होगा—हिस्टारिकल बैकग्राउंड। अन्त के अध्याय में सम्भावित घटनाओं का उल्लेख किया जायेगा। प्रकाशक को इंग्लैंड व अमेरिका में पुस्तक के अत्यधिक बिकने की आशा है, वह इसके जर्मन व फ्रेंच अनुवाद की व्यवस्था भी कर रहा है। मैं, अंग्रेज़ी के प्रतिष्ठित लेखक से इस पुस्तक की भूमिका लिखवाना चाहता हूँ।

यदि श्री बर्नाड शॉ इस पुस्तक के सम्बन्ध में कुछ पंक्तियाँ लिख दें तो मुझे बहुत प्रसन्नता होगी। आप इस कार्य में सहायक हो सकते हैं। यदि श्री बर्नाड शॉ को आप इस सम्बन्ध में लिख दें तो मैं आपका आभारी रहूँगा। किन्तु यदि ऐसा करने में आपको तनिक भी कठिनाई या हिचक महसूस हो तो मैं नहीं चाहूँगा कि अनुरोध किया जाये। यदि आप उन्हें लिखने का निर्णय करें तो कृपया ऐसे लिखें कि अनुकूल परिणाम प्राप्त हो। केवल मेरी प्रार्थना हेतु लिखने का कोई अर्थ नहीं है। जब मैं यूरोप आ रहा था तो आपने श्री रोम्याँ रोलाँ के लिए मुझे एक परिचय-पत्र दिया था किन्तु वह पत्र ऐसे लिखा गया था जैसे मात्र मेरा मन रखने के लिए लिखा गया हो। परिणामस्वरूप, मैं उसका उपयोग नहीं कर पाया और मैंने स्वयं अपने स्तर पर श्री रोलाँ से पत्र-व्यवहार प्रारम्भ किया। श्री बर्नाड शॉ शायद मेरे विषय में कुछ नहीं जानते। इसलिए उन्हें सही रूप में लिखना ही श्रेयस्कर होगा।

मुझे पूर्ण विश्वास है कि मेरी पुस्तक का ख़ूब स्वागत होगा, क्योंकि प्रकाशक ने मुझसे अग्रिम अनुबन्ध कर लिया है। रॉयल्टी की राशि मिलने पर ही मैंने लेखन कार्य प्रारम्भ किया है।

सादर प्रणाम,

आपका अपना

सुभाष चन्द्र बोस

नाओमी सी. बैटर को

पीटर जार्डन स्ट्रीट 28/1

विएना-19

14 अगस्त, 1934

प्रिय श्रीमती वैटर,

10 तारीख़ का आपका कार्ड पाकर प्रसन्नता हुई। आशा है पहाड़ों पर आपका अच्छा समय बीता होगा। भविष्य की क्या योजना है?

कुछ नया लिखने को नहीं है। अलग से 'द टाइम्स' की एक प्रति भिजवा रहा हूँ। आपको पसन्द आयेगी।

अपने कार्य में पूर्णरूप से व्यस्त हूँ, किन्तु जो कर पा रहा हूँ, उससे सन्तुष्ट नहीं हूँ। किन्तु दूसरा कोई मार्ग नहीं है। अगस्त के बाद शायद कार्ल्सबाद इलाज़ के लिए जाऊँगा। फ़िलहाल मैं अल्ट्रा वायलेट रेज के उपचार करवा रहा हूँ (प्रो. न्यूमान के सुझाव पर शॉर्ट-वेव उपचार बन्द कर चुका हूँ)। यदि इससे भी लाभ नहीं हुआ तो इलाज़ के लिए कार्ल्सबाद जाऊँगा या फिर यहीं ऑपरेशन करवाऊँगा, किन्तु कार्ल्सबाद जाने में ही मेरी रुचि अधिक है।

यहाँ का मौसम साफ़ नहीं है। प्रायः बादल छाये रहते हैं और कभी-कभी बरसात भी होती है।

सादर।

आपका आज्ञाकारी

सुभाष चन्द्र बोस

अजित कुमार देव को

द्वारा अमेरिकन एक्सप्रेस कम्पनी

विएना

29 अगस्त, 1934

प्रिय अजित बाबू,

आपका 12 जुलाई का पत्र कुछ समय पूर्व मिला।

अपने निजी कार्य हेतु आपको कष्ट दे रहा हूँ। शायद आप जानते हो कि आजकल मैं भारतीय स्वतन्त्रता संग्राम पर पुस्तक लिख रहा हूँ। लन्दन में मेरे प्रकाशक इस सम्बन्ध में कुछ चित्र चाहते हैं। सबसे ज़रूरी, यदि सम्भव हो तो, वालंटियर्स के नेता के रूप में मेरा ड्रेस में एक चित्र चाहते हैं।

ऐसा चित्र 1928 या 1929 में 'लिबर्टी' या 'फारवर्ड' के विशेषांक में प्रकाशित हुआ था। यदि आप यह अंक ढूँढ़कर मुझे भिजवा सकें तो मैं आपका आभारी होऊँगा। शायद गोपाल सान्याल इसे खोजने में आपके सहायक हो सकें, किन्तु मैं उन्हें अपने लिए कष्ट देना नहीं चाहता। लिबर्टी का प्रकाशन सम्भवतः मई (2) 1929 में प्रारम्भ हुआ और यह चित्र शायद दिसम्बर 1928 में खींचा गया था। अतः लिबर्टी या फारवर्ड में इसका प्रकाशन सम्भवतः दिसम्बर 1928 या 1929 में ही हुआ होगा।

एक और मेरा चित्र (बड़े आकार में) पोशाक में कांग्रेस कार्यालय का था। यह चित्र घोड़े पर बैठकर खिंचवाया गया था। यदि उस चित्र को ढूँढ़कर उसकी फ़ोटोग्राफ़िक प्रति बनाकर मुझ तक भिजवा पायें तो आपका आभारी रहूँगा। यह चित्र उसकी अपेक्षा अच्छा है। किन्तु कांग्रेस कार्यालय के मूल बड़े आकार के, चित्र की फ़ोटोग्राफ़िक प्रति ही निकलवानी पड़ेगी।

मैंने अशोक को भी पत्र लिखा है कि वह प्रयत्न कर मुझे महात्मा गाँधी, सी. आर. दास तथा लालाजी, पण्डित मोतीलाल आदि जैसे प्रमुख नेताओं के चित्र भिजवा दे। यदि आप ये चित्र उपलब्ध कर भिजवा सकें तो मुझे प्रसन्नता होगी। जब मैंने अशोक को पत्र लिखा था तब नहीं जानता था कि प्रकाशक को मेरे चित्र की भी आवश्यकता पड़ेगी, इसीलिए मैंने उन्हें इस विषय में कुछ नहीं लिखा। बहरहाल। यदि आप मेरे चित्र भिजवा सकें तो मुझे सन्तोष रहेगा।

पुस्तक क्योंकि अक्टूबर में प्रकाशित हो जायेगी, इसलिए कृपया सितम्बर के अन्त से पूर्व, एयरमेल द्वारा चित्र भिजवाने का कष्ट करें। पूरी पत्रिका एयरमेल द्वारा भेजने की आवश्यकता नहीं है।

यदि आप फ़ोटो भिजवाने की व्यवस्था न भी कर पायें तो भी कृपया एयरमेल द्वारा मुझे सूचित करें, वरना मैं अनिश्चय की स्थिति में रहूँगा। आपको यह कष्ट दे रहा हूँ, जो कि आपके कार्य से बिल्कुल भिन्न है, अतः क्षमाप्रार्थी हूँ, किन्तु मुझे पता है आपको लिखने से कुछ न कुछ व्यवस्था सम्भव हो ही जायेगी।

मेरे स्वास्थ्य के सम्बन्ध में—पहले की अपेक्षा बेहतर हूँ, किन्तु दर्द अभी भी होता है। मुझे आशंका है कि नवम्बर में मुझे ऑपरेशन ही करवाना पड़ेगा—उससे पहले मैं चेकोस्लोवाकिया में कार्ल्सबाद जाना चाहता हूँ जहाँ एक माह जलोपचार कराने का विचार है। कार्ल्सबाद के प्राकृतिक झरने पेटदर्द विशेष रूप से आँतों के कष्ट के लिए वरदान माने जाते हैं। 2 सितम्बर को कार्ल्सबाद जाने की व्यवस्था मैंने की है। कृपया मुझे इस पते पर पत्र का उत्तर अवश्य दें। द्वारा द अमेरिकन एक्सप्रेस कम्पनी, विएना।

प्रभुदयाल बाबू तक मेरी हार्दिक शुभकामनाएँ पहुँचा दें। आपके माता-पिता को प्रणाम। श्रीमती देव को सादर नमस्कार और रेबा को प्यार।

आपका अपना

सुभाष चन्द्र बोस

पुनश्च : अशोक कैसे हैं? मेजदादा के चुनाव का क्या रहा।

सुभाष

पुनश्च : श्री दास के अच्छे चित्र के लिए अशोक से कहें कि वह श्रीमती दास से सम्पर्क करे। सम्भव है वे कोई अच्छा चित्र उपलब्ध करवा सकें।

श्री ए.सी.एन. नाम्बियार को

(पोस्टकार्ड)

पोस्ट रेस्टांटे

कार्ल्सबाद

6 सितम्बर, 1934

पिछले रविवार मैं यहाँ पहुँच गया था। स्कालेसबर्ग में किसी बोर्डिंग हाउस की तलाश में हूँ, यदि ठीक मिल गया तो एक माह यहीं रहूँगा अन्यथा किसी और जगह चला जाऊँगा। इस बीच कृपया उपर्युक्त पते पर ही पत्र लिखें।

अभी तक मुझे फ़िलासफ़िकल कांग्रेस की ओर से कोई आमन्त्रण नहीं मिला है जबकि प्रोफ़ेसर लेस्नी ने लिखा था कि वे आमन्त्रित कर रह हैं।

सुभाष चन्द्र बोस

माननीय श्री ए. सी. नाम्बियार

सैस्टिमिरोवा 863/5

प्राग-13

सी.एस.आर.

नाओमी सी. वैटर को

कुरहॉस कोइनिगिन अलैग्जेंड्रा
स्कॉसबर्ग, कार्ल्सबाद
अथवा
द्वारा पोस्ट रेस्टांटे
कार्ल्सबाद
सी.एस.आर.
24 सितम्बर, 1934

प्रिय श्रीमती वैटर,

विएना से निकलने के बाद से आपको पत्र नहीं लिख पाया, क्षमा चाहता हूँ। जब मैं यहाँ पहुँचा तो मौसम बहुत अच्छा था, ताजी हवा थी, मुझे बहुत अच्छा लगा। पिछले कुछ दिनों से बादल छाये हुए हैं, किन्तु आज फिर मौसम साफ़ है, यहाँ की प्राकृतिक छटा बहुत मनोरम है। एक-आध घण्टे में आप पर्वत पर चढ़कर ताज़ी हवा का आनन्द ले सकते हैं। गर्मियों में यहाँ बुरा हाल होता होगा, जब सड़कों पर ख़ूब भीड़-भाड़ हो जाती होगी, यहाँ की भीड़ किसी भी बड़े शहर की याद दिलाती है। इस दृष्टि से यह स्थान मेरे जैसे अजनबी वेश-भूषा वाले व्यक्ति के लिए बहुत अच्छा है, क्योंकि लोगों का ध्यान उस ओर नहीं जाता।

दुख के साथ सूचित कर रहा हूँ कि अभी तक मैं पुस्तक पूरी नहीं कर पाया हूँ और अब चिन्तित रहने लगा हूँ। इस माह के अन्त तक की अवधि और माँग ली है। किन्तु अब हर हाल में वह पूरी करनी ही है। 30 सितम्बर के बाद मैं आज़ादी की सास ले सकूँगा।

विएना लौटने के बाद से आपका स्वास्थ्य कैसा है? डॉ. वैटर कैसे हैं। मुझे यह जानकर प्रसन्नता हुई कि पहाड़ों से लौटने के बाद से आप लोग बेहतर अनुभव कर रहे हैं।

जो चित्र आपने भेजे हैं वे इतने सुन्दर हैं कि मुझे लगता है यदि अगली गर्मियों तक मैं यूरोप में ठहरा तो ग्लेशियर देखने दक्षिणी आस्ट्रिया अवश्य जाऊँगा। मुझे उन्हें देखकर अति प्रसन्नता होगी, क्योंकि हिमालय के ग्लेशियर्स देख पाना मेरे लिए असम्भव है।

कभी-कभी घर लौटने की इच्छा होती है, किन्तु स्वास्थ्य की दृष्टि से मैं इस योग्य नहीं हो पाया हूँ। वैसे भी वे लोग वहाँ पहुँचते ही मुझे छोड़ने वाले नहीं हैं। मेरा भाई अभी भी नज़रबन्द है, और परिवार बहुत परेशान है।

अपनी योजना के अनुसार विएना लौटने से पूर्व मैं अभी कुछ सप्ताह और यहाँ रहना चाहता हूँ। यही सम्भावना है कि मुझे अन्ततः ऑपरेशन ही करवाना पड़ेगा। सर्दियों में कहाँ रहूँगा, कह नहीं सकता। चाहता हूँ कि दक्षिण की ओर जा पाता जहाँ कुछ उष्णता मिलती। जाने से पहले ऑपरेशन करवाना ही पड़ेगा।

आशा है आप सभी स्वस्थ एवं सानन्द हैं। अनन्त शुभकामनाओं सहित।

आपका शुभाकांक्षी

सुभाष सी. बोस

सत्येन्द्र चन्द्र मित्रा को*

द्वारा द अमेरिकन एक्सप्रेस कम्पनी

विएना

कार्ल्सबाद

18 अक्टूबर, 1934

प्रिय सत्येन बाबू,

आपका 3 तारीख़ का पत्र 16 तारीख़ को प्राप्त हुआ। आपकी छोटी-सी माँग मैं पूरी नहीं कर सका। यद्यपि आपके लिए बहुत कुछ करना चाहता हूँ।

सबसे अच्छा उपाय शायद यही था कि पत्र का उत्तर ही न दिया जाता, किन्तु मैं स्पष्टवादी हूँ यद्यपि यह स्पष्टवादिता मैत्री सम्बन्धों में बाधक सिद्ध होती है।

महात्मा गाँधी के शिष्यों द्वारा संचालित कार्यकारिणी में मेरा बिल्कुल भी विश्वास नहीं है। पार्लियामेंट्री बोर्ड में भी मेरा अधिक विश्वास नहीं क्योंकि देश जब सन् 1932-33 में दुरूह काल से गुज़र रहा था तो किसी ने अपना कर्तव्य नहीं निभाया। मुझे अपने उन सहयोगियों से कोई सहानुभूति नहीं, जिन्होंने अपने स्वार्थों की प्रतिपूर्ति के लिए बंगाल की राजनीति में पुनः महात्मा गाँधी को खींच लिया है। अन्त में मुझे यह कहने में कोई झिझक नहीं कि मेरा उस पार्टी से कोई सम्बन्ध नहीं, जिसने यूरोप की सहायता से कलकत्ता के मेयर पद पर नलिनी सरकार को ला बैठाया है।

एक मित्र के रूप में मैं आपको बहुत प्यार करता हूँ। आपने प्रमुख लोगों के लिए, ऐसे लोगों के लिए, जो कष्ट में हैं और जिनके इस दुनिया में बहुत कम मित्र हैं, बहुत कुछ किया है। राष्ट्रभक्त के रूप में मैं आपका सम्मान करता हूँ। लेकिन आपकी सहायता कैसे करूँ? क्योंकि मेरा उस मशीनरी में बिल्कुल विश्वास नहीं, जिसने आपको एक उम्मीदवार के रूप में खड़ा किया और मुझे

*मूल बंगला से अनूदित।

विश्वास है कि यदि वे अखिल बाबू को मना पाते तो आपको नहीं चुनते। मैंने उन स्थितियों का निरीक्षण किया है जिन्होंने आपके और अखिल बाबू के मध्य मुक़ाबला पैदा कर दिया। किन्तु मैं बिल्कुल असमर्थ हूँ। मैं आपको उस मशीनरी से अलग कैसे मान लूँ जिसने आपका चुनाव किया है?

सत्येन बाबू मैं जानता हूँ कि आज मैं बिल्कुल अलग-थलग हूँ लेकिन मुझे उसका तनिक भी दुख नहीं है। मुझे जो ठीक लगता है मैं वह कहता रहूँगा, यद्यपि उससे मुझे कितना ही कष्ट झेलना पड़े।

जातिवाद के प्रति मैं चुप्पी का रुख़ नहीं अपना सकता। डॉ. बी. सी. राय की पार्टी ने इस प्रश्न पर महात्मा गाँधी का साथ देकर बंगाल को बहुत बड़ी क्षति पहुँचाई है। इस प्रश्न पर बंगाल को एकजुट रहना चाहिए था।

मेरे शब्द कठोर प्रतीत हो सकते हैं क्योंकि मुझे बहुत दुख हुआ है। मैं स्पष्टता से विरोध करता हूँ, क्योंकि मैं बहुत स्पष्टवादी और सच्चा व्यक्ति हूँ। अतः सत्य कहने का साहस रखता हूँ। भारत के हित में मैं बंगाल के लिए हो रहे संघर्ष में लिप्त रहूँगा। बेशक एक अकेला ही क्यों न रह जाऊँ। मुझे खेद है कि वर्तमान विपत्ति में मैं आपकी कोई सहायता नहीं कर पाऊँगा किन्तु मुझे विश्वास है कि आप मेरे क़दम की प्रशंसा करेंगे और मुझे क्षमा कर देंगे। आशा है वह दिन अवश्य आयेगा जब विपरीत परिस्थितियों में मैं यह सिद्ध कर दूँगा कि मैं आपका मित्र हूँ—एक सच्चा मित्र, केवल मौक़ापरस्त नहीं।

विजयादशमी की शुभकामनाएँ स्वीकार करें।

आपका शुभाकांक्षी

सुभाष चन्द्र बोस

बी. लैस्नी को

कार्ल्सबाद

1 नवम्बर, 1934

प्रोफ़ेसर डॉ. लैस्नी,
ज़बोरोवस्था 66
पराहा 16
प्रिय प्रोफ़ेसर साहब,

कल (शुक्रवार) मैं प्रातः विएना के लिए रवाना होऊँगा और प्राग में कुछ देर के लिए रुकूँगा। शाम को पहुँचकर रात को ट्रेन द्वारा विएना के लिए रवाना होऊँगा। यदि आपके पास समय हो तो दोपहर बाद, या शाम को मैं आपसे

मिलना चाहूँगा। मेरी गाड़ी रात दस बज़े चलेगी। अतः शाम छह बजे के बाद का समय ठीक रहेगा। श्री नाम्बियार को भी मैं लिख रहा हूँ कि वे आपसे मिलने का समय ले लें।

कृपया रात्रिभोज की व्यवस्था न करें। जैसी कि आप हमेशा करते रहे हैं। जब भी मैं प्राग आया हूँ। मुझे कुछ अन्य कार्य भी करने हैं, इसके अलावा आजकल मैं बहुत हल्का खाना ले रहा हूँ। आपसे बातचीत करके प्रसन्नता होगी।

हम लोग इंडो-चेकोस्लोवाक सोसायटी तथा अन्य सामान्य बातों पर चर्चा करेंगे।

सादर,

आपका शुभेच्छु
सुभाष सी. बोस

नाओमी सी.वैटर को

सेंसर द्वारा पास
इलीजिबल
10/12
कृते डी. सी. एस. बी.

38/2, एल्गिन रोड
या
1, वुडबर्न पार्क, कलकत्ता
7 दिसम्बर, 1934

प्रिय श्रीमती वैटर,

29 नवम्बर को विएना छोड़ने के बाद 4 दिसम्बर को मैं यहाँ पहुँचा। पहुंचते-पहुँचते बहुत देर हो गयी। 2 दिसम्बर की मध्यरात्रि में मेरे पिता इस दुनिया से चले गये। मेरे पहुँचने से केवल 40 घण्टे पूर्व।

वायुयान की यात्रा बहुत दिलचस्प थी, मुझे बहुत आनन्द आता, किन्तु मानसिक चिन्ताओं की वजह से यह सम्भव नहीं हो पाया। प्रातःकालीन सूर्योदय का दृश्य बहुत मनोरम था। सूर्योदय के चमकते और विभिन्न रंगों से युक्त दृश्य से पश्चिम के लोग अनभिज्ञ हैं, इसका मज़ा और बढ़ता गया जैसे-जैसे हम आकाश में ऊपर उठते गये। ऊपर-नीचे होते जहाज़ के कारण कुछ असुविधा हुई। शोर, वातावरण के दबाव से उत्पन्न शोर के कारण कानों को भी कष्ट पहुँचा। कुल मिलाकर यात्रा बुरी नहीं थी।

मालूम नहीं भविष्य में आपसे पत्राचार क़ायम रख पाऊँगा अथवा नहीं। फ़िलहाल मैं अपने 'घर में बन्दी की भाँति रह रहा हूँ। जहाज़ से उतरते ही मुझे 'घर से नज़रबन्दी' का आदेश थमा दिया गया। फ़िलहाल मुझे अपनी माता के साथ एक सप्ताह तक ठरहने की आज्ञा मिली है। नहीं जनता कि इस सप्ताह के बीतने के बाद मुझे क्या आदेश प्राप्त होते हैं। (.....2 पंक्तियाँ सेंसर द्वारा काट दी गयीं) शायद भविष्य में आपको पत्र नहीं लिख पाऊँगा। उस दशा में आप मुझे अन्यथा न लें।

विएना में गुज़ारे वक़्त में आपको प्रेम व सहानुभूमित का आभार प्रकट करने के लिए मेरे पास शब्द नहीं हैं। प्रेज़ीडेंट वैटर व आपको सादर प्रणाम।

मेरी माँ बहुत उदास हैं। हम भाई-बहन उन्हें सान्त्वना देते हैं। किन्तु कोई लाभ नहीं। हिन्दू समाज में पत्नी की ज़िन्दगी पति के साथ ऐसी बँधी है कि उसके बिना उसका जीवन असहनीय हो जाता है। यूरोप का जीवन भिन्न है।

मेरे घर का पता है 38/2, एल्गिन रोड अथवा 1, वुडबर्न पार्क

फ़िलहाल मैं पहले वाले पते पर अपनी माँ के साथ रह रहा हूँ।

आपका शुभाकांक्षी
सुभाष चन्द्र बोस

नाओमी सी. वैटर को

सेंसर द्वारा पास
इलीजिबल 9/1
कृते डी.सी.एस. बी.

38/2 एल्गिन रोड, कलकत्ता
8 जनवरी, 1935

प्रिय श्रीमती वैटर,

आपके सभी पत्र समय पर मिले और सभी पढ़े। उन सबके लिए धन्यवाद।

आपको जानकर आश्चर्य होगा कि यूरोप की यात्रा के लिए मैं आज बम्बई के लिए रवाना हो रहा हूँ। 10 जनवरी को (एम.वी. विक्टोरिया, लॉयड ट्रिस्टीनो कम्पनी) बम्बई से जलयान पकड़ूँगा। ग्यारह दिन की यात्रा के पश्चात 21 जनवरी को जेनेवा (इटली) पहुँचूँगा।

यहाँ लौटने के बाद से मेरी तकलीफ़ बहुत बढ़ गयी है और मुझे ऑपरेशन करवाना ही पड़ेगा।

..... सेंसर द्वारा काट दी गयी .....

वहाँ सभी मित्रों को मेरे प्रस्थान की सूचना दे दें। आशा है मेरे जिनेवा पहुँचने से पहले मेरा यह एयरमेल द्वारा भेजा गया पत्र आपको मिल चुकेगा। श्रीमती फ्यूलोप मिलर को भी सूचित कर दें और उन्हें बता दें कि उनके सभी पत्र मुझे प्राप्त हो गये हैं। मैं उन्हें अलग से पत्र नहीं लिख रहा। आशा है वे बुरा नहीं मानेंगी।

प्रेज़ीडेंट वैटर व आपको सादर प्रणाम।

आपका शुभाकांक्षी

सुभाष चन्द्र बोस

नाओमी सी. वैटर को

एल्बर्गो प्लैजो एंड एबैसीएटरी, रोमा

23 जनवरी, 1935

श्रीमान प्रेज़ीडेंट वैटर साहब
व्हीरिंगर स्ट्रीट-41
विएना-9 (आस्ट्रिया)

प्रिय श्रीमती वैटर,

कलकत्ता छोड़ने के दिन, मैंने आपको एयरमेल से पत्र भेजा था, आशा है आपको मिल गया होगा। 20 तारीख़ को मैं नेपल्स पहुँचा और पहुँचते ही डॉ. कटियार को कार्ड भेजा कि वे मेरे पहुँचने की सूचना सभी मित्रों को दे दें। कल रात मैं नेपल्स से यहाँ पहुँचा हूँ। दो-तीन दिन यहाँ रुककर विएना के लिए प्रस्थान करने का विचार है। यहाँ मौसम कैसा है? नेपल्स में ख़ूब बर्फ़ गिरी। शानदार! कल यहाँ बर्फ़ गिरी थी लेकिन अधिक नहीं। आज मौसम साफ़ है। शाश्वत शहर बहुत सुन्दर है। कलकत्ता पुलिस बहुत चिन्तित थी, क्योंकि आपके पत्रों में आपका नाम पढ़ नहीं पा रही थी। मुझे उन्हें बताना पड़ा। आप दोनों को शुभकामनाएँ।

आपका शुभाकांक्षी

सुभाष चन्द्र बोस

पुनश्च : सम्भव है मुझे यहाँ दो या तीन दिन से अधिक समय तक रहना पड़े।

सी. आर. प्रूफर को

होटल डी. फ्रांस
विएना-1
स्कॉटनेरिंग-3
2 फ़रवरी, 1935

माननीय डॉ. कुर्ट प्रूफर
आस्वर्टिंगेस एमट
विल्हेल मस्ट्रासे 75
बर्लिन

प्रिय डॉ. प्रूफर,

हाल ही में मेरी 'द इंडियन स्ट्रगल 1920-34' नामक पुस्तक प्रकाशित हुई है। लन्दन की विशार्ट एंड कम्पनी ने इसे प्रकाशित किया है। लन्दन प्रेस द्वारा इस पुस्तक की पर्याप्त प्रशंसा हुई है और माना जा रहा है कि किसी भारतीय राजनीतिज्ञ द्वारा भारत पर लिखी गयी यह सर्वश्रेष्ठ पुस्तक है। मुझे विश्वास है कि जर्मन पाठक भी इसे पढ़ना चाहेंगे और इसके जर्मन अनुवाद की आवश्यकता महसूस की जायेगी। क्या आप किसी जर्मन प्रकाशक की इस पुस्तक के बारे में सूचित कर इसे जर्मनी में अनुवाद कराकर छापने के लिए अनुरोध कर सकते हैं?

मैंने अपने प्रकाशन को आपको एक प्रति भिजवाने के लिए कहा है। तब तक मैं आपको एक नोटिस भेज रहा हूँ, जिससे आपको पुस्तक की विषयवस्तु के बारे में पता चलेगा।

कष्ट के लिए क्षमा चाहता हूँ और शीघ्र पत्रोत्तर की आशा करता हूँ।

आपका अपना
सुभाष चन्द्र बोस

ई वुड्स को

होटल डी. फ्रांस
स्कॉटनेरिंग-3
विएना-1
4 फ़रवरी, 1935

प्रिय श्रीमती वुड्स,

दो सप्ताह पूर्व यूरोप और एक सप्ताह पूर्व विएना लौट आया हूँ। यहाँ पहुँच कर आपका 5 जनवरी का पत्र मिला। आपने अपने पत्र में जो सहानुभूति प्रदर्शित की है, मैं उसके लिए आपका आभारी हूँ।

दुख के साथ सूचित कर रहा हूँ कि यद्यपि मेरा स्वास्थ्य पहले की अपेक्षा बेहतर है, किन्तु अधिक सन्तोषजनक नहीं है। शीघ्र स्वस्थ होने का प्रयास कर रहा हूँ। यह कहना आवश्यक नहीं कि पूर्ण स्वस्थ होते ही मैं आयरलैंड जाने का विचार रखता हूँ।

श्रीमती मैकब्राइड कैसी और कहाँ हैं? कृपया मेरी हार्दिक शुभकामनाएँ उन तक पहुँचा दें। मेरे भाई शरत, (जो अभी तक नज़रबन्द हैं) श्रीमती मैकब्राइड से पेरिस में मिले थे, ने भी उन्हें प्रणाम प्रेषित किया है। मेरे भारत निवास के दौरान मुझ पर बहुत से प्रतिबन्ध थे, फिर भी मुझे अपने परिवार के सदस्यों से मिलने की अनुमति थी।

कृपया सूचित करें कि इंडो-आयरिश लीग का कार्य कैसा चल रहा है?

सादर,

आपका शुभाकांक्षी
सुभाष चन्द्र बोस

जे. टी. सुन्दरलैंड को

होटल डी. फ्रांस
स्कॉटनेरिंग-3
विएना-1
12 फ़रवरी, 1935

डॉ. जे.टी. सुन्दरलैंड
1510, कैंब्रिज रोड
एन, आर्बर
मिकिंघम

प्रिय महोदय डॉ. सुन्दरलैंड,

आपको जानकर हर्ष होगा कि हाल ही में भारतीय राजनीतिक आन्दोलन पर मेरी 'द इंडियन स्ट्रगल 1920-34' नामक पुस्तक प्रकाशित हुई है। यह पुस्तक वाममार्गी राष्ट्रीय विचारधारा में लिखी गयी है। प्रसन्नता का विषय है कि इंग्लिश प्रेस ने इसकी पर्याप्त प्रशंसा की है। लन्दन में अपने प्रकाशक को मैंने लिखा है कि वे आपको इसकी प्रति भिजवा दें, यदि आप इसे स्वीकार करेंगे तो मुझे हार्दिक प्रसन्नता होगी। मेरी हार्दिक शुभकामनाएँ।

आपका शुभाकांक्षी
सुभाष सी. बोस

रोम्याँ रोलाँ से

विलेनेयूव (वॉड)
विला ओलगा
22 फ़रवरी, 1935

प्रिय श्री सुभाष चन्द्र बोस,

आपकी पुस्तक 'द इंडियन स्ट्रगल 1920-34' मिली। पुस्तक भिजवाने के लिए धन्यवाद। इस पुस्तक के लिए हार्दिक बधाई। पुस्तक इतनी दिलचस्प लगी कि मैंने उसकी एक और प्रति मँगवाई है। ताकि मेरी पत्नी व पुत्री भी इसको पढ़ सकें। भारतीय संघर्ष के इतिहास में यह महत्त्वपूर्ण कार्य है। इस कार्य में आपका एक इतिहासकार के रूप में स्पष्टवादिता और मानसिक सन्तुलन स्पष्ट झलकता है। ऐसा कम ही देखने में आता है कि आप जैसा कार्यकर्ता पार्टीवाद से हटकर अपना स्पष्ट निर्णय सामने रख सके। हम जैसे विचारकों का ही यह कर्तव्य है कि अनिश्चित व थकान के समय हमें घेर लेने वाले स्वार्थों के प्रति हम संघर्ष करें और मनुष्यों को ईश्वर, कला, आत्म स्वतन्त्रता तथा रहस्यवाद के क्षेत्रों से उत्पन्न संघर्षों से बचाने का उपाय करें। इस संघर्ष में, समुद्र के इस पार मानवीय युद्ध भूमि ही हमारी कर्मभूमि है।

मुझे आशा है कि आपका स्वास्थ्य शीघ्र ही ठीक होगा, क्योंकि भारत को आपकी बहुत आवश्यकता है और मुझे हृदय से आपके साथ सहानुभूति है, कृपया मुझ पर विश्वास रखें।

रोम्याँ रोलाँ

अमिय चक्रवर्ती को

विएना-18
कॉटेज गेस 21
7 मार्च, 1935

प्रिय प्रोफ़ेसर चक्रवर्ती साहब,

रोम पहुँचने पर सबसे पहले आपका ही समाचार मिला। प्रारम्भ में मुझे यह जानकर आश्चर्य हुआ कि आप यूरोप आये हुए हैं। प्रसन्नता का विषय है कि आपने भारतीय विद्यार्थियों के सम्मेलन की अध्यक्षता की।

डॉ. सेलिंग से मेरी भेंट हुई और हमने आपस में काफ़ी बातचीत की। एक दिन मैंने उन्हें चाय पर आमन्त्रित किया है और फिर उनसे लम्बी परिचर्चा

करूँगा। उनसे बात करना अच्छा लगा क्योंकि उनकी बात में गाम्भीर्य है। उन्होंने पहले मुझे पत्र लिखा (आपका पत्र साथ में), अतः मैंने उनसे परिचय किया और यहाँ बैठक में उनसे मिला। (कुछ दिन पहले मैंने 'भारतीय महिलाएँ' विषय पर महिलाओं की सभा में भी भाषण दिया)

मेरी पुस्तक पर आपकी सम्मति से मुझे अत्यधिक प्रसन्नता हुई। श्री रोम्याँ रोलाँ ने भी मुझे एक बहुत अच्छा पत्र लिखा है।

मुझे यह जानकर आश्चर्य हुआ कि आपने 'शान्तिनिकेतन' छोड़ दिया है। मेरा विश्वास है कि किसी दूसरे वृक्ष की छत्रछाया में कोई भी वृक्ष अधिक ऊँचाई तक नहीं पहुँच सकता। महात्मा गाँधी के शिष्यों को देखकर तो मुझे यही आभास होता है। इसीलिए स्वामी विवेकानन्द अपने शिष्यों को अधिक समय तक अपने इर्द-गिर्द समेटे नहीं रहते। बहरहाल इस विषय को यहीं छोड़ते हैं।

आप कब तक वहाँ रहेंगे? जो पुस्तक आप लिख रहे हैं उसका विषय क्या है? मेरी ओर से अनन्त शुभकामनाएँ।

आपका अपना
सुभाष चन्द्र बोस

नाओमी सी. वैटर को

द्वारा द अमेरिकन एक्सप्रेस कम्पनी
जिनेवा
21 मार्च, 1935

श्री एन.सी. वैटर
व्हीरिंगर स्ट्रीट-41
विएना-9
(आस्ट्रिया)

प्रिय श्रीमती वैटर,

मैं यहाँ ठीक-ठाक पहुँच गया हूँ, सूचना देने के लिए पत्र लिख रहा हूँ। कल स्मृति समारोह आयोजित किया जायेगा। मुझे प्रसन्नता है कि मैं यहाँ आया।

आपका शुभाकांक्षी
सुभाष चन्द्र बोस

नाओमी सी.वैटर को

द्वारा द अमेरिकन एक्सप्रेस कम्पनी
जिनेवा
25 मार्च, 1935

श्री एन.सी. वैटर,
व्हीरिंगर स्ट्रीट-41
विएना-9
(आस्ट्रिया)

प्रिय श्रीमती वैटर,

जिस दिन मैं यहाँ पहुँचा था, उस दिन जल्दबाज़ी में आपको एक-दो पंक्तियाँ लिखी थीं।

समारोह शान्तिपूर्ण सम्पन्न हुआ। यदि नहीं पहुँचता तो बहुत दुख होता, क्योंकि उस दशा में लोगों को बहुत निराशा होती। अभी कुछ दिन और यहीं व्यतीत कर यहाँ के पुराने स्थानों को देखूँगा और पुराने मित्रों से मिलूँगा, फिर विएना लौटूँगा।

जिनेवा की यात्रा बहुत सुखद थी। विशेषरूप से जब हम टायरोल से गुज़र रहे थे। यदि प्रबन्ध हो पाया तो मैं एक-दो दिन इन्सब्रक और शाल्जबर्ग में रुकना चाहूँगा।

आशा है आप उस विषय के अध्ययन में रत हैं। सपरिवार स्वस्थ एवं सानन्द होंगी। सादर।

आपका शुभाकांक्षी
सुभाष चन्द्र बोस

नाओमी सी. वैटर को

होटल सुसी
जिनेवा
29 मार्च, 1935

प्रिय श्रीमती सी. वैटर

आपका 24 मार्च का पत्र कल प्राप्त हुआ। डॉ. वी. का संलग्नक पढ़कर अच्छा लगा।

भारत के एक महत्त्वपूर्ण ग़ैर-सरकारी समाचार-एजेंसी तथा एयरमेल पत्र आपको भिजवा रहा हूँ। पत्र के उपयोगी हिस्सों पर लाल पेन से निशान लगा दिये हैं।

बंगला फ़िल्म का प्रचार भारत में प्रारम्भ हो चुका है और विधायिका हिल चुकी है। (असल में सरकार को मजबूर करने के लिए विधायिका के पास वास्तविक अधिकार ही नहीं है) जो सूचना वे चाहते हैं क्या आप या आपका कोई मित्र एकत्रित कर सकता है? पत्र में आप देखेंगे कि वे पता करना चाहते हैं कि– 1. फ़िल्म-कहानी, 2. चित्र-अत्यधिक आपत्तिजनक दृश्यों सहित।

चित्रों की क़ीमत में अदा करूँगा तथा बंगाल कलकत्ता में आनन्द बाज़ार पत्रिका (बंगला का दैनिक पत्र) सबसे अधिक पढ़ा जाने वाला पत्र है। संलग्न पत्र फ़िलहाल आप अपने पास ही रख लें।

अभी एक-दो सप्ताह और यही रहूँगा।

डॉ. वैटर और आपको शुभकामनाएँ

आपका शुभाकांक्षी
सुभाष चन्द्र बोस

नाओमी सी. वैटर को

रेगीना पलास्त होटल
मुनकेन
8 अप्रैल, 1935

श्री एन.सी. वैटर,
व्हीरिंगर स्ट्रीट-या
विएना-9
(आस्ट्रिया)

प्रिय श्रीमती वैटर,

कुछ देर ज्यूरिख में रुकने के बाद पिछली रात मैं यहाँ पहुँचा। कुछ दिन और यहाँ रुककर विएना के लिए रवाना होऊँगा। आशा है कहीं और नहीं रुकूँगा। लेकिन साल्जबर्ग के बारे में निश्चित रूप से कुछ नहीं कह सकता।

आशा है आपको मेरा पिछला पत्र मिला होगा जिसमें मैंने बंगला फ़िल्म से सम्बन्धित भारत से प्राप्त एक पत्र भी भेजा था।

जिनेवा छोड़ने से पूर्व श्री रोम्याँ रोलाँ से मेरी दिलचस्प बातचीत हुई।

शुभकामनाओं सहित,

आपका शुभाकांक्षी
सुभाष चन्द्र बोस

ए. के. फजलूल हक़ को

सैनिटोरियम रूडोल्फ़ीनरहॉस
विलरॉथ स्ट्रासे
विएना
10 मई, 1935

प्रिय श्री फजलूल हक,

लन्दन टाइम्स से सूचना मिली कि आप हमारे शहर के मेयर नियुक्त हुए हैं। आपका चुनाव अर्से से लम्बित था। ख़ैर, देर आयद दुरुस्त आयद।

आशा है अपना कार्यकाल सफलतापूर्वक पूरा करेंगे तथा आपके कार्यकाल के दौरान बंगाल के विभिन्न सम्प्रदाय के लोग एकजुट होकर कार्य करेंगे जिसके परिणामस्वरूप नगर निगम के अन्दर हमें एक टीमवर्क देखने का मौक़ा मिलेगा। कृपया एक ऐसे व्यक्ति की शुभकामनाएँ स्वीकार करें जो हृदय से तो आपके निकट हैं, किन्तु हज़ारों मील दूर है।

आपका शुभाकांक्षी
सुभाष चन्द्र बोस

नाओमी सी. वैटर को

रुडोल्फ़ीनरहॉस
15 मई, 1935

श्रीमान डॉ. एन.सी. वैटर,
विएना-9,
व्हीरिंगर स्ट्रीट-4
प्रिय श्रीमती वैटर,

आशा है आपका पिछला पत्र मिलने के बाद से अब तक आप काफ़ी स्वस्थ होंगी। आज इस स्थान को छोड़कर सैनिटोरियम वेस्टएड, पुरकरसडोर्फ वी/विएना जा रहा हूँ। धीरे-धीरे काफ़ी आराम मिल रहा है। कमरपेटी की सहायता से कुछ थोड़ा-बहुत चल लेता हूँ। पुराना दर्द तो ख़त्म हो गया है, किन्तु ऑपरेशन के बाद की पेट की परेशानियों से अभी मुक्त नहीं हो पाया हूँ। इसमें अभी समय लगेगा। आपके स्वास्थ्य की हृदय से कामना करता हूँ।

शुभकामनाओं सहित,

आपका शुभाकांक्षी
सुभाष सी. बोस

नाओमी सी. वैटर को

कुरहास कोनिगिन अलेक्ज़ैंड्रा
कार्ल्सबाद
17 जून, 1935

श्री एन.सी. वैटर
विएना-9
व्हीरिंगर स्ट्रीट-41
(आस्ट्रिया)

प्रिय श्रीमती वैटर,

कल रात विएना से यहाँ पहुँचा। प्राग तक की यात्रा में श्रीमती नेहरू साथ थीं। प्राग से मैंने दूसरी गाड़ी ली और डॉ. कटियार उनके साथ बर्लिन तक गये। इंडो-चेक सोसायटी के प्रोफ़ेसर लैस्नी स्टेशन पर उनसे मिलने आये थे। तीन घण्टे मैंने उनके साथ बिताये और फिर कार्ल्सबाद के लिए रवाना हुआ। ऑपरेशन करवाने के बाद कल रात पहली बार मैं लगातार सात घण्टे सोया। आशा है अच्छी शुरुआत है। विएना की गर्मी के बाद यहाँ का मौसम काफ़ी सुहावना है। आजकल यहाँ वैसी भीड़भाड़ नहीं, जैसी कि आशा थी।

कल रात डॉ. वैटर को भ्रमण कैसा लगा? दोनों को सादर प्रणाम।

आपका शुभाकांक्षी
सुभाष चन्द्र बोस

नाओमी सी. वैटर को

कुरहास कोनिगिन अलेक्ज़ैंड्रा
कार्ल्सबाद
21 जून, 1935

प्रिय श्रीमती वैटर,

18 जून का आपका पत्र पाकर प्रसन्नता हुई।

विएना से मैंने बंगाली फ़िल्म के सन्दर्भ में एक अनुस्मारक भेजा था। जवाब में उनके सचिव ने लिखा है कि मालिक ने सम्बद्ध अधिकारियों को लिखा है किन्तु अभी कोई उत्तर प्राप्त नहीं हुआ। यदि मैं चाहूँ तो सीधे उनसे पत्र-व्यवहार कर सकता हूँ। अन्त यही था।

मुझे यह जानकर दुख हुआ कि उस सर्दी की रात में बहुत महत्त्वहीन लोग डॉ. वैटर के स्वागत के लिए वहाँ उपस्थित थे।

कोसथ के विषय में आपने एक पुस्तक का ज़िक्र किया था। क्या आप भारत से प्रकाशित होने वाली अंग्रेज़ी (राष्ट्रीय) पत्रिका के लिए लेख लिखेंगी? हमारे पाठक उसे पढ़ना चाहेंगे।

एक पत्र साथ भेज रहा हूँ जो फ्रेंच भाषा में भिजवाना चाहता हूँ। मेरे लिए क्या आप इसका अनुवाद कर देंगी? शायद आपको ध्यान हो कि आपने प्रो. नाशे के पत्र को मेरे लिए अनुवाद किया था।

यहाँ का मौसम अच्छा है। वहाँ कैसा है?

यदि आपका स्वास्थ्य ठीक हो और आपके पास पर्याप्त समय हो तो आप एक छोटा-सा लेख लिख दें जिसमें प्रोफ़ेसर हाउर के विचारों का उल्लेख हो।

सादर।

आपका शुभाकांक्षी
सुभाष चन्द्र बोस

नाओमी सी. वैटर को

कार्ल्सबाद
कुरहास कोनिगिन अलेक्ज़ैंड्रा
27 जून, 1935

माननीय एन. सी. वैटर
विएना-9, व्हीरिंगर स्ट्रीट-41
(आस्ट्रिया)

प्रिय श्रीमती वैटर,

आशा है मेरा पिछला पत्र आपको समय पर मिल गया होगा। श्री गोकुलचंद चाहते हैं कि डोजेंट पिल्लट उनकी धर्मपत्नी की जाँच व इलाज़ (यदि आवश्यक हो तो) करें। वे चाहते हैं कि कोई उन्हें श्री डोजेंट से परिचित करा दे। कृपया डोजेंट पिल्लट को फ़ोन करके सूचित कर दें कि मेरे एक मित्र अपनी पत्नी की नेत्र चिकित्सा हेतु उनकी राय लेना चाहते हैं। मुझे लगा कि इस व्यक्ति के विषय में डॉ. पिल्लट से सहायता लेनी चाहिए, आशा है आप भी मेरी इस बात से सहमत होंगी। ये सज्जन आजकल विएना में ही हैं।

यहाँ का मौसम गर्म हो रहा है। वहाँ कैसा है?

मुझे डर है कि गर्म मौसम मेरे लिए अधिक लाभकारी नहीं होगा।

शुभकामनाओं सहित।

आपका शुभाकांक्षी
सुभाष चन्द्र बोस

नाओमी सी. वैटर को

कुरहास कोनिलेन अलेक्ज़ैड्रा
कार्ल्सबाद
8 जुलाई, 1935

माननीय एन.सी. वैटर
विएना-9
व्हीरिंगर स्ट्रीट-41
(आस्ट्रिया)

प्रिय श्रीमती वैटर,

आपका 26 जून का पत्र फ्रेंच अनुवाद सहित प्राप्त हुआ। बहुत-बहुत धन्यवाद।

श्रीमती हार्ग्रोव का लम्बा पत्र भी मुझे मिला है जो आजकल ट्रायोल में हैं। उन्होंने आशा व्यक्त की है कि शायद आप हॉफ़गैस्टिन जायें, जहाँ वे अभी कुछ दिन बाद पहुँचने वाली हैं।

आप सब लोगों का स्वास्थ्य कैसा है? सादर।

आपका शुभाकांक्षी
सुभाष चन्द्र बोस

अमिय चक्रवर्ती को

23 जुलाई, 1935

प्रिय श्री चक्रवर्ती,

आपका और प्रोफ़ेसर लैस्नी का पोस्टकार्ड पाकर प्रसन्नता हुई। मैं आपका आभारी हूँ कि आपने यहाँ आने का कष्ट किया। मुझे प्रसन्नता है कि मुझे दो-तीन दिन आपके सम्पर्क में रहने का मौक़ा मिला और आपसे अन्तरंग परिचय सम्भव हो सका। आशा है आप प्रायः पत्र लिखते रहेंगे।

एक बार जब आप इंग्लैंड गये थे, तो कुछ बुद्धिमान लोगों की राय थी कि, यह सोचना ग़लत है कि मनुष्य के जीवन में बचपन, युवावस्था और वृद्धावस्था से आये परिवर्तनों की भाँति ही राष्ट्र के जीवन में भी परिवर्तन होता है। क्या आप इस विषय में कोई पुस्तक मुझे सुझा सकते हैं? मेरी अपनी राय में तो राष्ट्र जीवन भी बचपन, युवावस्था और वृद्धावस्था में से गुज़रता है। अतः मैं इस विचार के विपरीत तर्क व मतों को पढ़ना चाहता हूँ

आज मैंने एच. जी. वेल्स का 'द न्यू अमेरिका, द न्यू वर्ल्ड' पढ़ा। क्या आपने पढ़ा है?

अभी तक मैंने लन्दन कोई पत्र नहीं भेजा है। कृपया अपनी गतिविधियों व पते के बारे में सूचित करें।

सदैव आपका अपना
सुभाष सी. बोस

श्रीमती एम. ई. वुड्स को

कुरहास कोनिगिन अलेक्ज़ैड्रा
कार्ल्सबाद (चेकोस्लोवाकिया)
24 जुलाई, 1935

131 मोरहेंप्टन रोड
डोनीब्रुक
डब्लिन

प्रिय श्रीमती वुड्स,

खेद है कई महीनों से आपको पत्र नहीं लिख पाया। दिसम्बर में मैं भारत में था, फिर जनवरी में पुनः यूरोप लौटा हूँ। अप्रैल के अन्त में मैंने ऑपरेशन कराया और आजकल कार्ल्सबाद में इलाज़ के लिए रह रहा हूँ। आशा है अभी कुछ दिन और यहाँ रहूँगा।

मेरे एक मित्र श्री चालिहा, जो सन् 1920 से इंडियन नेशनल कांग्रेस के लिए कार्य कर रहे हैं एक दिन मुझे देखने आये थे और उन्होंने डब्लिन जाने की इच्छा व्यक्त की थी।

मैंने उन्हें आपका पता दे दिया था और आपसे सम्पर्क करनू को कहा था। श्री चालिहा भद्रपुरुष हैं और कई बार जेल जा चुके हैं। उन्हें पोस्त की बुराइयों (दुष्प्रभावों) का विशेष ज्ञान है, आप जानती ही होंगी कि ब्रिटिश राज्य इसका अधिक-से-अधिक लाभ ले रहा है। मैं चाहूँगा कि श्री चालिहा न्यू आयरलैंड जाये और वहाँ के कुछ लोगों से मिलें, जो आयरिश स्वतन्त्रता के लिए कार्यरत हैं। आप भी उन्हें इंडो-आयरिश लीग के कार्यों के बारे में अवश्य बतायें।

कृपया अपने व मैडम मैकब्राइड के विषय में सूचना अवश्य दें।

सादर,

आपका शुभाकांक्षी
सुभाष चन्द्र बोस

सुनील मोहन घोष मौलिक को

कुरहास कोनिगिन अलेक्ज़ैड्रा
कार्ल्सबाद, (चेकोस्लोवाकिया)
5 अगस्त, 1935

प्रिय सुनील,

तुम्हारे दो पत्र एक फ़रवरी में व दूसरा जून में मिले। पत्रों का उत्तर नहीं दे पाया। कृपया क्षमा करें।

ऑपरेशन करवाने के बाद मुझे यहाँ आये एक माह से ऊपर हो चुका है। पहले की अपेक्षा स्वास्थ्य अच्छा है, किन्तु अभी अन्दरूनी कमज़ोरी (ऑपरेशन के स्थान पर) है, परिणामस्वरूप प्रायः दर्द होता रहता है। पुराना दर्द तो अब नहीं है किन्तु पाचन शक्ति अधिक सन्तोषजनक नहीं है। कुल मिलाकर कहा जा सकता है कि धीरे-धीरे स्वास्थ्य सुधर रहा है।

पहला पत्र तुमने इस प्रकार लिखा है जैसे कोई तीसरा व्यक्ति उसे नहीं देखेगा। तुम्हें याद रखना चाहिए कि मेरे पत्र तीसरे व्यक्ति की नज़र से बच नहीं सकते।

तुम्हारा स्वास्थ्य कैसा है? आजकल क्या कर रहे हो? मुर्शिदाबाद में सब कैसा है?

आजकल एक अन्य पुस्तक लिखने का प्रयास कर रहा हूँ। पहली पुस्तक के ज़ोरदार स्वागत से उत्साहित होकर यह कार्य प्रारम्भ किया है। मैं बाहर के लोगों को हमारे राष्ट्रीय आन्दोलन के विषय में बताना चाहता हूँ।

तुमने एक फ़ोटो के लिए लिखा था—भिजवा रहा हूँ।

पूर्ण स्वस्थ होते ही घर लौटूँगा, यही मेरी इच्छा भी है।

तुमने लिखा है कि तुम्हारे पिता का स्वास्थ्य ठीक नहीं था। कृपया लिखें कि आजकल वे कैसे हैं?

आशा है आप पूर्ण स्वस्थ हैं।

प्रेम सहित।

तुम्हारा अपना
सुभाष चन्द्र बोस

जे. टी. सुन्दरलैंड को

कुरहास कोनिगिन अलेक्ज़ैड्रा
कार्ल्सबाद (चेकोस्लोवाकिया)
6 अगस्त, 1935

प्रिय डॉ. सुन्दरलैंड,

आपका 12 मार्च का पत्र प्राप्त हुए बहुत दिन हो गये। पत्रोत्तर देने में विलम्ब के लिए क्षमा चाहता हूँ। अप्रैल के अन्त में मेरा एक बड़ा ऑपरेशन हुआ है।

आजकल पहले की अपेक्षा स्वस्थ हूँ यद्यपि स्थिति सन्तोषजनक नहीं है। अभी कुछ माह और यूरोप में ही रहूँगा। भारत पर एक और पुस्तक लिखने का प्रयास कर रहा हूँ, जिसमें राष्ट्रीय आन्दोलन को विस्तार से लिखना चाहता हूँ। कृपया सूचित करें कि आजकल आपका स्वास्थ्य कैसा है।

नया संविधान पारित हो गया है और ज़बर्दस्ती भारत पर लागू किया जायेगा। मद्रास के श्री सत्यमूर्ति के नेतृत्व में कुछ कांग्रेसी कार्यकर्ता संविधान पर कुछ कार्य करना चाहते हैं। फ़िलहाल कांग्रेस ने इस विषय पर कोई विचार नहीं बनाया है। मुझे यह जानकर प्रसन्नता हुई कि आप इस नये संविधान को स्वीकार करने के पूर्ण विरुद्ध हैं।

शुभकामनाओं सहित,

मैं,

आपका शुभाकांक्षी

सुभाष चन्द्र बोस

नाओमी सी. वैटर को

कुरहास कोनिगिन अलेक्ज़ैड्रा,

कार्ल्सबाद

17 अगस्त, 1935

माननीय एन.सी. वैटर

विएना-9

व्हीरिंगर स्ट्रीट-41, (आस्ट्रिया)

प्रिय श्रीमती वैटर,

आपके पिछले पत्र का उत्तर, मैंने टायरोल के पते पर, समय पर दे दिया था। उसके बाद से आपका कोई समाचार नहीं मिला। पहले मैंने सोचा कि शायद आप कुछ दिन आराम करना चाहती हैं, इसलिए पत्राचार हेतु आपको कष्ट देना उचित नहीं समझा। श्रीमती हार्ग्रोव के पत्र से ज्ञात हुआ कि आप विएना जा चुकी हैं। उस बात को भी बहुत दिन हो गये फिर भी आपका कोई समाचार नहीं मिला। मैं बहुत चिन्तित हूँ।

इधर कोई विशेष समाचार नहीं, सिवाय इसके कि लगभग साढ़े तीन वर्ष की नज़रबन्दी के बाद मेरा भाई छूट चुका है। मेरा स्वास्थ्य पहले से बेहतर है किन्तु कार्य आगे नहीं बढ़ पा रहा।

सदैव आपका शुभेच्छु

सुभाष चन्द्र बोस

नाओमी सी. वैटर को

कार्ल्सबाद
6 सितम्बर, 1935

प्रिय श्रीमती वैटर,

आपका 27 अगस्त का पत्र मिल गया, किन्तु जिस मानसिक अवस्था का आपने ज़िक्र किया उसे पढ़कर दुख हुआ। मैं समझ नहीं पा रहा कि आपने यह निष्कर्ष कैसे निकाल लिया कि आपके पत्रों का मेरे लिए अर्थ नहीं, जबकि मैं प्रायः अपने कार्य में या कुछ अन्य चिन्ताओं में घिरा हुआ था। मुझे अपने उन मित्रों से, जो घर वापिस जा रहे थे और मुझे मिलने यहाँ इतनी दूर नहीं आ सकते थे, मिलने जाने को बैगस्टीन की लम्बी यात्रा करनी पड़ी। पिछले पन्द्रह दिन से एक अन्य चिन्ता से ग्रस्त हूँ क्योंकि श्रीमती नेहरू का स्वास्थ्य चिन्ताजनक है। यूरोप व भारत के बीच बहुत-से तारों के आदान-प्रदान के बाद श्री नेहरू को जेल से केवल दो दिन के लिए छोड़ा गया। वे अपनी पत्नी को देखने शायद वायुयान द्वारा यूरोप आयेंगे।

यहाँ ठहरने से मुझे काफ़ी लाभ हुआ है, किन्तु ऑपरेशन के उपरान्त पैदा हुई परेशानियों से मैं छुटकारा नहीं पा सका हूँ। परिणामस्वरूप मुझे बेल्ट पहने रहनी होगी और अधिक परिश्रम से बचना होगा। मैंने प्रोफ़ेसर डैमेल से उनकी राय माँगी थी, उन्होंने कहा है कि मुझे 'बैगस्टीन' में उपचार कराना चाहिए। बैगस्टीन में मैंने श्रीमती हार्ग्रोव से मेरे लिए कुछ बोर्डिंग हाउस आदि की जानकारी एकत्र कराने को कहा था किन्तु अब सोचता हूँ कि बैगस्टीन की अपेक्षा हॉफ़गस्टीन जाऊँगा। कल मैं श्रीमती नेहरू को देखने बेडनविलर (श्वार्ज़वाल्ड, जर्मनी) जाऊँगा। सम्भव है कुछ दिन पश्चात वहाँ पण्डित नेहरू से भी मुलाक़ात हो सके। वहाँ से मैं हॉफ़गस्टीन के लिए रवाना होऊँगा। अभी कह नहीं सकता कि कितने दिन बेडनविलर में रुकूँगा। यह श्रीमती नेहरू की अवस्था पर निर्भर करता है। वहाँ का मेरा पता रहेगा—द्वारा पोस्ट लेगर्ड, बेडनविलर।

श्रीमती हार्ग्रोव ने लिखा है कि जब आप वहाँ थीं तो आपने पर्वतों पर चढ़ने का ख़ूब आनन्द लिया। आशा है कुछ दिन बाहर रहने के उपरान्त आप बेहतर महसूस कर रही होंगी। डॉ. वैटर कैसे हैं? दोनों को मेरी शुभकामनाएँ।

आपका शुभाकांक्षी
सुभाष सी. बोस

नाओमी सी. वैटर को

हॉफ़गस्टीन
पोस्ट लेगर्ड
1 अक्टूबर, 1935

प्रिय श्रीमती वैटर,

खेद है कि लम्बे समय से आपको पत्र नहीं लिख पाया। आपका एक पत्र बेडनविलर में तथा एक दिन एक और पत्र मिला। यहाँ मैंने आपका सन्देश श्रीमती नेहरू को भेज दिया था। दुख का विषय है कि उनका स्वास्थ्य बहुत अच्छा नहीं है। यदि वर्तमान स्थिति बनी रही तो शीघ्र ही प्राणान्त हो जायेगा। बहरहाल यही सन्तोष की बात है कि उनके पति इस समय उनके समीप हैं। सम्भव है इस माह के अन्त में मैं उनसे मिलने एक बार फिर जाऊँ। नवम्बर के प्रारम्भ में मेरा पूर्वी यूरोप जाने का विचार है। किन्तु अभी इस विषय में कोई निर्णय नहीं हो पाया है इसलिए कृपया इसे गुप्त ही रखें।

आजकल मैं वहाँ इलाज़ करवा रहा हूँ और यह इलाज़ इस माह के अन्तिम सप्ताह तक चलेगा। मेरे कार्य में सन्तोषजनक प्रगति नहीं है। इसलिए शुरू में तो बहुत कष्ट होता था। अब मैं सामान्य रूप से स्वस्थ होने की कोशिश कर रहा हूँ, अपने कार्य की बलि देकर, क्योंकि भविष्य के लिए मेरा स्वास्थ्य अधिक महत्त्वपूर्ण है। वैसे भी मैं यूरोप स्वास्थ्य की दृष्टि से ही तो आया था। दूसरी ओर यदि यूरोप में रहते हुए मैं यह कार्य सम्पन्न न कर पाया तो भारत लौटने पर इतना समय नहीं होगा कि इसे पूरा कर सकूँ।

जानकर प्रसन्नता हुई कि मेरे भाई के भाषण से आपको सन्तोष हुआ। उसकी दिलचस्पी विएना में मेरे उन पत्रों को पढ़कर हुई जो मैंने कलकत्ता के मेयर को लिखे थे जो वहाँ की प्रेस में प्रकाशित हुए। बाद में उन्होंने मुझे और सूचना भेजने को कहा और मैंने उन्हें विएना निगम पर अंग्रेज़ी की पुस्तक प्रेषित की (और शायद, वह पुस्तक आपने ही उन्हें भेजी थी।) ऐसी सम्भावना है कि शायद अगले वर्ष वे मेयर चुने जायें, यदि वे ध्यान दें तो। अभी तक तो वे पीछे ही रहे हैं, लोक सम्मान या पद से परे क्योंकि उनका मानना है कि उसी व्यक्ति को पद व सम्मान प्राप्त करने का हक़ है जो पूरा समय लोकहित में व्यतीत कर सके। इस सप्ताह जब मैं उन्हें पत्र लिखूँगा तो उनके भाषण के सम्बन्ध में आपके विचार भी उन तक पहुँचा दूँगा जिससे निश्चय ही उन्हें प्रसन्नता होगी।

मेरी भविष्य की योजनाएँ अभी निश्चित नहीं हैं, सिवाय इसके कि आगामी फ़रवरी-मार्च में घर लौटना चाहता हूँ। नेशनलिस्ट पार्टी का सालाना जलसा

(जो भारत की एक महत्त्वपूर्ण घटना है।) मार्च में होगा। मैं उसमें उपस्थित रहना चहूँगा। हाल ही में भारतीय विधानसभा में मेरे विषय में कुछ पूछताछ हुई। सरकार का कहना है कि मेरे भारत लौटने पर किसी प्रकार की रोक-टोक नहीं है। (यह मैं पहले से ही जानता था।) जब मैं बम्बई पहुँचूँगा तो वे मेरे साथ कैसा व्यवहार करेंगे इस विषय पर वे चुप हैं। मुझे पूरा विश्वास है कि मेरे बम्बई पहुँचते ही सरकार मुझे सीधे जेल में डाल देगी, और इसलिए मुझे गम्भीरता से सोचना है कि उस दशा में मुझे क्या करना होगा। मुझे घर वापिस जाना चाहिए।

मुझे आशा है कि हर हाल में इस माह के अन्त में मैं। विएना में होऊँगा। यदि पूर्व की ओर लम्बी यात्रा पर गया, शायद एक माह, की तो। उसके बाद विएना आऊँगा, और यदि स्वास्थ्य ने अनुमति दी तो कुछ स्कीइंग भी करना चाहूँगा।

डॉ. वैटर का व आपका स्वास्थ्य कैसा है? आप दोनों को प्रणाम,

आपका शुभाकांक्षी
सुभाष सी. बोस

वी. लैस्नी को

द्वारा पोस्ट लैगर्ड
हॉफ़गस्टीन (आस्ट्रिया)
2 अक्टूबर, 1935

प्रोफ़ेसर लैस्नी
प्रेज़ीडेंट, इंडो-चेकोस्लोवाकियन सोसायटी,
प्राहा

प्रिय प्रोफ़ेसर साहब,

आशा है कि आपकी सोसायटी की बैठक जल्दी ही होगी। शायद यह नये सत्र की उद्घाटन बैठक हो। इस अवसर पर मैं सोसायटी के लक्ष्यों व उद्देश्यों की प्राप्ति के लिए किये जा रहे निःस्वार्थ प्रयासों के लिए आपको बधाई सन्देश देना चाहूँगा और सोसायटी के सफलतापूर्वक कार्य करने के लिए आप लोगों की प्रशंसा करूँगा। मैं स्वीकार करता हूँ कि प्रारम्भ में अन्तरराष्ट्रीय सम्बन्धों को प्रगाढ़ करने में भारतीयों की संख्या अधिक नहीं थी, किन्तु अब हर्ष का विषय है कि अधिक-से-अधिक महत्त्वपूर्ण भारतीय विश्व के उन्नतिशील देशों के साथ सम्बन्ध प्रगाढ़ करने को उत्सुक हैं। मेरे विषय में तो आप जानते ही हैं कि इंडो-चेकोस्लोवाकियन सोसायटी के कार्यों में मुझे प्रारम्भ से ही बहुत रुचि थी, जिसका एक कारण यह था कि आपके देश के प्रति मुझमें आकर्षण था।

मुझे विश्वास है कि अगले वर्ष जब मैं भारत जाऊँगा तो वहाँ भी आपकी सोसायटी के प्रति लोगों में रुचि उत्पन्न कर सकूँगा। आपको तथा सोसायटी के सदस्यों को विश्वास दिलाना चाहता हूँ कि अधिकांश भारतीय आपके कार्यों का अनुसरण कर रहे हैं और मुझे पूरा भरोसा है कि निकट भविष्य में ऐसे अन्तरराष्ट्रीय अनुबन्धों से दोनों ही देशों को समुचित लाभ पहुँचेगा और अच्छे परिणाम सामने आयेंगे।

मेरा सहयोग व शुभकामनाएँ सदा आपके साथ हैं।

आपका शुभाकांक्षी

सुभाष चन्द्र बोस

जवाहरलाल नेहरू को

पोस्ट लैगर्ड

हॉफ़गस्टीन

4 अक्टूबर, 1935

मेरे प्रिय जवाहर,

दो और तीन तारीख़ का एक के बाद एक लिखा पत्र मिला।

फ्रीवर्ग सर्जन की रिपोर्ट पढ़कर सुख महसूस हुआ। आशा करता हूँ कि उनकी मेडिकल साइंस रोगों की प्लूरिस कष्ट के निवारण में सहायक सिद्ध होगी। सम्भव है आपने श्रीमती नेहरू को किसी अन्य जगह ले जाने की राय माँगी हो। यदि वर्तमान कष्ट में मैं आपके किसी काम आ सकूँ तो आशा है आप मुझे कहने से हिचकिचाएँगे नहीं।

मेरी पुस्तक में ग़लती दर्शाने के लिए आपका धन्यवाद सम्भव है, जैसा कि आपने कहा—कई ग़लतियाँ रही हों—किन्तु मुझे विश्वास है कोई गम्भीर ग़लती नहीं होगी।

दुर्भाग्यवश मुझे अपनी याददाश्त, विशेष रूप से तिथियों के सम्बन्ध में, का ही सहारा लेना पड़ा, अतः मैं स्वयं को असमर्थ महसूस करता था। उस काल का कोई साहित्य मुझे उपलब्ध नहीं हो सका, और निकट कोई ऐसा व्यक्ति भी नहीं था जो इस विषय में मेरा सहायक सिद्ध हो सकता। पण्डित मोतीलालजी की मृत्यु विशेष रूप से, तिथि के सन्दर्भ में मैंने अपने मस्तिष्क पर बहुत ज़ोर दिया, किन्तु सफल नहीं हो सका। प्रिंटिंग की भी कुछ अशुद्धियाँ आषको देखने को मिलेंगी—ख़ासतौर पर प्रूफ़ की अशुद्धियों के कारण। केवल एक बार—वह भी कई भागों में—मैं प्रूफ़ जल्दबाज़ी में पढ़ पाया क्योंकि मुझे भारत लौटने की जल्दी थी। फिर पुस्तक अत्यन्त दबाव में लिखी गयी थी और मेरा स्वास्थ्य भी

बहुत अच्छा नहीं था। आप द्वारा बताई गयी सभी कमियों को मैंने नोट कर लिया है और उनमें आवश्यक संशोधन कर दूँगा, ताकि द्वितीय संस्करण में वे ठीक की जा सकें।

मैनचेस्टर गार्डियन में दिये गये अपने भाषण की प्रति साथ भेज रहा हूँ। 1 अक्टूबर को यह प्रकाशित हुआ था।

अब तक आपको ख़बर मिल चुकी होगी कि एबीसिनिया में युद्ध प्रारम्भ हो चुका है। प्रश्न यह है कि क्या यह युद्ध इंग्लैंड और इटली के मध्य युद्ध का रूप लेगा।

आपका अपना

सुभाष

नाओमी सी. वैटर को

पोस्ट लैगर्ड

हॉफ़गस्टीन

12 अक्टूबर, 1935

प्रिय श्रीमती वैटर,

आशा है मेरा पिछला पत्र समय पर मिल गया होगा। यहाँ मौसम बहुत सुहावना है और इस माह की दो तारीख़ को यहाँ बर्फ़ भी पड़ी। मेरे विचार से विएना में काफ़ी गर्मी होगी। इस माह के अन्त में कुछ सप्ताह के लिए मैं रूस जाने की सोच रहा हूँ। शायद इस माह के अन्तिम सप्ताह में विएना में गुज़ारूँगा। कृपया इस सूचना को गुप्त रखें क्योंकि अभी विश्वस्त नहीं हूँ कि वहाँ जा पाऊँगा या नहीं।

आर. आर. पर लिखा लेख भारतीय पत्रिका में प्रकाशित हुआ, किन्तु वहाँ के कठोर नियमों के कारण सम्पादक ने कुछ भाग काट दिये जिसकी वजह से उस लेख का महत्त्व कम, बल्कि नष्ट हो गया। किन्तु उस दशा में कुछ नहीं किया जा सकता।

आपका सन्देश पण्डित नेहरू तक पहुँचा दिया है। श्रीमती नेहरू का स्वास्थ्य पहले जैसा ही है। यही अच्छी बात है कि हालत और बिगड़ी नहीं है।

जिस पीड़ा से श्रीमती फ्यूलाप मिलर गुज़र रही हैं उसके बारे में आपको सूचना मिल चुकी होगी।

आपका शुभाकांक्षी

सुभाष चन्द्र बो

नाओमी सी. वैटर को

पार्क होटल
म्यूनेकन
25 अक्टूबर, 1935

माननीय एन. सी. वैटर
विएना-9
व्हीरिंगर स्ट्रीट-41 (आस्ट्रिया)

प्रिय श्रीमती वैटर,

कुछ दिन पूर्व आपका पत्र पाकर प्रसन्नता हुई। दो दिन पूर्व मैं हॉफ़गस्टीन से निकला था। अब श्रीमती नेहरू से मिलने बेडनविलर आया हूँ। 29 या 30 तारीख़ को विएना पहुँचूँगा। फिर तत्काल पूर्व दिशा की यात्रा पर निकलूँगा। इस अल्पावधि से विएना में आपसे मिलने की उम्मीद रखता हूँ। डॉ. वैटर व आपको शुभकामनाएँ।

आपका शुभाकांक्षी
सुभाष चन्द्र बोस

डॉ. थिरफ़ेल्डर को

द अमेरिकन एक्सप्रेस कम्पनी
विएना-1
केरटनेरिंग-14
7 नवम्बर, 1935

प्रिय डॉ. थिरफ़ेल्डर,

आपकी इच्छानुसार म्यूनिख में हम दोनों के बीच हुए वार्तालाप के सार को लिखित रूप दे रहा हूँ।

जैसाकि आप जानते हैं कि, 1933 में अपनी प्रथम जर्मनी यात्रा के दौरान मैंने जर्मनी और राष्ट्रवादी भारत के मध्य सम्बन्धों को सुधारने का पर्याप्त प्रयास किया था। दुर्भाग्यवश कुछ ऐसी स्थितियाँ पैदा हो गयीं जिन्होंने इस मैत्री पर अपना दुष्प्रभाव ही डाला। वास्तव में, नयी सत्ता ने, जिसने जर्मनी में प्रगति व उन्नति प्राप्त की, जर्मनी और भारत के पूर्ण मैत्री सम्बन्धों को ख़राब करने में बहुत योगदान दिया। यहूदियों द्वारा छेड़े गये नाज़ी-विरोधी उस आन्दोलन का सामान्य प्रभाव नहीं था जिसने पूरे विश्व को घेर रखा था। इसके विपरीत, भारतीयों को स्वयं यह महसूस हुआ कि पहले की अपेक्षा अब भारत के प्रति

जर्मनी का रुख मैत्रीपूर्ण नहीं है। मैंने जर्मनी की कुछ विशिष्ट हस्तियों को स्पष्ट शब्दों में बताने का प्रयास किया है कि भारत के प्रति जर्मनी के इस रुख़ के कारण क्या हो सकते हैं।

वे कारण निम्न हैं—

1. जर्मनी सरकार का ब्रिटिश सरकार के प्रति मैत्रीपूर्ण रुख़।

2. जर्मनी के सामान्य लोगों के मध्य जातिवाद प्रचार, जिसने रंगभेद को बढ़ा दिया।

3. वर्तमान भारत के प्रति जर्मनी के नेताओं में अवज्ञा का रुख़ जो उनके लेखन व रिपोर्ट में भी स्पष्ट झलकता है।

4. जर्मन प्रेस में भारत के पक्ष के लेखों को रोकना या सेंसर करना और भारत-विरोधी लेखों का प्रकाशन। जर्मनी में मेरे कई मित्र हैं, जिनमें राष्ट्रीय समाजवादी पार्टी के उत्साही सदस्य भी शामिल हैं। उनसे वार्तालाप के दौरान मैं अपनी राय प्रकट करता रहा हूँ कि किस प्रकार आपसी सम्बन्धों में प्रगाढ़ता लायी जा सकती है। मेरे सुझाव निम्नलिखित हैं—

1. जातिवाद प्रचार को ख़त्म करना ताकि भारतीयों के प्रति विपरीत भावना उत्पन्न न हो।

2. उच्चपदासीन नेताओं द्वारा एक विस्तृत रिपोर्ट जिसमें न्यू जर्मनी के भारत के प्रति रुख़ का खुलासा किया जाये।

3. जर्मनी प्रेस द्वारा भारत-विरोधी प्रचार पर रोक। इन प्रस्तावों को सामने रखते हुए, मैंने जानबूझकर ऐसी कोई माँग नहीं रखी जिसे व्यवहार में लाना कठिन हो। उदाहरणार्थ, यदि ब्रिटिश समर्थक नीति जर्मनी के लिए उपयोगी है तो मैं ब्रिटिश विरोधी नीति की माँग नहीं करता। यद्यपि भारतीय होने के नाते हम जर्मनी के ऐसे रुख़ का स्वागत ही करेंगे। इसी प्रकार मैं यह भी नहीं कहता कि आप अपने जातिवादी सिद्धान्त छोड़ दें। हम केवल, इसमें थोड़ा संशोधन चाहते हैं, ताकि जानबूझकर या अनजाने में यह भारतीयों के प्रति दुर्भावना न बढ़ाये। फिर हमने कभी यह भी नहीं चाहा कि आप जर्मनी के पत्रों में भारतीयों के पक्ष में कुछ लिखें, यदि आप लिखना नहीं चाहते तो, किन्तु कृपया विरोध में तो न लिखें।

समाचार-पत्रों द्वारा किया जा रहा प्रचार बहुत महत्त्वपूर्ण है, क्योंकि लोगों की राय को यह प्रभावित करता है। जर्मनी एक प्रभावशाली देश है अतः यहाँ की प्रेस पूर्णरूप से रीक शासन तन्त्र राज्य के अधीन है।

इसके विपरीत भारतीय प्रेस पर न तो ब्रिटिश सरकार का पूर्ण नियन्त्रण है न ही वह किसी पार्टी के अधीन है। फिर भी, किसी भी जर्मन या जर्मनी के

पक्षधर भारतीय लेखक के लिए, जर्मनी के पक्ष में लिखना और प्रसिद्ध भारतीय पत्रिकाओं में उसे प्रकाशित करना सम्भव है। प्रायः ऐसा हुआ भी है कि जब कभी न्यू जर्मन राज्य के विरुद्ध पत्रों में कुछ प्रकाशित हुआ है तो भारत स्थित जर्मन कांस्यूलेट ने या जर्मनी के पक्षधर भारतीय लेखक ने तत्काल उसकी भर्त्सना की है। किन्तु जर्मनी में छपे पत्रों की या भारत-विरोधी लेखों की भर्त्सना करना सम्भव नहीं है। ऐसा मैं अनुभव के आधार पर कह रहा हूँ।

भारत जर्मनी के साथ मैत्री सम्बन्ध स्थापित करने को तैयार है, यदि जर्मनी भी चाहे तो। अतः यह आवश्यक है कि वे इंडो-जर्मन सम्बन्धों के मार्ग में उपस्थित बाधाओं को जान लें और बेहिचक होकर उन्हें मार्ग से हटाने का प्रयास करें। केवल बातों से कोई लाभ नहीं होगा। आपको जानकर प्रसन्नता होगी कि सप्रवासी फ़ेडरेशन ऑफ़ इंडियन स्टूडेंट्स को लिखे अपने पत्र में विदेश कार्यालय ने लिखा है कि जर्मनी प्रेस में हो रहे भारत के प्रति दुष्प्रचार को रोकने के उपाय किये जायेंगे। पत्र में (संख्या 111 सी 3486, विदेश कार्यालय) निम्न पंक्तियाँ हैं—

"एन.एस.डी.ए.पी. के जाति सम्बन्धी राजनीतिक कार्यालय को एवं लोक-शिक्षा एवं प्रचार मन्त्रालय को शिकायतों से अवगत करा दिया गया है और उन्होंने भारत विरोधी प्रचार को रोकने में अपना सहयोग देने की सहमति भी दी है।" किन्तु अभी तक इस दिशा में कुछ भी नहीं किया गया, क्योंकि आप जानते ही हैं कि यह प्रचार अभी भी हो रहा है। इस माह के प्रारम्भ में फ्रैंकफर्टरज़ीटुग के समान लोकप्रिय अख़बार ने एक महत्त्वपूर्ण लेख प्रकाशित किया था जिसमें भारत के लिए बनाये गये संविधान की प्रशंसा की गयी थी। किन्तु प्रत्येक भारतीय-राजनीति के विद्यार्थी ने उसका विरोध किया।

समाप्त करने से पूर्व कुछ बातें और कहना चाहूँगा। जर्मनी में अध्ययनरत कई भारतीय विद्यार्थी ये शिकायत करते हैं कि उन्हें जर्मनी की कम्पनियों में व्यावहारिक प्रशिक्षण हेतु, कोई सहायता प्राप्त नहीं होती। एक उदाहरण ऐसा भी है कि जर्मन फैक्टरी एक भारतीय को अपने यहाँ रखने को तैयार थी किन्तु जर्मन सरकार ने उन्हें आवश्यक आज्ञा नहीं दी। अभी तक जर्मनी भारतीय विद्यार्थियों को पूरा सहयोग दे रहा था क्योंकि वे सुगमता से जर्मनी की फ़ैक्टरियों में कार्य करने को तैयार रहते थे। किन्तु अब वह सुविधा उपलब्ध न हो पायी तो जर्मनी में आने वाले भारतीय विद्यार्थियों की संख्या में निश्चय ही कमी आयेगी। जिन विद्यार्थियों ने मुझसे सहयोग माँगा मैंने उन्हें चेकोस्लोवाकिया, पोलैंड और इटली भेजने का प्रयास किया और इसमें मुझे सफलता भी मिली।

यदि आपकी ओर से इंडो-जर्मन सम्बन्धों को सुधारने के प्रयत्न किये जाते हैं तो मैं आपको विश्वास दिलाता हूँ कि, हम भी सार्थक प्रयास करेंगे। हम राष्ट्रवादी भारतीय जर्मनी के लिए वह सब कुछ करेंगे, जो जर्मनवासी हम भारतीयों के लिए करेंगे। यह तो स्पष्ट ही है कि व्यापार और वाणिज्य के क्षेत्रों में तथा प्रेस-प्रचार की दृष्टि से भारत का रुख़ जर्मनी के प्रति, जर्मनी के भारत के प्रति रुख़ की अपेक्षा अधिक मैत्रीपूर्ण है। हम भारतीय ऐसी स्थिति पर पहुँच चुके हैं कि या तो हम जर्मनी से पूर्णरूप से मैत्री-सम्बन्ध स्थापित करना चाहेंगे या फिर कोई अन्य मार्ग खोजेंगे। यह सब जर्मनी पर निर्भर है कि वह अपनी ओर से संकेत दे कि हमें किस मार्ग को अपनाना चाहिए।

मुझे यह जानकर हार्दिक प्रसन्नता हुई कि जर्मन अकादमी ने भारतीय विद्यार्थियों को वित्तीय सहायता उपलब्ध कराई है। साथ ही मैं यह भी चाहता हूँ कि भारतीय विद्यार्थियों को आर्थिक सुविधा देने के साथ-साथ उन विद्यार्थियों की भी सहायता की जाये जो स्वयं के ख़र्चे पर जर्मनी में अध्ययन के लिए आते हैं और वहाँ रहकर व्यावहारिक प्रशिक्षण पाना चाहते हैं। जर्मन अकादमी उनकी भी सहायता कर सकती है यदि वह उन्हें जर्मनों की फ़ैक्टरियों में व्यावहारिक प्रशिक्षण के लिए स्थान उपलब्ध करा सके तो।

कृपया मुझे सूचित करें कि क्या आप जर्मन-ओरिएंट एसोसिएशन के सम्पर्क में हैं और क्या, यह एसोसिएशन, जर्मनी में भारतीय विद्यार्थियों के लिए व्यावहारिक प्रशिक्षण की सुविधा दिलाने में सहायता सिद्ध हो सकती है।

यदि कोई विषय अस्पष्ट रह गया हो तो क्षमा करें। यह पत्र का अनुवाद है अतः सम्भावना हो सकती है कि कुछ भाग पूर्णतः स्पष्ट न हो पाये हों।

आपको सादर प्रणाम,

आपका अपना
सुभाष चन्द्र बोस

सन्तोष कुमार बासु को

द्वारा द अमेरिकन एक्सप्रेस कम्पनी
कैरटनेरिंग-14
विएना-1
12 नवम्बर, 1935

प्रिय सन्तोष बाबू,

बहुत दिनों से एक विषय पर आपको पत्र लिखना चाह रहा था। मुझे याद है मैंने कहीं समाचार-पत्रों में यह पढ़ा था कि कलकत्ता की जनता की ओर से

अपने स्वामी बॉन के स्वागत में भाषण दिया था। मैं इसी व्यक्ति के सम्बन्ध में आपसे कुछ कहना चाहता हूँ। लार्ड विंलिग्टन और भारतीय उच्च अधिकारियों की अनुशंसा पर ये हिन्दू धर्म का प्रचार करने लन्दन गये थे। भारतीय कार्यालय में इनका भव्य स्वागत हुआ और कुछ दिन ये वहाँ के मुख्य लोगों के साथ रहे। फिर इन्होंने लार्ड जैटलैंड की अध्यक्षता में एक समिति बनाई, ताकि वैष्णव धर्म का प्रचार कर सकें। लन्दन के अधिकारियों से इन्हें पूरा-पूरा सहयोग मिला—जिसके कारणों को तलाशने की आवश्यकता नहीं है। मेरे एक मित्र ने मुझे बताया कि जब उन्हें बकिंघम पैलेस की गार्डन पार्टी में आमन्त्रित किया गया तो उन्होंने हिज मैजेस्टी, किंग जॉर्ज पंचम, को बताया कि उनके लाखों शिष्य ब्रिटिश राज्य के प्रति वफ़ादार हैं। इस मित्र ने उन्हें यह राय भी दी कि किसी भारतीय को इस बात का पता नहीं चलना चाहिए, क्योंकि वे निश्चय ही इस बात से अप्रसन्न होंगे। ग्रेट ब्रिटेन पर विजय पाने के बाद यह मसीहा विश्वयात्रा पर रवाना हुआ क्योंकि महान् विश्व-विजय से कम में वे सन्तुष्ट होने वाले नहीं थे। क्या वे विवेकानन्द से महान् नहीं? दूसरे दिन मैं म्यूनिख में गया जहाँ भारतीयों ने मुझे बताया कि कितना बुरा प्रभाव उन्होंने डाला है। ड्यूट्शे अकादमी की भारत संस्था अब कभी उन्हें आमन्त्रित नहीं करेगी जिसने कि उनके भाषण की व्यवस्था की थी। भारतीय पत्रों में कुछ टिप्पणियाँ छपीं जिनसे यह आभास होता था कि जर्मनी और पूर्व के बीच सांस्कृतिक वार्तालाप स्थापित करने के लिए हिटलर स्वामी से परामर्श लेना चाहता है। वास्तव में, म्यूनिख में रहने वाले कुछ भारतीयों ने मुझे बताया कि, इनकी कुटिलतापूर्ण पद्धति के कारण भविष्य में किसी भी भारतीय के लिए जर्मनी में धर्म-प्रचार करना कठिन होगा। इसके अलावा, विश्व में जर्मनी अन्तिम देश था जहाँ वैष्णववाद लोगों को अपनी ओर आकर्षित कर पाता। नाज़ी जर्मनी का विश्वास केवल शान्ति में है और वे भारत जैसे गुलाम देश को अवज्ञा की दृष्टि से देखते हैं।

स्वामी विएना में अपना सन्देश फैलाने आये थे। उनकी सभा में ब्रिटिश राजदूत उपस्थित थे, जो कि सामान्यतः किसी राजदूत का अप्रत्याशित व्यवहार है, जो इस बात का सबूत है, कि महाद्वीप की यात्रा के दौरान भी उन्हें ब्रिटिश राजनीतिज्ञों का संरक्षण प्राप्त था। जो बात मेरी समझ से बाहर है वह यह है कि एक हिन्दू स्वामी जो सब कुछ त्याग चुका है उसे ब्रिटिश साम्राज्य की छत्रछाया में धर्म प्रचार करने की क्या आवश्यकता है। यदि उन्हें कोई सन्देश देना ही था तो वे विवेकानन्द की भाँति आचरण क्यों नहीं कर पाये। आपने प्रवासी में पढ़ा ही होगा कि लन्दन में आयोजित सम्मेलन में अपने भाषण के दौरान उन्होंने नये

संविधान की सराहना की थी। उस पर सम्पादक की टिप्पणी पूर्णतः सही है। इससे स्पष्ट है कि वे एक राजनीतिज्ञ संन्यासी हैं और उनकी राजनीतिक वफ़ादारी है।

समाचार-पत्रों में मैंने पढ़ा है कि वे दो जर्मन शिष्यों के साथ वापिस लौटे हैं। वे लोग कौन हैं? क्या वे बेरोज़गार जवान हैं जिन्हें उन्होंने भोजन और कपड़ा देने की व्यवस्था करा दी है? या फिर वे संवेदनशील मूर्ख हैं जिनका दुरुपयोग वे कर रहे हैं? यह सत्य है कि पश्चिम में प्रायः आदर्शवादी, मूर्ख, संवेदनशील और अर्द्धविक्षिप्तों से पाला पड़ता रहता है।

यदि ये स्वामी त्रिपुरा के महाराज की सहायता से लन्दन में केन्द्र स्थापित करना चाहते हैं तो भारत का भगवान ही मालिक है। यदि आप पश्चिम में हिन्दू धर्म का नाश करने के इच्छुक हैं, तो स्वामी बॉन जैसे लोगों को धर्म-प्रचारक बनाकर भेजने से अच्छा अन्य कोई उपाय नहीं है।

शुभकामनाओं सहित,

आपका शुभाकांक्षी
सुभाष चन्द्र बोस

एन.बी. सकलातवाला को

द्वारा अमेरिकन एक्सप्रेस कम्पनी
कैरटनेरिंग-14
विएना-1
15 नवम्बर, 1935

सन्दर्भ जी. जी. एल. 252,

प्रिय महोदय एन. बी. सकलातवाला,

आपका 15 अगस्त, 1935 का पत्र मिला, बहुत-बहुत धन्यवाद। यद्यपि आपके पत्र से मुझे बहुत विस्मय हुआ और कष्ट भी पहुँचा। आपके पत्र का उत्तर विलम्ब से दे रहा हूँ इसलिए क्षमा चाहता हूँ, इसका कारण यही था कि मैं लगातार घूमता रहा हूँ और फिर यह मैंने अपना कर्तव्य समझा कि जमशेदपुर में लेबर एसोसिएशन को आपका पत्र भेज दूँ, उसके बाद ही आपको पत्र लिखूँ।

आपने लिखा है कि समझौते के तहत कम्पनी ने एसोसिएशन पर बकाया किराए व वर्तमान किराए के लिए कोई ज़ोर नहीं डाला है। आपके विचार में लेबर एसोसिएशन ने उस समझौते की अवहेलना की है अतः उस छूट को रद्द किया जाना चाहिए। तर्क-कुतर्क से बचने के लिए यह मान भी लिया जाये कि अवहेलना हमारी ओर से हुई थी लेकिन यह बात मेरी समझ से परे है कि उससे पूर्व का किराया क्यों

माँगा जा रहा है। मेरी राय से आप जैसी सुप्रसिद्ध कम्पनी द्वारा ऐसा व्यवहार सरासर अन्यायपूर्ण है। ज़्यादा-से-ज़्यादा आप उस क्षण से छूट रद्द कर सकते हैं, जब से कि समझौते की अवहेलना हुई है।

अब मैं आपके उस आरोप का उत्तर देता हूँ जिसमें आपने कहा है कि अलिखित समझौते की अवहेलना हुई है। आपने बड़े हर्ष के साथ कहा है कि अब एसोसिएशन का कोई अस्तित्व नहीं रह गया है, क्योंकि पिछले चार वर्ष से कोई बैठक सम्पन्न नहीं हुई है। यह बहुत गम्भीर आरोप है और यदि मैं कुछ कटु व स्पष्ट शब्दों में कुछ कहूँगा तो आप मुझे क्षमा करेंगे। शायद आपको याद हो कि 1928 की हड़ताल के बाद, या उसके और कुछ समय बाद तक, कम्पनी ने होमी से अपना कोई भी सम्बन्ध होने की बात नकार दी थी। उस समय राजनीतिक हस्तक्षेप द्वारा ही होमी जीत पाया था। किन्तु चूँकि होमी की कम्पनी ने अवहेलना की थी, इसलिए होमी कम्पनी व उन व्यक्तियों के प्रति, जिन्होंने उसका साथ दिया था और समझौता कराया था दोनों ही के प्रति बेरुखी का व्यवहार करता रहा। जमशेदपुर में सभी जानते हैं कि होमी की पार्टी ने रात में ही नहीं बल्कि दिन के उजाले में भी उन लोगों के प्रति हिंसा का रुख़ अपनाया था जो समझौते के पक्षधर थे। इस बात का भी सभी को आभास है कि, लेबर एसोसिएशन द्वारा आयोजित सम्मेलन में जिनकी अध्यक्षता मैंने की थी, होमी की पार्टी के गुंडों ने आक्रमण किया था। उन बुरे दिनों में प्रशासन ने हमें सुरक्षा प्रदान नहीं की थी, किन्तु फिर भी हम समझौते के प्रति पूर्ण वफ़ादार रहे थे, जबकि हम जानते थे कि कम्पनी समझौते की प्रत्येक शर्त को पूरा नहीं कर रही है। कुछ समय तक यही स्थिति बनी रही थी जब अचानक एक दिन प्रातः कम्पनी ने बहुत ही अप्रत्याशित रूप से पिछली हर बात को भुलाकर होमी से समझौता कर लिया और उन सभी लोगों को अधर में लटका छोड़ दिया जो समझौते के प्रति वफ़ादार रहे थे। इसके बाद कम्पनी व होमी की पार्टी के बीच अप्रत्याशित दोस्ती स्थापित हो गयी तथा जब भी एसोसिएशन ने कोई बैठक आयोजित की, होमी के गुंडों ने आक्रमण किया। इसके बाद नीति में एक और परिवर्तन आया। होमी पर मुक़दमा चलाया गया और उसकी अनुपस्थिति में इसे रद्द भी कर दिया गया। होमी की पार्टी अदृश्य हो गयी किन्तु अन्य एजेंसियों ने उन गुंडों को अपने साथ नत्थी रखा। मैं स्वयं जमशेदपुर की उन बैठकों में उपस्थित था जिन पर होमी की पार्टी के गुंडों ने आक्रमण किया था। मैंने व्यक्तिगत रूप से श्री कीनन से इस विषय में बात की थी किन्तु उन्होंने किसी प्रकार की जानकारी से इनकार कर दिया जब कि जमशेदपुर का बच्चा-बच्चा

जानता था कि गुंडे किस पार्टी से सम्बद्ध हैं। वही स्थिति आज तक चली आ रही है। यदि इन परिस्थितियों में लेबर एसोसिएशन कोई बैठक आयोजित करने में असफल रहती है तो क्या इसकी सारी ज़िम्मेदारी एसोसिएशन पर ही है? क्या कोई छाती ठोककर यह कह सकता है कि इस बारे में कम्पनी की कोई ज़िम्मेदारी नहीं?

यह बात मेरी समझ से बाहर है कि कम्पनी ने अपनी पहचान अलग क्यों कर दी, सिद्धान्त रूप में भी और व्यावहारिक रूप में भी उस प्राचीन ट्रेड यूनियन आर्गेनाइज़ेशन से, जिसे जमशेदपुर में सन् 1920 में स्वर्गीय देशबन्धु चित्तरंजन दास, पण्डित मोतीलाल नेहरू तथा महात्मा गाँधी जैसे प्रतिष्ठित नेताओं ने बनाया था, और जिसने कम्पनी के साथ सदैव सद्व्यवहार ही किया था। क्या होमी के संगठन के टूट जाने से यह सम्भव है कि वर्तमान आर्गेनाइज़ेशन को भी तोड़ दिया जाये। क्या आप वाकई सोचते हैं कि आपका व्यवहार उन लोगों के प्रति उचित है, जो 1928 के समझौते के प्रति ईमानदार व वफ़ादार हैं? मेरे सम्मुख महात्मा गाँधी के उस भाषण की प्रति है, जो उन्होंने 1934 में अपनी जमशेदपुर यात्रा के दौरान दिया था और जिसमें उन्होंने जनसभा में कहा था कि उन्हें यह देखकर अत्यधिक दुख हो रहा है कि मालिकों और श्रमिकों के मध्य लाठी के बल पर समझौता हो रहा है। आप महात्मा गाँधी की राजनीति के कितने भी विरोधी क्यों न हों, किन्तु जमशेदपुर की अदालतों के नियमों को पढ़कर आपको पता चलेगा कि लेबर एसोसिएशन के सचिव का पठानों द्वारा बहुत अपमान हुआ था, जब वे लेबर एसोसिएशन के कार्यालय में थे तब।

लेबर एसोसिएशन के सचिव ने मुझे बताया है कि सभी उपर्युक्त हानियों व कठिनाइयों के रहते भी, कुछ लोग इसके नियमित सदस्य हैं और एसोसिएशन की आय भी नियमित है। यद्यपि स्थिति अधिक सन्तोषजनक नहीं है, फिर भी छोटे-मोटे ख़र्च किराए के अतिरिक्त वहन करने के लिए पर्याप्त हैं, यह स्थिति तो तब है, जब लगातार परेशान किया जा रहा है और मैनेजमेंट द्वारा कुछ विरोधी संगठनों को प्रश्रय दिया जा रहा है। मुझे खेद है कि आपको कभी यह महसूस नहीं हुआ कि, मैनेजमेंट द्वारा नयी संस्थाओं को प्रश्रय देना तथा जमशेदपुर की सबसे पुरानी संस्था को सहायता देने से इनकार करना अनुचित ही नहीं बल्कि अन्यायपूर्ण भी है।

आपने बड़ी प्रसन्नतापूर्वक यह बात बताई है कि श्री जॉन कुछ समाचार-पत्रों के एजेंट हैं, अर्थात ट्रेड यूनियन के कार्य से उनका कोई सम्बन्ध नहीं है। आपको तथा आपकी मैनेजमेंट को बताना चाहूँगा, यद्यपि उसे अधिक जानकारी होनी चाहिए,

कि सन् 1923 से, जब से देशबन्धु दास ने फॉरवर्ड अख़बार प्रारम्भ किया था, तब तक लेबर एसोसिएशन समाचार-पत्रों की एजेंट रही है। 20 वर्ष पूर्व जान-बूझकर यह क़दम उठाया गया था ताकि लोगों में समाचार-पत्र पढ़ने की प्रवृत्ति पैदा की जाये और साथ ही एसोसिएशन की आय में वृद्धि हो सके। इन समाचार-पत्रों की एजेंसी से होने वाली आय एसोसिएशन की निजी-सम्पत्ति नहीं है। श्री जॉन सम्भवतः निर्धन व्यक्ति हैं, किन्तु मुझे गर्व है कि वे एक अच्छे कार्यकर्ता हैं तथा बुरे हाल में और अपने जीवन की क़ीमत पर भी वे एसोसिएशन का हर कार्य करने को तत्पर रहते हैं, और समय-समय पर विभिन्न लोगों द्वारा टाटा आयरन एंड स्टील कम्पनी में नौकरी का लालच देने के बावजूद वे एसोसिएशन के कार्य में लगे हैं।

आपने बेहद प्रसन्नता से यह सूचना भी दी है कि एक मकान में कुछ समाचार-पत्रों का एजेंट, दूसरे में दो अख़बार विक्रेता, एक प्रिंटिंग प्रेस का कर्मचारी, एक होटल का नौकर, एक आम विक्रेता व टैक्सी ड्राइवर रहते हैं। सचिव से प्राप्त जानकारी के अनुसार, उपर्युक्त सभी आँकड़े ग़लत हैं, सिवाय इसके कि कुछ कार्यकर्ता जो अख़बार वितरण का कार्य करते हैं वे वहाँ रहते हैं, लेकिन सारे दिन वे एसोसिएशन का कार्य करते हैं। तथा पिछले कई वर्षों से वे उसी परिसर में रह रहे हैं, क्योंकि यह व्यवस्था एसोसिएशन के लिए लाभकारी है।

आपने आवासों की कमी का ज़िक्र किया है और इन दो मकानों की आवश्यकता की बात भी कही है। किन्तु मैं यह नहीं समझ पा रहा कि, यह कमी लगातार क्यों चली आ रही है, जबकि आपके वार्षिक कार्यक्रम में नये आवासों का निर्माण हो रहा है और श्रमिकों की संख्या में पहले की अपेक्षा, अर्थात जब एसोसिएशन को ये दो मकान आवंटित किये गये थे, तब से 20 प्रतिशत की कमी हुई है।

आशा है आप मुझे क्षमा करेंगे क्योंकि इन परिस्थितियों में मेरी राय यही है कि इस सबके पीछे कम्पनी का एकमात्र उद्देश्य एसोसिएशन को अन्तिम चोट पहुँचाना है। चूँकि जमशेदपुर में आपका आवास-व्यवस्था पर एकछत्र राज्य है, इसलिए आप लेबर एसोसिएशन को आवासीय सुविधा देने से इनकार करके इसके अस्तित्व को समाप्त कर देना चाहते हैं। किन्तु मेरी आपसे प्रार्थना है कि भूतकाल को बिल्कुल भुला न दें और उन लोगों के साथ ऐसा दुर्व्यवहार न करें जिन्होंने कम्पनी के साथ अपने सम्बन्ध सदैव सौहार्दपूर्ण रखे हैं। जहाँ तक भविष्य का सम्बन्ध है, मुझे नहीं लगता कि हमारा अस्तित्व ख़तरे में है।

मैंने प्रारम्भ में ही कह दिया था कि मैं स्पष्ट बातें कहना चाहूँगा अतः यदि मैंने ऐसा ही किया है तो आशा है आप मुझे क्षमा करेंगे। आपको अपनी बातों से सहमत करा पाया हूँ इसकी मुझे आशा नहीं। इस तथ्य से मैं अवगत हूँ कि आपके कार्यालय की बात का वज़न मेरी बात की अपेक्षा निश्चय ही अधिक होगा। मैं केवल यही कह सकता हूँ कि मैं भी आपके अधिकारियों की ही भाँति एक ईमानदार और भला मनुष्य हूँ। इस लम्बे पत्र को लिखने का उद्देश्य यही था कि मैं आपको चित्र का दूसरा पक्ष भी दिखाना चाहता था। अपनी बातों से आपको सहमत कराने का जहाँ तक प्रश्न है, मुझे कोई विशेष आशा नहीं है।

लम्बे पत्र के लिए क्षमा चाहता हूँ और अपनी शुभकामनाएँ प्रेषित करता हूँ।

आपका शुभाकांक्षी

सुभाष सी. बोस

नाओमी सी. वैटर को

पेंशन कास्मोपोलाइट

विएना-VIII

29 नवम्बर, 1935

प्रिय श्रीमती वैटर,

आपकी इच्छानुसार एक नोट भेज रहा हूँ। आशा है आप यही चाहती थीं। यह आवश्यक नहीं था कि डॉ. वैटर उसे यह नोट देते। वे यदि लिखित रूप में कुछ देना नहीं चाहते थे तो मौखिक रूप में ही अपनी बात कह सकते थे।

मैंने लिखा था कि मैं वह कारण जानना चाहता हूँ जिसकी वजह से वीसा नहीं दिया गया। डॉ. वैटर यह जोड़ सकते हैं कि भारतीय लोगों को यह महसूस होने लगा है कि नयी सोवियत-ब्रिटिश मैत्री के कारण ही वीसा देने से इनकार किया गया है। इससे भारत में सोवियत सरकार की साख पर आपत्ति आयेगी। वे यह भी लिख सकते हैं, कि यदि वीसा दिया जा रहा है, सम्भव है मैं कुछ दिन बाद रूस जाना चाहूँगा। यह आवश्यक नहीं कि डॉ. वैटर मेरे लिए साक्षात्कार का आयोजन करें। डॉ. वैटर मेरी तरफ़ से स्वयं बात कर सकते हैं।

आप दोनों को शुभकामनाएँ।

आपका शुभाकांक्षी

सुभाष सी. बोस

पुनश्च : टाइम्स से एक कटिंग भेज रहा हूँ।

डॉ. थिरफ़ेल्डर को

द अमेरिकन एक्सप्रेस कम्पनी
कैरटनेरिंग 14
विएना-1
9 दिसम्बर, 1935

जर्मनी अकादमी
प्राप्त की/प्रविष्टि 19 दिसम्बर, 1935
स. जे. 3005

माननीय डॉ. थिरफ़ेल्डर,

6 दिसम्बर के आपके पत्र के लिए धन्यवाद। मैं आपका आभारी हूँ कि आपने मिस्टर मिनीस्टीरियल-डायरेक्टर डिकोफ़ की एक मुलाक़ात की व्यवस्था करा दी। किन्तु दुर्भाग्यवश इस समय मैं बुखार व जुकाम से घिरा हूँ। खेद है कि मैं आपको फ़िलहाल यह सूचित नहीं कर सकता कि कब यात्रा कर पाऊँगा, क्योंकि बीमारी पता नहीं कितनी लम्बी चलेगी। इसलिए आपसे अनुरोध है कि आप मिस्टर मिनिस्टीरियल-डायरेक्टर डिकोफ को एक एक्सप्रेस पत्र डाल दें व बता दें कि किन कारणों से एक बार फिर मैं बर्लिन नहीं पहुँच पाऊँगा। यह निश्चित है, कि 6 दिन बाद मैं आपको पुनः पत्र लिखूँगा और सूचित करूँगा कि कब यात्रा करने योग्य होऊँगा। यदि आप श्री डिकोफ से पता कर सकें कि वे क्रिसमस की छुट्टियों में कितने दिन कार्यालय नहीं जायेंगे तो आपका आभारी होऊँगा। यदि उनकी योजना का पता लग गया तो, मेरी कोशिश रहेगी कि क्रिसमस के अवकाश से पूर्व या तुरन्त उसके बाद बर्लिन पहुँच सकूँ।

सभी को सादर।

आपका शुभाकांक्षी
सुभाष चन्द्र बोस

सुनील मोहन घोष मौलिक को*

द्वारा द अमेरिकन एक्सप्रेस कम्पनी
विएना
20 दिसम्बर, 1935

प्रिय सुनील,

तुम्हारे बहुत-से पत्र मिलते रहे हैं, किन्तु उनका उत्तर देने में असमर्थ रहा, क्षमा चाहता हूँ। कार्ल्सबाद बहुत बड़ा शहर नहीं है अतः अमेरिकन एक्सप्रेस की

*मूल बंगला से अनूदित।

यहाँ कोई ब्रांच नहीं है। यदि तुम केवल मेरा नाम और कार्ल्सबाद भी लिख देते तो भी तुम्हारा पत्र मुझे मिल जाता। 12 नवम्बर को तुम्हारा अन्तिम पत्र था, जो मुझे मिला। यदि उपर्युक्त पते पर मुझे पत्र लिखोगे तो मैं कहीं भी रहूँ तुम्हारा पत्र समय पर मुझे मिल जायेगा।

श्रीमती कमला नेहरू का स्वास्थ्य कुछ ठीक है।

मुझ पर लगाये गये प्रतिबन्ध अभी लागू हैं। इस ओर अभी कोई परिवर्तन नहीं हुआ है।

सभी यहाँ टिकट इकट्ठे करते हैं। अब आगे से मैं भी तुम्हारे लिए टिकट इकट्ठे करूँगा।

महात्मा गाँधी की सद्भावना के लिए धन्यवाद। ऐसा प्रतीत होता है कि जवाहरलाल नेहरू ही पुनः अध्यक्ष होंगे। बंगाल की आवाज़ कौन सुनेगा? स्वर्गीय पटेल की राशि भी व्यर्थ ही जायेगी।

बंगाल में जातिवादी संघर्ष का क्या कोई अन्त नहीं है? डॉ. राय का ग्रुप बहुत दिन से मेरी पार्टी होने का दावा कर रहा है। अब तो यह स्पष्ट हो चुका है कि वे अलग नीतियों का पालन कर रहे हैं। दूसरे वे मेरे प्रस्तावों को क्यों नहीं मानते? यदि बंगाली लोग श्री एनी की मध्यस्थता स्वीकार कर सकते हैं तो एक बंगाली की मध्यस्थता क्यों नहीं स्वीकारते? मुझे केवल यही दुख है कि इतने अपमान, कष्ट और लातें (दुत्कार) सहने के बाद भी बंगाली क्षुद्र मानसिकता से ऊपर क्यों नहीं उठ पाते। आश्चर्य की बात है कि बंगालियों की विशाल हृदयता को क्या हुआ?

पण्डित नेहरू से मैं दो बार मिला हूँ। मैं बेडनविलर भी गया था।

पहले की अपेक्षा अब मेरा स्वास्थ्य अच्छा है, किन्तु पूर्ण स्वस्थ होने में अभी भी समय लगेगा। मेरा पुराना स्वास्थ्य लौट पायेगा, यह कल्पना करना कठिन है। फिर भी कुछ लाभ होने से ही मैं प्रसन्न हूँ और फिर घर वापिस लौट पाऊँगा। अब अधिक समय विदेशी भूमि पर रहना नहीं चाहता। इस वर्ष कार्ल्सबाद में अधिक लाभ नहीं हुआ किन्तु गैस्टीन में अपेक्षाकृत अच्छा रहा। इसलिए जनवरी में पुनः गैस्टीन जाना चाहता हूँ ताकि वहाँ जलोपचार करवा सकूँ। आशा है तुम ठीकठाक हो।

प्यार व शुभकामनाओं सहित।

तुम्हारा शुभेच्छु

सुभाष चन्द्र बोस

ई वुड्स को

द्वारा द अमेरिकन एक्सप्रेस कम्पनी
कैरटनेरिंग-14
विएना-1
21 दिसम्बर, 1935

प्रिय श्रीमती वुड्स,

बहुत दिन हुए आपका पत्र मिला था, खेद है कि लम्बे समय से मैं आपको पत्र नहीं लिख सका। मुझे दुख है कि जिस मित्र के विषय में मैंने आपको लिखा था वह डब्लिन नहीं जा पाया। वास्तव में मेरे देशवासी अक्सर लन्दन तो जाते हैं किन्तु डब्लिन जाने का प्रयास नहीं करते, जहाँ हाड़-मास के स्त्री-पुरुष इतिहास रच रहे हैं। भारत में मेरे प्रान्त में—बंगाल में—शायद ही ऐसा कोई पढ़ा-लिखा परिवार हो, जहाँ आयरिश हीरो की पुस्तकें न पढ़ी जाती हों, बल्कि पढ़ने में निमग्न न रहता हो। आजकल आयरलैंड पर पुस्तकें प्राप्त करना कठिन हो गया है क्योंकि सरकार का मानना है कि आयरिश क्रान्तिकारियों के बारे में पढ़कर भारतीयों की आँखें भी खुल जायेंगी। किन्तु हम सभी जानते हैं कि, कठिनाई से उपलबध होने वाली पुस्तकें अधिक उत्सुकता से पढ़ी जाती हैं। इंग्लैंड जाने की अनुमति की बहुत दिन से प्रतीक्षा कर रहा हूँ किन्तु कोई आशा नहीं है। फ्री स्टेट गवर्नमेंट से आयरिश फ्री स्टेट जाने की अनुमति मिल गयी है अतः महाद्वीप से सीधे आयरलैंड जाऊँगा। फ़रवरी में मेरा भारत लौटने का विचार है। भारत लौटने से पूर्व आयरलैंड जाना चाहूँगा। जनवरी के अन्त में या फ़रवरी के प्रारम्भ में, जब भी सम्भव हुआ। निश्चय ही वहाँ के महत्त्वपूर्ण लोगों से मिलना चाहूँगा। आप समझ ही गयी होंगी किन लोगों से। इंडो-आयरिश लीग के भविष्य के बारे में वार्तालाप करना चाहूँगा और इसको पुनर्जीवित किस प्रकार किया जाये? इस पर भी विचार करूँगा। अभी तक अपनी कांग्रेस की ऑफ़िशियल पार्टी के नेताओं से सम्पर्क नहीं कर पाया हूँ जो विदेश-प्रचार का कार्य सँभाल सके। फिर भी लोगों को समर्थन के लिए प्रोत्साहित कर पाया हूँ। आशा है, बिना ऑफिशियल पार्टी की सहायता के भी इस दिशा में क़दम उठाने में सफल हो पाऊँगा। आपको यह जानकर आश्चर्य होगा कि कांग्रेस की ऑफ़िशियल पार्टी के षड्यन्त्रों के कारण, स्वर्गीय श्री वी. जे. पटेल की इच्छा को कार्यरूप देने वाले, धन दबाकर बैठे हैं। अन्तिम इच्छा में अन्य जिन बातों के लिए धन व्यय करने का संकेत किया गया उनके लिए धन उपलब्ध करा दिया गया है किन्तु विदेश-प्रचार के लिए मुझे दिये जाने वाले धन को रोक कर रखा गया है। बम्बई उच्च न्यायालय ने लगभग चौदह

माह पूर्व ही इच्छा प्रमाण-पत्र दे दिया था, किन्तु अभी तक पैसा व्यर्थ पड़ा है। ऐसा लगता है कि ऑफ़िशियल पार्टी को यह बात नापसन्द है कि मैं इस कार्य को करूँ। श्री पटेल के जीते जी वे उनका विरोध करते रहे, किन्तु मैंने नहीं सोचा था कि वे इतना नीचे भी गिर सकते हैं।

मैं आपका आभारी होऊँगा यदि आप मेरा मार्गदर्शन करें कि आयरलैंड की यात्रा के लिए उपयुक्त समय कौन-सा हैं! आपके पत्र के बाद ही मैं अपनी योजना बनाऊँगा।

श्रीमती मैकब्राइड व आपको शुभकामनाएँ।

आपका शुभाकांक्षी
सुभाष चन्द्र बोस

किटी कुर्टी को

द्वारा द अमेरिकन एक्सप्रेस कम्पनी
विएना
22 दिसम्बर, 1935

प्रिय श्रीमती कुर्टी,

27 अक्टूबर का आपका कृपापत्र मिला। प्रसन्नता हुई। उसके बाद आर. आर. पर लेख भी प्राप्त हुआ। आपके पत्र का उत्तर देने में हुए विलम्ब के लिए क्षमा चाहता हूँ। अपनी पुस्तक आपको भिजवाना भूल गया। क्षमा करें। आज अपने प्रकाशक को लिख रहा हूँ। एक सप्ताह तक वह आपको मिल जायेगी।

युवा पीढ़ी में विश्वास के प्रति आपके विचारों से मैं सहमत हूँ। भारत में भी वृद्धों व युवाओं के मध्य संघर्ष जारी है। प्रायः मैंने देखा है कि वृद्ध लोग युवाओं को टोकते हैं और इस कारण कटुता पैदा होती है। किन्तु हम विजयी होंगे।

सम्भव है मैं जनवरी में बर्लिन आऊँ। फ़रवरी में घर लौटने की योजना बना रहा हूँ। यदि आपका यहाँ आसपास आना हो तो मुझे सूचित अवश्य करें। सम्भव है हम मिल सकें—जैसे यहाँ से ब्राटिसलावा तक आसानी से जाया जा सकता है।

डॉ. कुर्टी व आपको सादर प्रणाम,

आपका शुभेच्छु
सुभाष सी. बोस

पुनश्च : अक्सर मुझे आश्चर्य होता है कि आप बर्लिन में क्यों रुकी हैं। वहाँ का वातावरण क्या आपको दमघोंटू नहीं लगता?

अमिय चक्रवर्ती को*

पेंशन कास्मोपोलाइट
अलसेर स्ट्रीट-23
विएना-VIII
23 दिसम्बर, 1935

प्रिय श्री चक्रवर्ती,

आपका पत्र पढ़ते-पढ़ते मुझे बहुत दुख हुआ और आप जैसे भावुक व्यक्ति को दुख होना स्वाभाविक ही है। ऐसी परिस्थितियों में व्यक्ति को अन्दर से ही शान्ति प्राप्त हो सकती है, बाहर की कोई चीज़ उसे शान्ति नहीं दे सकती। आपके इन दुख के क्षणों में आपको पत्र लिखकर परेशान करना नहीं चाहता किन्तु आपको यह सूचना देना चाहता था कि आप द्वारा भिजवाई गयी पुस्तक 'ब्रेकडाउन बाय ब्रिफ़ाल्ट' मुझे मिल गयी है। धन्यवाद। पुस्तक अद्‌भुत है। अपने कुछ एशियाई मित्रों को पढ़ने के लिए दी है पुस्तक पढ़कर उन्हें बहुत सन्तोष हुआ।

सम्भवतः जनवरी में इलाज़ के लिए बैडगस्टीन जाऊँगा। पहले भी वहाँ मुझे लाभ हुआ था। पेरिस भी जाना चाहता हूँ किन्तु कह नहीं सकता कब जाना सम्भव हो पायेगा। आप किन दिनों पेरिस में होंगे कृपया मुझे पूर्व सूचना दें। जवाहरलाल वहाँ एक सप्ताह रहे किन्तु उनकी ओर से कोई सूचना नहीं मिली कि वे अपने उद्देश्य में कितने सफल रहे।

श्रीमती नेहरू का स्वास्थ्य पुनः बहुत ख़राब है, आज ही वायरलेस सन्देश प्राप्त हुआ। मैं वहाँ जाना चाहता हूँ, किन्तु पिछले एक सप्ताह से जुकाम और बुख़ार से पीड़ित हूँ। इसी कारण उन्हें देखने जाने की हिम्मत नहीं जुटा पा रहा, क्योंकि इसके लिए मुझे वहाँ पहुँचने तक सत्रह घण्टे की यात्रा करनी पड़ेगी।

मुझे आशा है आपने वह रिपोर्ट देखी होगी जो हाउस ऑफ़ कॉमर्स में मुझ पर हुई चर्चा पर आधारित है। मैंने 10 तारीख़ के टाइम्स में प्रकाशित रिपोर्ट पढ़ी है। अभी भी उनका यह विश्वास है कि मैं गुप्त क्रान्तिकारी गतिविधियों में लिप्त हूँ, इससे भारत पर राज्य कर रहे ब्रिटिश साम्राज्य की मानसिकता का पता चलता है। सत्य कहूँ तो मुझे सैम्युअल होरे के अवसान से प्रसन्नता है। भारत का शाप कार्य कर रहा है। आश्चर्य है कि पार्लियामेंट में व्यक्ति को वास्तव में रोना पड़ा।

---

*मूल बंगला से अनूदित।

भारतीय समाचार-पत्रों में आपके विषय में क्या लिखा गया मुझे इस बारे में कोई सूचना नहीं है। कृपया मुझे समय पर बता दिया करें ताकि मुझे भी जानकारी रहे और इसे आवश्यक कार्य समझकर करें।

वर्तमान दुख के क्षणों में मेरी हार्दिक संवेदनाएँ आपके साथ हैं। आशा है आप स्वस्थ हैं।

आपका शुभाकांक्षी
सुभाष चन्द्र बोस

सत्येन्द्र नाथ मज़ूमदार को*

द्वारा द अमेरिकन एक्सप्रेस कम्पनी
विएना
23 दिसम्बर, 1935

प्रिय मित्र,

बहुत दिनों से तुम्हें पत्र नहीं लिख पाया। आशा है तुम स्वस्थ होगे। तुम्हारे पत्र मैंने बहुत रुचि व दिलचस्पी से पढ़े हैं। शायद तुमने जानबूझकर व्यक्तियों के नाम नहीं लिखे। जिसकी वजह से तुम्हारे विवरण में स्पष्टता का अभाव है। फिर भी राष्ट्रीयधारा को समझने में अधिक कठिनाई नहीं हुई। सबसे पहले हमें बड़ी-बड़ी गलतियों पर आक्रमण करना होगा। हमारे जीवन में, अन्दर-बाहर दोनों ही ओर से, अनुशासनहीनता आ गयी है। इस अनुशासनहीनता का कारण इज़्ज़त और विश्वास में आयी कमी है। इस विषय में तुम्हारा विश्लेषण बिल्कुल सही है। यदि उद्देश्य के प्रति विश्वास और इज़्ज़त नहीं होगी तो अनुशासन और प्रतिबद्धता भी नहीं रहेगी।

कृपया आनन्द बाज़ार पत्रिका की सहायता से इस मूल सन्देश का ज़ोरदार प्रचार करो। जीवन में अन्दरूनी व बाह्य दोनों प्रकार का अनुशासन होना अति आवश्यक है। बंगालियों को एक बार फिर मिलकर कार्य करना होगा। दूसरों के प्रति आदर और सहनशीलता द्वारा ही हम उन्हें अपने निकट ला सकते हैं। यदि बंगाली एक बार पुनः एकत्रित हो जायें तो आत्म-शक्ति पैदा हो सकती है। दरअसल अभी हमारे दुर्दिन नहीं आये हैं केवल अनुशासन में कमी आयी है। इसके साथ ही आदर्शवाद की लहर भी पैदा करनी होगी। इस आदर्शवाद की लहर से हमें अपने अन्दर का कलुष धो देना होगा। बंगाली अन्य लोगों के

*मूल बंगला से अनूदित।

प्रति अत्यधिक ईर्ष्यालु और दुर्भावनाग्रस्त रहते हैं, हमें अपनी इन कमियों को दूर करना होगा। क्षुद्र हृदयता पर आदर्शवाद द्वारा विजय पायी जा सकती है, इसलिए आदर्शवाद की ज़ोरदार लहर की अति आवश्यकता है।

आशा है आप सभी सानंद हैं। पहले की अपेक्षा मेरा स्वास्थ्य ठीक है, यद्यपि अभी पूर्णतः स्वस्थ नहीं हूँ। इसलिए बहुत बेचैन रहता हूँ। अपने देश वापिस लौटने का बहुत उत्सुक हूँ।

प्रेमपूर्ण शुभकामनाओं सहित,

तुम्हारा शुभाकांक्षी
सुभाष चन्द्र बोस

सन्तोष कुमार बासु को

द्वारा द अमेरिकन एक्सप्रेस कम्पनी
विएना, आस्ट्रिया
3, जनवरी, 1936

प्रिय सन्तोष बाबू,

आप एक वकील हैं इसलिए आपने मुझसे मुँह फेर लिया है। आपने इतने दिन से कोई पत्र नहीं लिखा, इसका क्या कारण है, और सारा दोष मेरा ही है।

आपने अखिल भारतीय कांग्रेस कमेटी के आह्वान का ज़िक्र किया है। किन्तु इस वर्ष तो यह सम्भव नहीं है। इसके अलावा वैसे भी मैं जितनी जल्दी सम्भव हो भारत लौटना चाहता हूँ। विदेश में रहने का कोई मज़ा नहीं जब हृदय से आप कहीं और हों। मैं मानता हूँ कि विदेश में रहकर भी बहुत-सा उपयोगी कार्य किया जा सकता है और मैं भी यहाँ बेकार नहीं पड़ा हूँ। किन्तु प्रभावी कार्य करने के लिए कुछ धन और अपने लोगों का प्रोत्साहन चाहिए। अधिक साधनों के बिना, अकेला व्यक्ति, एक सीमा में रहकर ही कार्य कर सकता है।

क्या आप बता सकते हैं कि बंगाल को क्या हुआ है? मुझे तो कुछ समझ नहीं आता। छोटी-छोटी बातों के लिए झगड़ने में क्या लोगों को शर्म नहीं आती? किसी भली चीज के लिए झगड़ते तो समझ भी आती। किन्तु इन फालतू की चीज़ों के लिए झगड़ा। आम जनता का क्या हाल है? वे अपने तथाकथित प्रतिनिधियों व प्रवक्ताओं के विरुद्ध आन्दोलन क्यों नहीं करते? अनुशासनहीनता बुरी तरह फैल चुकी है। इसी कारण अनुशासन का पालन करना भी कठिन हो रहा है। हमें प्रारम्भ से इसकी शुरुआत करनी होगी।

'लन्दन टाइम्स' में समाचार पढ़ा कि मुस्लिम असन्तोष के कारण श्री ए.के. फज़लूल हक़ व अन्य मुस्लिम काउंसलरों ने त्यागपत्र दे दिया है। ऐसे समाचार बहुत जल्दी विदेश तक पहुँच जाते हैं।

मैंने 'एडवांस' को 'द इनसाइड ऑफ़ बंगाल पोलिटिक्स' शीर्षक से एक लेख भेजा था। क्या आपने देखा?

कह नहीं सकता कि कब बंगाल की जनगतिविधियों में कार्य करने योग्य हो पाऊँगा। किन्तु यदि यह सम्भव हुआ तो इस बात पर अवश्य बल दूँगा। बंगाल से निर्विरोध सहयोग मिले। किसी एक गुट का प्रमुख होकर कार्य करना नहीं चाहता। पिछले अनुभवों ने मुझे एक बात सिखाई है, वह है—धैर्य। मुझमें अनन्त धैर्य है और मैं तब तक इन्तज़ार करूँगा जब तक बुराई अपना खेल समाप्त नहीं कर देती। तब तक मैं राजनीति से बाहर रहकर बहुत-सा उपयोगी कार्य करूँगा।

आपकी योजनाएँ और विचार क्या है?

नया वर्ष हम सब के लिए सौभाग्यदायक हो!

इजिप्टवासी अब पूर्ण जागरूक हैं? वे समय को पहचानकर कार्य कर रहे हैं। किन्तु हम कहाँ हैं? चरखा—हरिजन, पार्लियामेंट बोर्ड-मन्त्री की गद्दी—क्या यही सब मुक्ति का मार्ग है?

सुशीर बाबू और डॉ. सुधीर बासु कैसे हैं और आजकल कहाँ हैं? आपके बेटे आजकल क्या कर रहे हैं। सादर।

आपका शुभाकांक्षी
सुभाष चन्द्र बोस

वी. लैस्नी को

पेंशन कास्मोपोलाइट
एल्सरस्ट्रासे-23
विएना-VIII
9 जनवरी, 1936

प्रिय प्रोफ़ेसर लैस्नी,

आशा है मेरा पहले लिखा पत्र और साथ में इंडो-चेकोस्लोवाक सोसायटी के लिए भेजी पुस्तकों का पार्सल भी मिला होगा। कल यहाँ विएना में हमने भारतीय राष्ट्रीय कांग्रेस की जुबली का सफल आयोजन किया।

श्री नाम्बियार ने आपको मेरी प्रेस स्टेटमेंट दिखाई होगी, जिसमें मैंने सिफ़ारिश की है कि चेकोस्लोवाकिया के साथ सन्तुलित व्यापार सम्बन्ध क़ायम करने के

लिए हमें जर्मनी की अपेक्षा चेकोस्लोवाकिया से अधिक ख़रीददारी करनी चाहिए। उस टिप्पणी से कुछ विवाद उठ खड़ा हुआ और यह दिखाने के लिए कुछ आँकड़े भी प्रस्ततु किये गये कि, भारत चेकोस्लोवाकिया से पहले ही से अधिक ख़रीददारी करता है। मैंने प्राग की एक्सपोर्ट इंस्टीट्यूट को (श्री प्लॉस्कल) आयात-निर्यात के सही आँकड़े भेजने के लिए लिखा है और उत्तर प्राप्त होते ही मैं भारतीय प्रेस को मुँहतोड़ जवाब दूँगा। शीघ्र ही विएना छोड़ रहा हूँ और 14 की प्रातः बर्लिन पहुँचूँगा। बर्लिन से बेल्जियम और पेरिस जाऊँगा फिर वहाँ से फ़रवरी में भारत के लिए रवाना होऊँगा। घर लौटने से पहले एक बार प्रेज़ीडेंट वैनेस से अवश्य मिलना चाहूँगा। आपको याद होगा सन् 1933 में मैं प्राहा यात्रा के दौरान उनसे मिला था, जब वे विदेशमन्त्री थे। क्या आप 13 तारीख़ को मिलने का प्रबन्ध कर सकते हैं। मैं आपका आभारी रहूँगा। इतने कम समय में आप से कह रहा हूँ, इसके लिए क्षमा चाहता हूँ किन्तु इन असाधारण परिस्थितियों में, जिनमें मैं घिरा हूँ, मुझे आशा है आप पूरा प्रयास कर मुलाक़ात की व्यवस्था करा ही देंगे। 13 तारीख़ सोमवार को कोई भी समय ठीक रहेगा। यदि मुलाक़ात की व्यवस्था हो जाये तो कृपया मुझे तार द्वारा सूचित कर दें।

शुभकामनाओं सहित,

आपका शुभाकांक्षी
सुभाष चन्द्र बोस

ई. वुड्स

द्वारा द अमेरिकन एक्सप्रेस कम्पनी
14-कैरटनेरिंग
विएना-1
9 जनवरी, 1936

प्रिय श्रीमती वुड्स,

6 तारीख़ के पत्र के लिए शुक्रिया। अभी तक मेरी आयरलैंड यात्रा की कोई व्यवस्था नहीं हो पायी है और मैं आपसे इस दिशा में मदद की अपेक्षा करता हूँ। फ़रवरी मध्य में भारत यात्रा पर निकलना चाहता हूँ अतः 20 जनवरी से 10 फ़रवरी के मध्य किसी समय मेरी आयरलैंड यात्रा हो जानी चाहिए। मेरे लिए कौन-सा समय सबसे सुविधाजनक रहेगा कृपया सूचित करें। मैं वहाँ एक सप्ताह अथवा दस दिन व्यतीत कर सकता हूँ। कृपया प्रेज़ीडेंट डी वलेरा,

पार्टी नेतागण तथा मेयर आदि से मेरी मुलाक़ात की आवश्यक व्यवस्था करा दें। आपको जो समय ठीक लगे वह मुलाक़ात के लिए निर्धारित कर सकते हैं। जहाँ तक मेरा सम्बन्ध है मुझे जनता के बीच भाषण देने में कोई आपत्ति नहीं है। कुछ समय पूर्व भारतीय समाचार-पत्रों में समाचार छपा था कि डब्लिन की नेशनल यूनिवर्सिटी मुझे मानद उपाधि देना चाहती है। मैं नहीं जानता यह ख़बर कहा से उड़ी और कितनी सच्चाई है। किन्तु आप इसकी सच्चाई तक पहुँच सकते हैं।

नववर्ष की शुभकामनाओं सहित,

आपका शुभाकांक्षी
सुभाष चन्द्र बोस

पुनश्च : कुछ ही दिनों में बर्लिन के लिए रवाना हो रहा हूँ कृपया मुझे इस पते पर लिखें—द्वारा द अमेरिकन एक्सप्रेस कम्पनी, अटर डेन लिडन, बर्लिन।

सु. च. बो.

सन्तोष कुमार सेन को*

द्वारा माननीय एन.डी. जावेरी
एंटवर्प, बेल्जियम
(पता अस्पष्ट)
22 जनवरी, 1936

प्रिय डॉ. सेन,

19 जनवरी को मैं यहाँ पहुंचा। रास्ते में प्राग और बर्लिन गया था। अभी कुछ दिन यहाँ रहने का विचार है। फिर यहाँ से पेरिस के लिए रवाना होऊँगा। 30 तारीख़ को पेरिस से आयरलैंड के लिए निकलूँगा। कृपया पेंशन कास्मोपोलाइट को फ़ोन कर कह दें कि मेरी डाक इस पते पर भेज दें। मैंने उन्हें 18 जनवरी तक डाक यहाँ उसके बाद पेरिस भेजने को कहा था।

क्या आप डॉ. ट्रानवालनर से मिले? क्या अभी भी वे बंगला सीखने के इच्छुक हैं?

यदि आप कांग्रेस जुबली के सम्बन्ध में विस्तृत साहित्य बुक-पोस्ट द्वारा श्री नाम्बियार को भेज सकें तो अच्छा रहेगा। साथ ही आप उन्हें एक पोस्टकार्ड भी लिख दें कि मेरे अनुरोध पर उन्हें यह भेजा जा रहा है और वे इसे पढ़कर मुझे भेज दें। उनका पता है—

---

*मूल बंगला से अनूदित।

श्री ए. सी. एन. नाम्बियार
प्राग-XIII
सेस्टी मिरोवा, 863/वी. सी. एस. आर.

मेरा एक भारतीय मित्र कुछ उपकरण ख़रीदना चाहता है। उसका पत्र मैं आपको भेज रहा हूँ। क्या आप ये उपकरण ख़रीद कर उसे भिजवा सकते हैं? गैरोला को मालूम है ये उपकरण कहाँ से प्राप्त हो सकते हैं। उसका नाम शायद ब्रैंडनबर्ग है। कुछ माह पूर्व मैंने गैरोला की सहायता से इन सज्जन को कुछ उपकरण भिजवाये थे। आप गैरोला से कहकर, उस व्यक्ति की सहायता से, इन्हें रजिस्टर्ड-पोस्ट द्वारा उपकरण भिजवा सकते हैं।

इसका ख़र्च मैं आपको भिजवा दूँ या मेरा मित्र वहाँ से आप तक राशि पहुँचा देगा। यदि आप वहाँ ऑर्डर दे देंगे तो ब्रैंडनबर्ग चीज़ें पैक करके प्रेषित कर देंगे। मेरे मित्र का पता निम्न है–

डॉ. एस.एन. कौल, एम.बी.बी.एस.
109, हेऊट रोड, इलाहाबाद

आशा है आप समय-समय पर श्री फ़ाल्टिस से मिलते रहेंगे। आपकी सहायता से उन्हें प्रोत्साहन मिलेगा। यदि श्री माथुर कुछ समय विएना में रुक सके तो वे श्री फ़ाल्टिस के सहायक हो सकते हैं। मेरे विचार में यह अच्छा रहेगा कि डॉ. फ़ाल्टिस से कहकर भारत के सांस्कृतिक विषयों पर भाषण आयोजित कराये जायें। इस दिशा में आगे कार्य करने का कष्ट करें। आशा है आप पूर्णतः स्वस्थ हैं। पत्र के प्रारम्भ में मैंने अपना पता लिख दिया है। सोमवार प्रातः मैं पेरिस के लिए निकलूँगा। वहाँ मेरा पता होगा–द्वारा द अमेरिकन एक्सप्रेस कम्पनी, 11, रू स्क्राइब, पेरिस।

आपका शुभाकांक्षी
सुभाष चन्द्र बोस

सन्तोष कुमार सेन को

द्वारा एन. डी. जावेरी
14, एवेन्यू वैन, डेन वेस्ट
एटवर्प (बेल्ज़ियम)
23 जनवरी, 1936

प्रिय डॉ. सेन,

कल मैं आपको डॉ. कौल का पत्र भेजना भूल गया। अतः आज भेज रहा हूँ। यदि आप ब्रैंडनबर्ग को कह देंगे तो वे चीज़ें बम्बई भिजवा देंगे। आपको केवल

उपकरणों का चुनाव करना है और उन्हें कहना है कि चीजें रजिस्टर्ड-डाक द्वारा भेजें। गैरोला से कहें वह आपको ब्रैंडनबर्ग से मिलवा देगा। मुझे ठीक से उनका नाम याद नहीं लेकिन लगता है कि उनका नाम ब्रैंडनबर्ग ही है।

क्या आप मेरा एक और काम कर देंगे? क्या आप किसी ट्रांसपोर्ट कम्पनी से पूछकर मुझे सूचित कर सकेंगे कि यदि मैं कुछ सामान विएना से ट्रीस्टे भेजना चाहूँ तो इस पर कितना व्यय आयेगा। मेरा विचार है हमें मालगाड़ी का उपयोग करना चाहिए। क्योंकि फ़रवरी के अन्त में मेरा जहाज़ ट्रीस्टे से रवाना होगा। फिर भी आप मालगाड़ी व पैसेंजर गाड़ी दोनों का किराया पूछ लें। ट्रीस्टे में जहाज़ विक्टोरिया में मेरा सामान चढ़ाने की ज़िम्मेदारी उनकी रहेगी। इस विषय में आप लॉयड ट्रीस्टीनों से भी बात कर सकते हैं कि क्या वे इस कार्य को कर पायेंगे, इसके अलावा आप श्रीमती वैटर से भी सलाह ले सकते हैं।

27 जनवरी तक मैं यहाँ रहूँगा। उस दिन पेरिस के लिए रवाना होऊँगा और 30 तारीख़ को हावरे से डब्लिन जाऊँगा। डब्लिन में मेरा पता होगा—

द्वारा द अमेरिकन एक्सप्रेस कम्पनी

11, रू स्क्राइब, पेरिस

13 तारीख़ को पुनः पेरिस से डब्लिन पहुँचूँगा। आशा है आप पूर्णतः स्वस्थ हैं।

आपका शुभाकांक्षी

सुभाष चन्द्र बोस

ई. वुड्स को

द्वारा एन. डी. जावेरी

14, एवेन्यू वान डेन वेस्ट

एटवर्प

23 जनवरी, 1936

प्रिय श्रीमती वुड्स,

अब तक बर्लिन से भेजा मेरा पत्र आपको मिल चुका होगा। मैंने जहाज़ में बर्थ (एस.एस. वाशिंगटन) बुक करा ली है जो हावरे से 30 को चलकर 31 जनवरी को कोभ पहुँचेगी। आयरलैंड कितने दिन रुकूँगा वहाँ के कार्यक्रम पर निर्भर करेगा। वापसी के लिए दो जहाज़ हैं—एक 4 फ़रवरी को और दूसरा 12 फ़रवरी को। मैं कोई सी. भी ले सकता हूँ, लेकिन 12 फ़रवरी तक मुझे हर हालत में पहुँचना ही है।

26 तारीख़ तक यहाँ हूँ। 27 तारीख़ को पेरिस के लिए निकलूँगा। वहाँ मेरा पता है—

द्वारा द अमेरिकन एक्सप्रेस कम्पनी

11, रू स्क्राइब

पेरिस-IV

बर्लिन में मुझे आपका 15 तारीख़ का पत्र मिला। शुभकामनाओं सहित।

आपका शुभाकांक्षी

सुभाष चन्द्र बोस

मेरा टेलिग्राफ़िक पत्र का पता है—केयर दइयाभाई, एटवर्प।

पेरिस में मेरा टेलिग्राफ़िक पता है—केयर अमेक्सको, 96, पेरिस

नाओमी सी. वैटर को

एटवर्प

24 जनवरी, 1936

शुक्रवार

माननीय एन. सी. वैटर

विएना-IV

व्हीरिंगर स्ट्रीट 41, (आस्ट्रिया)

प्रिय श्रीमती वैटर,

आपका कार्ड आज प्रातः मिला। बहुत-बहुत धन्यवाद। बर्लिन में आपके पत्र (2) मिले। आज हम कार से स्पा जा रहे हैं जहाँ रास्ते में वाटरलू तथा अन्य स्थान देखेंगे। कल वापिस लौटेंगे और रविवार को पेरिस के लिए रवाना होऊँगा। वहाँ भारतीय व्यापारियों की एक छोटी-सी कॉलोनी है, जो मुझ पर सदा कृपालु रहे हैं। अलग से मैं एटवर्प पेपर भिजवा रहा हूँ जिसमें मेरा वह साक्षात्कार छपा है जो मैंने यहाँ दिया था। पेरिस में मेरा पता है—

द्वारा द अमेरिकन एक्सप्रेस कम्पनी

11, रू स्क्राइब

पेरिस-IX

30 तारीख़ को मैं हावरे से आयरलैंड के लिए रवाना होऊँगा और वहाँ से पेरिस वापिस लौटूँगा। 28 फ़रवरी को पेरिस व जेनेवा होते हुए भारत के लिए रवाना होऊँगा। कृपया कार्ड के लिए क्षमा करें। सादर।

आपका शुभाकांक्षी

सुभाष सी. बोस

ई. वुड्स को

होटल अबेंसेडर
16, बोलेवर्ड हौसमन
पेरिस-9
26 जनवरी, 1936

प्रिय श्रीमती वुड्स,

20 जनवरी का संलग्नक सहित आपका पत्र मिला। धन्यवाद। एटवर्प से आज ही पेरिस पहुँचा हूँ। आशा है मेरा एटवर्प से लिखा पत्र आपको मिल गया होगा।

जैसा कि मैं आपको पहले भी बता चुका हूँ, मैं 30 जनवरी को हावरे से रवाना होऊँगा। वहाँ से डब्लिन के लिए गाड़ी लूँगा। जब मैं कोभ पहुँचूँगा तब वहाँ आपका सन्देश पाकर प्रसन्न होऊँगा या आपके स्थान पर आपका कोई मित्र कोभ में मुझे मिल सकता है।

मैंने डब्लिन होटल में कोई कमरा बुक नहीं किया है। मेरा विचार शैल्बोन के यहाँ रुकने का है। यदि पहले से कमरा आरक्षित करवाना आवश्यक हो तो कृपया करवा दें।

*...

(*पत्र का यह अंश उपलब्ध नहीं है—सम्पादक)

नाओमी सी. वैटर को

होटल अम्बेसडर
बोलेवर्ड हौसमन
पेरिस-9
27 जनवरी, 1936

माननीय एन.सी. वैटर
विएना-IX
व्हीरिंगर स्ट्रीट 41, (आस्ट्रिया)

प्रिय श्रीमती वैटर,

कृपया इस कार्ड के लिए क्षमा करें। पेरिस के पते पर भेजे आपके दो पत्र मिले, धन्यवाद। कल मैं यहाँ पहुँच गया था और हावरे से 30 जनवरी को नाव द्वारा डब्लिन के लिए रवाना हुआ था। उसी होटल में ठहरा हूँ। कृपया उपर्युक्त पते पर ही पत्र लिखें।

आपका शुभाकांक्षी
सुभाष चन्द्र बोस

नाओमी सी. वैटर को

यूनाइटेड स्टेट्स लाइंस
(हावरे के निकट, फ्रांस)
30 जनवरी, 1936

प्रिय श्रीमती वैटर,

मित्रों से कुछ देर के लिए छुटकारा पाकर पत्र लिखने का कुछ समय निकाल पाया हूँ। विएना छोड़ने के बाद से आपको कोई लम्बा पत्र नहीं लिख पाया। क्षमा चाहता हूँ, किन्तु दोष सिर्फ़ मेरा ही नहीं है। जब मैं अकेला होता था तो बेहद थका हुआ होता था। जब लिखने की हालत में होता था तो मित्रों से घिरा रहता था।

पहले प्राग के बारे में, बी. से मेरा बहुत दिलचस्प वार्तालाप हुआ। अतिव्यस्त होने के बावजूद वे मुझे लेने आये। वेटिंग रूम में मुझे पता चला कि फ्रेंच और आस्ट्रियन राजदूत मेरी अगवानी कर रहे थे। उसी रात मैं बर्लिन के लिए रवाना हो गया।

बर्लिन में मैंने पाया कि, पिछले वर्ष की अपेक्षा, इस वर्ष आर्थिक स्थिति बहुत ख़राब है। दिलचस्प बात यह थी कि लोग सरकार की आलोचना कर रहे थे, जबकि पहले वे ऐसा करने का साहस नहीं करते थे। 'हाज़-फ्रां' जाति बहुत असन्तुष्ट थी, क्योंकि मक्खन, अंडे आदि मिलने में बहुत कठिनाई हो रही थी। सरकार इन महिलाओं को सुगमता से जेल में भी डाल नहीं सकती थी। बाहर से सब शान्त प्रतीत होता था। 1933 या 1935 में जैसी आक्रामक सेना देखी थी वह भी अब नहीं थी। सम्भवतः कारण यह है कि सैनिक व्यापार रिशव्हर के नियन्त्रण में है। कई लोगों से पता चला कि जनता अब शान्ति चाहती है, क्योंकि आर्थिक दशा बहुत ख़राब है। जर्मनी पूर्णतः ब्रिटिश साम्राज्य के पक्ष में है। बर्लिन में भारतीयों की एक कालोनी है जहाँ एक बैठक का आयोजन किया गया है। जनवरी में वे कांग्रेस जुबली समारोह आयोजित करेंगे।

बर्लिन से कॉलोन व ब्रसेल्स गया और वहाँ से एटवर्प। एटवर्प में भारतीय व्यापारियों की एक कॉलोनी है जो हीरे-जवाहरात का व्यापार करते हैं। मैं उनका अतिथि था अतः उन्होंने मेरा ख़ूब स्वागत किया। वहाँ से हम लोग ब्रसेल्स, स्पा, वाटरलू तथा अन्य निकटवर्ती स्थल देखने गये। मैंने आपको एटवर्प से प्रकाशित होने वाले पत्र 'ले मैटिन' की प्रति भेजी थी जिसमें मेरा साक्षात्कार छपा था।

पेरिस में मेरे पास अधिक समय नहीं था। फिर भी मुझे कुछ विशिष्ट व्यक्तियों से मिलने का सौभाग्य प्राप्त हुआ जिनमें आंद्रेगाइड, फैलिशिन चैले (शान्तिदूत), श्री डेनरी (यूनिवर्सिटी के राजनीतिशास्त्र विभाग के प्रोफ़ेसर) मैडम ड्रीवर्ट (जिनेवा की अन्तरराष्ट्रीय महिला लीग की भूतपूर्व सचिव) आदि शामिल हैं।

पन्द्रह दिन बाद जब पेरिस लौटूँगा तो कुछ अन्य लोगों से भी मिलूँगा। वे मेरे लिए ऐसे दो सम्मेलन आयोजित कर रहे हैं जिसमें मैं ऐसे महानुभावों से मिल सकूँगा जो भारत के पक्ष में हैं। बॉश महोदय आजकल मन्त्री हैं। अतः उपलब्ध होंगे कहना-कठिन है। ब्लम महोदय चुनाव में व्यस्त हैं किन्तु जब मैं पेरिस लौटूँगा तो उनसे मिलने का प्रयास अवश्य करूँगा। 14 फ़रवरी को मेरा पेरिस लौटने का विचार है और फिर एक सप्ताह यहाँ रहूँगा।

लेटरहैड से आपको पता चल गया होगा कि मैं हावरे में जहाज़ पर हूँ। कल दोपहर या शाम हम आयरिश बन्दरगाह कोर्क पहुँचेंगे। अगली सुबह डब्लिन के लिए ट्रेन पकड़ूँगा। डब्लिन के विदेश-विभाग ने मुझे सूचित किया है कि प्रेज़ीडेंट डी वेलेरा, मेरा वहाँ पहुँचने पर, मेरी अगवानी करेंगे और सबसे पहले प्रेज़ीडेंट महोदय से मेरी मुलाक़ात आयोजित की गयी है।

मेरी भारत यात्रा स्थगित हो गयी है। क्योंकि भारतीय कांग्रेस मार्च के स्थान पर अप्रैल में अधिवेशन आयोजित कर रही है। इसलिए मेरा विचार बन रहा है कि पेरिस और जेनेवा का अपना कार्य पूरा करने के बाद मैं बैडगस्टीन में अपना इलाज़ करवा लूँ। यदि अधिवेशन मार्च में होता तो मैं इटली से ट्रीस्टीनो से रवाना हो जाता किन्तु अब सोचता हूँ कि मर्सिलेस से पी. एंड ओ. जहाज़ द्वारा जाऊँ। परिणामस्वरूप, मेरा विएना आना सम्भव नहीं हो पायेगा।

आपके सभी पत्र 13 व 14 तारीख़ का पत्र, 20 जनवरी के दो पोस्टकार्ड तथा 23 जनवरी के दो पत्र मिल गये थे।

बार-बार मैंने आपके पत्रों को पढ़ा है। आपके कृपा का धन्यवाद किस प्रकार करूँ? लोगों को आश्चर्य होता है कि मैंने पिछले तीन वर्षों में सबसे अधिक समय विएना में ही क्यों बिताया, किन्तु मुझे कोई आश्चर्य नहीं।

मैं जहाँ भी गया, मौसम गर्म था, जनवरी के मौसम को देखते हुए पेरिस में तो ओवरकोट में काफ़ी गर्मी महसूस हुई और चलते समय काफ़ी पसीना भी आया।

अभी तक मैंने भारत के लिए अपनी बर्थ बुक नहीं करवाई है। 28 फ़रवरी की लॉयड ट्रीस्टीनो में बुक करवाई गयी बर्थ कैंसिल करवानी पड़ेगी और मुझे ब्रिटिश जहाज़, जिसे मैं नापसन्द करता हूँ, से यात्रा करनी पड़ेगी। किन्तु इस विषय में कुछ नहीं किया जा सकता, क्योंकि किसी अन्य कम्पनी का समय मेरे अनुकूल नहीं है।

आज फ्रेंच राजनीति हास्यास्पद स्थिति में है। लेफ्ट और राइट दोनों ही पार्टियाँ बहुत मज़बूत हैं। आगामी चुनाव लेफ्ट पार्टी को सुदृढ़ करेंगे, किन्तु अधिक नहीं। राइट पार्टियाँ ब्रिटिश साम्राज्य की विरोधी हैं और लेफ्ट पार्टियाँ उसके पक्ष में हैं तथा ब्रिटिश लेबर पार्टी के अत्यधिक निकट हैं।

डब्लिन से लौटने के बाद पेरिस में एक सप्ताह व्यतीत करने के पश्चात ही पेरिस के सम्बन्ध में कुछ लिख पाऊँगा। विएना की भाँति पेरिस भी स्वर्गीय राजा जार्ज के लिए शोकग्रस्त है।

पेरिस में मुझे एक भारतीय सज्जन मिले जो माननीय अधिकारों की लीग को निकट से जानते हैं। वे ऐसा प्रबन्ध कर देंगे कि पेरिस लौटने के पश्चात मैं लीग के कुछ महत्त्वपूर्ण सदस्यों (माननीय बॉश सहित) से मिल सकूँगा।

सेटोन वाट्सन के सम्बन्ध में कुछ और जानकारी चाहूँगा। क्या वे चेकोस्लोवाकिया के पक्षधर हैं? वहाँ एक चेकोस्लावाकिया के पक्षधर अंग्रेज़ी के पत्रकार हैं जिन्होंने आक्सफोर्ड यूनिवर्सिटी में चेकोस्लोवाकिया पर भाषण दिया था, उन्होंने कौन-सी पुस्तकें लिखी हैं?

मुझे आशा है कि 'मॉडर्न रिव्यू' खुशी-खुशी डॉ. वैटर का भाषण प्रकाशित कर देगा। मैंने उन्हें कह दिया है कि जब भाषण प्रकाशित हो जाये तो वे रिव्यू की प्रति आपको आपके पते पर प्रेषित कर दें। विएना में कांग्रेस जुबली समारोह में दिया गया डॉ. वैटर का भाषण बहुत ही संवेदनशील, गरिमापूर्ण एवं पांडित्यपूर्ण था। चाय पार्टी (हार्टमान के यहाँ) में दिया उनका भाषण भावपूर्ण एवं मार्मिक था।

वहाँ मौसम कैसा है? विएना के बाहर सब जगह मौसम बहुत अच्छा है। आप दोनों को शुभकामनाएँ।

आपका शुभाकांक्षी
सुभाष चन्द्र बोस

पुनश्च : मेरा लेख इतना ख़राब है कि आप इसे समझ भी पायेंगी या नहीं!

सुभाष चन्द्र बोस

अमिय चक्रवर्ती को

डब्लिन
8 फ़रवरी, 1936

प्रिय अमिय,

7 तारीख़ का तुम्हारा पत्र आज मिला। 14 तारीख़ को मैं पेरिस पहुँचूँगा और फिर 5 से 7 दिन तक वहाँ रहने के बाद जेनेवा के लिए निकलूँगा। मेरा पता है—होटल अम्बेसेडर, बोलेवार्ड, हॉसमान, पेरिस 9।

मित्रों ने वहाँ कई लोगों से मुलाक़ात का प्रबन्ध किया है। अभी पूर्ण विवरणों की जानकारी मुझे नहीं है। पेरिस पहुँचकर ही कुछ पता चलेगा। अच्छा रहेगा यदि तुम भी उसी होटल में ठहरो तो चर्चा के लिए समय मिल पायेगा।

अधिक नहीं लिखूँगा। मिलने पर ही सब विषयों पर चर्चा करेंगे।

सदैव,

तुम्हारा
सुभाष चद्र बोस

नाओमी सी. वैटर को

होटल अम्बेसेडर
16, बोलेवरा हासमन,
पेरिस
26 फ़रवरी, 1936

प्रिय श्रीमती वैटर,

बहुत दिन से पत्र नहीं लिख पाया, क्षमाप्रार्थी हूँ। आयरलैंड और फिर पेरिस में बहुत व्यस्त रहा। क्या आयरिश अख़बारों की कुछ कटिंग्स आपको मिलीं?

आज पेरिस से चलकर 29 तारीख़ को बैगस्टीन पहुँचूँगा। रास्ते में लुसाने में श्री नेहरू से तथा विलेन्यूव में रोला महोदय से मिलूँगा।

जब तक मैं बैगस्टीन में निश्चित होकर बैठ नहीं जाता तब तक लम्बा पत्र नहीं लिख पाऊँगा। वहाँ मैं कुरहॉस हॉकलैंड में ठहरूँगा।

मैं श्री विक्टर बॉश तथा श्री ग्यूरनेट, शिक्षामन्त्री से मिला। आपने परिचय करवाया इसके लिए आभारी हूँ।

डॉ. वैटर व आपको अनेकों शुभकामनाएँ।

आपका शुभाकांक्षी
सुभाष चन्द्र बोस

पुनश्च : 20 मार्च के आस-पास भारत के लिए रवाना होऊँगा।

सु. च. बोस

सन्तोष कुमार सेन को*

कुरहॉस हॉकलैंड
बैगस्टीन
3 मार्च, 1936

प्रिय डॉ. सेन,

आज प्रातः यहाँ पहुँचा हूँ। लगभग डेढ़ माह बाद कुछ शान्ति मिली है। पिछला एक-डेढ़ महीना अत्यधिक व्यस्तता में बीता। प्राग, बर्लिन, ब्रसेल्स, पेरिस,

---

*मूल बंगला से अनूदित।

आयरलैंड फिर पेरिस व लूसानने आदि स्थानों की यात्रा करने के पश्चात पुनः आस्ट्रिया लौटा हूँ।

हिमालय की भाँति ही यहाँ की दृश्यावली भी बहुत मोहक है। चारों ओर बर्फ़-ही-बर्फ़ है और पर्वत श्रृंखलाएँ सुदृढ़ता व मज़बूती से खड़ी हैं।

फ़िलहाल मेरा इरादा 20 तारीख़ को मर्सिलेस से घर लौटने का है। आशा है घर लौटने वे पूर्व आपका आधा धन आपको लौटा सकूँगा। फ़िलहाल मुझे घर से पर्याप्त राशि प्राप्त नहीं हुई है, इसलिए आपका पैसा लौटाने में देर हुई।

22 पौंड का एक चेक साथ में भेज रहा हूँ। यदि आप वहीं चेक कैश करवा लें और पैसा मुझे भिजवा दें तो बेहतर रहेगा। आप जानते ही होंगे कि आस्ट्रिया में रजिस्टर्ड-चेक या पत्र भेजने पर कोई प्रतिबन्ध नहीं है। चेक कैश करवाने के बाद आप मनीऑर्डर द्वारा या रजिस्टर्ड पत्र द्वारा राशि मुझे भिजवा सकते हैं। रजिस्टर्ड पत्र द्वारा भेजने पर व्यय कम होगा। रजिस्टर्ड पत्र पर ठीक प्रकार मोहर लगाना न भूलें। यदि खुदरा पैसे हों तो उनकी स्टाम्पस ख़रीद कर भिजवा दें। कृपया शीघ्र और सावधानीपूर्वक राशि भिजवाने की व्यवस्था कर दें।

आशा है आप पूर्ण स्वस्थ हैं। अब कुछ थकान-सी महसूस कर रहा हूँ।

आपका शुभाकांक्षी
सुभाष चन्द्र बोस

पुनश्चः— 27 जनवरी का आपका पत्र बहुत दिन पूर्व मिल गया था।

जवाहरलाल नेहरू को

कुरहॉस हॉकलैंड
बैगस्टीन (आस्ट्रिया)
4 मार्च, 1936

प्रिय जवाहर,

लम्बी और थका देनेवाली यात्रा के उपरान्त कल सुबह यहाँ पहुँचा। यहाँ शान्त और सुन्दर वातावरण है। मैं चाहता हूँ कि आप अपने आपको भँवर में डालने से पूर्व यूरोप में कुछ आराम कर लेते।

आपसे मिलने के बाद से निरन्तर यही विचार कर रहा हूँ कि जिन विषयों पर आपसे बात हुई क्या उन पर मुझे कोई मत जारी करना चाहिए। मेरा विचार है कि मुझे करना चाहिए क्योंकि इस बात की पूरी सम्भावना है कि मुझे पुनः जेल भेजा जायेगा, और वहाँ कुछ लोग ऐसे अवश्य हैं जो मेरा मत जानने के इच्छुक हैं। कम-से-कम शब्दों में मैं अपना मत प्रकट करूँगा और स्पष्ट रूप में कहूँगा कि मैंने आपको सहयोग देने का दृढ़ निश्चय कर लिया है।

आज के मुख्य नेताओं में से आप ही एक ऐसे नेता हैं जो कांग्रेस को प्रगति की ओर ले जा सकते हैं। वैसे भी आपकी स्थिति अलग है और महात्मा गाँधी भी, शायद किसी अन्य व्यक्ति की अपेक्षा, आपके प्रति अधिक उदार रहेंगे। आशा है आप निर्णय लेने में अपनी लोकछवि की शक्ति का भी उपयोग करेंगे। कृपया कभी भी अपनी स्थिति को कमज़ोर न समझें। महात्मा गाँधी ऐसा कोई क़दम नहीं उठायेंगे जो आपके हित में न हो।

जैसाकि मैंने पिछली बातचीत के दौरान भी आपको सुझाया था कि आपका तात्कालिक कार्य द्विपक्षीय होगा।

1. हर प्रकार से कार्यालय पद से स्वयं को अलग रखना।

2. कैबिनेट का अधिक-से-अधिक विस्तार करना।

यदि आप ऐसा कर पाये तो कांग्रेस को नैतिक पतन से बचाकर बर्बाद होने से बचा लेंगे।

बड़ी समस्याओं का समाधान बाद में भी खोजा जा सकता है, किन्तु कांग्रेस के नैतिक पतन को तत्काल रोकना आवश्यक है।

यह जानकर बहुत प्रसन्नता हुई कि आप कांग्रेस का विदेश-विभाग खोलना चाहते हैं। यह विचार मेरे विचारों से मेल खाता है।

पत्र को अधिक लम्बा नहीं करूँगा क्योंकि आप जाने की जल्दी में होंगे और जाने से पूर्व कई कार्य निपटाने होंगे। यात्रा के लिए शुभकामनाएँ। उस दुरूह कार्य, जो आपकी प्रतीक्षा में है, की सफलता की कामना करता हूँ। यदि मुझे लखनऊ आने की आज्ञा मिल सकी तो मेरी सेवाएँ भी आपके प्रति समर्पित होंगी।

आपका अपना
सुभाष

सन्तोष कुमार सेन को*

कुरहॉस हॉकलैंड
बैगस्टीन
4 मार्च, 1936

प्रिय डॉ. सेन,

कल आपको पत्र लिखा था और एक चेक भी भेजा था। आशा है कि आपको जल्दी ही मिल जायेगा।

*मूल बंगला से अनूदित।

क्या उदय शंकर का कोई समाचार है? मुझे शक है कहीं वह अग्निहोत्री के हाथों का खिलौना न बन गया हो। आपने शायद उदय शंकर के एजेंट से सम्पर्क किया हो या उसके पते पर उसे पत्र लिखा हो। विएना से मैंने उदय शंकर को केरो तथा अलेक्ज़ैंड्रा के पते पर पत्र लिखे थे, किन्तु उनका कोई उत्तर नहीं मिला। इस कारण मुझे चिन्ता हो गयी है।

पेरिस में मुझे एक भारतीय विद्यार्थी ने बताया कि वे उपचार के लिए विएना जाना चाहते हैं। मैंने उन्हें तुम्हारा नाम और पता भी दिया और तुम्हें पत्र लिखने को कहा है। घर पर भी दो-तीन लोगों को तुम्हारा नाम व पता दिया है।

आशा है आप सभी लोग स्वस्थ हैं। आपसे विस्तृत समाचार पाने की आशा रखता हूँ। मैं ठीक-ठाक हूँ।

आपका शुभाकांक्षी

सुभाष चन्द्र बोस

पुनश्च : क्या कोई नया व्यक्ति वहाँ आया है।

सन्तोष कुमार सेन को*

कुरहॉस हॉकलैंड

बैस्टीन

4 मार्च, 1936

प्रिय डॉ. सेन,

गैरोला के लिए आज एक पत्र मिला। मुझे विएना आने के लिए आमन्त्रित किया है, यही कहने के लिए पत्र लिखा है। मेरा कोई ख़र्च नहीं होगा, क्योंकि आप, विमलाकीर्ति और गैरोला सारा ख़र्च वहन कर लेंगे। यात्रा का कारण यह है कि उदय शंकर विएना पहुँच रहा है। कृपया मुझे बतायें कि यह सब क्या है। मैं 20 मार्च या उसके आसपास मर्सिलेस से रवाना होना चाहता हूँ। इस दौरान यहाँ उपचार कराना चाहता हूँ। यदि विएना गया तो उपचार में बाधा उत्पन्न होगी। आर्थिक तंगी तो है, किन्तु वह बाधा नहीं है। अभी तक आपके तीस पाउंड लौटा नहीं पाया हूँ। फिर गैरोला की आर्थिक स्थिति को देखते हुए उस पर अतिरिक्त भार डालना उचित नहीं है। विमलाकीर्ति की आर्थिक दशा का मुझे कोई ज्ञान नहीं है। मैं नहीं जानता कि गैरोला ने तत्काल व स्पष्ट रूप से लिखा है या नहीं। उदय शंकर का संवाददाताओं का समारोह कब है? पहला प्रदर्शन कब है? एक और बात। ब्रिस्टल होटल में हमारा राष्ट्रीय झंडा छूट गया था। क्या आप उसे वापिस ले आये हैं?

---

*मूल बंगला से अनूदित।

विएना के उदाहरण का अनुकरण करते हुए बर्लिन और पेरिस में रह रहे भारतीय फ़रवरी में राष्ट्रीय कांग्रेस की स्वर्ण जयन्ती मनाना चाहते हैं। अतः आपके प्रयासों के सार्थक परिणाम सामने आ रहे हैं।

यदि जहाज़ में प्रथम श्रेणी में यात्रा कर सकता तो अपने घर वायुयान से जाता, क्योंकि मर्सिलेस से बम्बई तक का किराया और रोम से कराची तक का वायुयान का किराया बराबर के लगभग ही होगा। वायुयान के किरायों में आजकल कमी आयी है और फिर रोम से कराची जाने में डच वायुयान केवल दो-ढाई दिन लेता है। किन्तु धनाभाव के कारण मुझे द्वितीय श्रेणी में यात्रा करनी पड़ेगी (तथा पी.एंडओ.) और लॉयड ट्रीस्टीनो बम्बई समय पर नहीं पहुँचेंगे।

माथुर ने लिखा है कि शायद आप भी यहाँ आयेंगे। यदि आप आ रहे हैं तो कृपया मुझे सूचित करें ताकि मैं मकान मालकिन से कहकर कमरे की व्यवस्था करा सकूँ। मेरा विचार है कि चिकित्सक यहाँ बिना शुल्क नहा सकते हैं। किन्तु आने से पूर्व वैधानिक पत्र प्राप्त कर लें कि आप पूर्ण चिकित्सक हैं यदि सस्ता टिकट ख़रीदना चाहें तो इस प्रकार टिकट ख़रीदें—विएना बैगस्टीन-बैगस्टीन-विएना-चेकोस्लोवाक फ्रंटियर (ब्राटीस्लावा के निकट)। यदि ऐसे टिकट लेंगे तो पूरे मार्ग पर 60 प्रतिशत कम व्यय होगा। यहाँ ऐसा नियम है कि विदेशी को फ्रंटियर स्टेशन तक का टिकट ख़रीदना होगा। यदि बैगस्टीन आ जाये तो विएना लौटने के बाद टिकट फाड़ दें। आशा है वहाँ सभी ठीक-ठाक हैं।

आपका शुभाकांक्षी
सुभाष चन्द्र बोस

नाओमी सी. वैटर को

कुरहॉस हॉकलैंड
बैगस्टीन
5 मार्च, 1936

माननीय एन. सी. वैटर
विएना-IX
व्हीरिंगर स्ट्रीट-41
प्रिय श्रीमती वैटर,

आपके दो कृपा पत्र मिले (दूसरा पत्र यहाँ पेरिस से मिला)। यह बताने के लिए पत्र लिख रहा हूँ और अभी तक उनका उत्तर नहीं दे पाया हूँ। पेरिस में बहुत व्यस्त रहा और फिर लुसाने में जहाँ श्रीमती नेहरू ने 28 फ़रवरी को दम तोड़ा।

उनके पति व पुत्री अन्तिम समय में उनके पास थे। श्री नेहरू 7 मार्च को वायुयान द्वारा भारत लौट रहे हैं। यहाँ का मौसम और सुन्दर है (यद्यपि हवाएँ चल रही हैं) तथा छह हफ्तों की चिन्ता के बाद बहुत आराम है। 20 मार्च को मर्सिले से जहाज़ में बैठना चाहता हूँ। डॉ. वैटर और आपको सादर!

आपका शुभाकांक्षी
सुभाष चन्द्र बोस

ई. वुड्स को

कुरहॉस हॉकलैंड
बैगस्टीन
(आस्ट्रिया)
5 मार्च, 1936

प्रिय श्रीमती ई. वुड्स,

आप सोच रही होंगी कि डब्लिन छोड़कर कैसा अजीब व्यक्ति है, ग़ायब हो गया। किन्तु मैं अपनी इस ग़लती के लिए क्षमा भी नहीं माँग सकता। डब्लिन छोड़ने के बाद से भँवर में फँसा हुआ था और अब जाकर कुछ समय निकाल पाया हूँ।

डब्लिन से रवाना होकर उसी रात कुमारी मैक्स्वीनी से मिला। अच्छा किया जो मैंने ट्रेन पकड़ ली, क्योंकि नाव अगली प्रातः रवाना होनी थी। अतः मैं कुमारी मैक्स्वीनी को अगली सुबह दुबारा नहीं मिल पाया।

समुद्र चंचल था, अतः रास्ते भर तबीयत ख़राब रही। जहाज़ पर से आपको लम्बा पत्र लिखने का विचार त्यागना पड़ा।

पेरिस पहुँचते ही बहुत व्यस्त हो गया और लोगों से घिरा रहा। रात में जब सोने लगा तो इतना थक गया कि लम्बा पत्र लिख पाना सम्भव नहीं हुआ।

फिर पेरिस छोड़ कर श्रीमती व श्री नेहरू को मिलने लुसाने चला गया। श्रीमती नेहरू गम्भीर रूप से बीमार थीं और मैं वहीं था जब श्रीमती नेहरू ने दम तोड़ा। उनके अन्तिम संस्कार आदि की व्यवस्था करनी थी अतः सारा दिन व्यस्त रहे। श्री नेहरू शीघ्र ही भारत के लिए रवाना होंगे क्योंकि उन्हें अप्रैल के प्रारम्भ में लखनऊ में आयोजित राष्ट्रीय कांग्रेस सम्मेलन की अध्यक्षता करनी है। लुज़ाने में जलोपचार व कुछ आराम करने के लिए मैं यहाँ लौट आया। मदिरा की भाँति यह स्नान भी अत्यधिक प्रभावी है। लगातार यात्रा के कारण बहुत थक गया हूँ और कुछ चिन्तित भी हूँ। इस आराम से कुछ लाभ पहुँचेगा और फिर मैं 20 मार्च के आस-पास मर्सिलेस से रवाना होऊँगा।

डब्लिन में मेरे आवास के अन्तिम दिनों के दौरान पेट के अन्दर एक ख़ास किस्म का दर्द होने लगा था जो लगातार रहता था। ऐसा दर्द पहले कभी नहीं हुआ। इसके बारे में मैंने किसी को कुछ नहीं बताया, क्योंकि मैं किसी को चिन्ता में डालना नहीं चाहता था। पेरिस आने के कुछ दिन बाद वह दर्द स्वयं ख़त्म हो गया।

डब्लिन आवास के दौरन आपकी सहायता का मैं सदैव आभारी रहूँगा, मेरे पास बहुत-सी ख़ूबसूरत यादें हैं। आपकी पुत्रियों ने भी मेरा बहुत ध्यान रखा, विशेषरूप से एंडा तो बहुत देखभाल करने वाली बच्ची है। उन सभी को मेरा बहुत-बहुत धन्यवाद।

कह नहीं सकता दुबारा कब मुलाक़ात होगी। हमारे एक प्राचीन कवि भवभूति ने लिखा है—'समय शाश्वत है और पृथ्वी बहुत विस्तृत है।'—अतः सम्भव है फिर कभी भेंट हो, किन्तु उस स्थिति में नहीं जैसे शैल्बर्न होटल में मैंने जेल सुपरिंटेंडेंट को आश्चर्य में डाल दिया था।

कुछ ही दिनों में पुनः आपको लिखूँगा कि हमें क्या करना चाहिए—क्या कर सकते हैं भारत और आयरलैंड के आपसी अनुबन्ध को जारी रखने के लिए। मेरे डब्लिन छोड़ने के बाद क्या आपकी मुलाक़ात मैडम मैकब्राइड से हुई? उसके बाद से क्या कोई नयी प्रगति हुई?

अपने बेटे-बेटियों को मेरी ओर से प्यार दें और आपको सादर प्रणाम।

आपका शुभाकांक्षी

सुभाष चन्द्र बोस

सन्तोष कुमार सेन को*

बैगस्टीन

(बिना तिथि के)

(पोस्टमार्क में तिथि-5 मार्च, 1936-सम्पादक)

गैरोला के पत्र से समझ नहीं पा रहा कि उदय शंकर अग्निहोत्री के शिकंजे से आज़ाद हुआ या नहीं। यदि आपको उसका (उदय शंकर) पत्र नहीं मिला तो कृपया तत्काल उसे पत्र लिखें, बुडापेस्ट के पते पर और उसे अग्निहोत्री से सावधान रहने को कहें। कृपया यह कार्य अवश्य कर दें। आप उदय शंकर के एजेंट से उसका बुडापेस्ट का पता आसानी से प्राप्त कर सकते हैं।

आपका शुभाकांक्षी

सुभाष चन्द्र बोस

*मूल बंगला से अनूदित।

सन्तोष कुमार सेन को*

कुरहॉस हॉकलैंड
बैगस्टीन
6 मार्च, 1936

प्रिय डॉ. सेन,

आपका एक्सप्रेस पत्र व 587 शिलिंग आज ही मिले। मुझे आशा नहीं थी कि आप इतनी जल्दी भिजवा सकेंगे।

घर लौटने से पहले, विएना आने की मेरी बड़ी इच्छा थी, किन्तु यह सम्भव नहीं हो पायेगा। गैरोला का पत्र मिलने के पश्चात मुझमें काफ़ी उत्साह पैदा हो गया था, किन्तु फिर गम्भीरता से विचार करने पर इस निर्णय पर पहुँचा कि यह सम्भव नहीं होगा। विएना छोड़ने के बाद से इतनी जगहों की यात्रा करके और तरह-तरह का खाना खाकर बहुत कमज़ोर और थका हुआ महसूस कर रहा हूँ।

डब्लिन में एक दिन अचानक नये किस्म का पेट दर्द शुरू हो गया जैसा पहले कभी नहीं हुआ था। लुसाने में श्रीमती नेहरू की मृत्यु के कारण बहुत विषाद और कठिनाइयों का सामना करना पड़ा। अब घर लौटने से पूर्व दो-तीन सप्ताह तक अपने स्वास्थ्य पर ध्यान देना अति आवश्यक है। यहाँ के उपचार में 'स्नान' शामिल है। कुल मिलाकर 29 बार स्नान करना आवश्यक है जिसमें 25-27 दिन लग जाते हैं। मैं 21 'स्नान' नहीं कर पाऊँगा क्योंकि 20 मार्च को मुझे मर्सिलेस से रवाना होना है। इसका अर्थ है कि मुझे यहाँ से 18 को या उसक आस-पास चल देना होगा। इस अवधि में केवल 14 बार स्नान कर पाऊँगा। यदि विएना जाऊँगा तो दो-तीन दिन और छोड़ने पड़ेंगे अतः मेरा बैगस्टीन आना कोई ख़ास उपयोगी सिद्ध नहीं हो पायेगा। इन सब परिस्थितियों के कारण मुझे विएना यात्रा का प्रस्ताव अस्वीकार करना पड़ रहा है। आज गैरोला को भी इसी प्रकार का पत्र भेज रहा हूँ।

बहुत अच्छा हो यदि आप सब लोग, जिस दिन वह वहाँ पहुँच रहा है, उसे लेने स्टेशन पहुँचें। फिर आपको तो प्रेस द्वारा आयोजित सम्मान में भी उपस्थित रहना चाहिए, मैं यहाँ से उसके बुडापेस्ट के पते पर अग्निहोत्री के विषय में पत्र लिख रहा हूँ। आशा है मेरा पत्र उसे समय पर मिल जायेगा। यदि प्रेस द्वारा आयोजित सम्मान समारोह में आप सब लोग उपस्थित रहेंगे तो अग्निहोत्री पर स्वतः प्रतिबन्ध लग जायेगा।

आपका शुभाकांक्षी
सुभाष चन्द्र बोस

---

*मूल बंगला से अनूदित।

अभिय चक्रवर्ती को*

कुरहॉस हॉकलैंड
बैगस्टीन, आस्ट्रिया
11 मार्च, 1936

प्रिय श्री चक्रवर्ती,

पेरिस में तुरन्त आपका पत्र मिला। खेद है मैं आपसे मिल नहीं पाया। जिन दो व्यक्तियों के नाम व पते आपने दिये थे, उनसे मैं मिला था। वे दोनों ही अद्‌भुत व्यक्ति हैं।

कई बातें आपके बताने को हैं–आज मैं एक या दो विषय उठाऊँगा। अख़बारों से आपको पता चल गया होगा कि हिटलर के भाषण से भारत में कितनी उत्तेजना है। मुझे लगता है कि फ़ेडरेशन की ओर से इसका तीव्र खंडन होना चाहिए। बहुत सोच-विचार के उपरान्त मैं ऐसा कह रहा हूँ। इस प्रकार के खंडन से लाभ ही होगा, हानि नहीं। मैं नहीं जानता कि जर्मनी में रह रहे भारतीय क्या करेंगे, शायद उनके लिए कुछ कर पाना कठिन भी है। हम जो लोग बाहर हैं, उनका कर्तव्य स्पष्ट है। इस विषय में आपको बिल्कुल भी हिचकिचाना नहीं चाहिए। यदि इस खंडन के लिए फ़ेडरेशन की अनुमति लेने में अधिक समय लगे या कोई अड़चन हो तो एक अध्यक्ष के नाते आप फ़ेडरेशन का उत्तर दे सकते हैं। यदि कुछ डरपोक लोग बाद में इस विषय पर कोई प्रश्न उठायेंगे तो आप कह सकते हैं कि अपने दो में मुझे हमेशा लोगों की सहमति मिलती रही है और उसी के अनुरूप मैंने कार्य किया है। इसलिए जब देश के लोग ज़ोरदार शब्दों में विरोध कर रहे हैं तो हम लोगों का, जो विदेश में रह रहे हैं, दुगुना कर्तव्य है कि इसका विरोध करें। बहुत सोच-विचार के उपरान्त मैंने भारतीय समाचार-पत्रों (भारत में) के लिए विरोध-पत्र भेजा है और जर्मनी के साथ व्यापार पर रोक लगाने के प्रस्ताव का समर्थन भी किया है। शीघ्र ही मैं जर्मन नेताओं के पास व्यक्तिगत विरोध भी प्रेषित करूँगा। किन्तु, क्योंकि मैं किसी संगठन से सम्बद्ध नहीं हूँ इसलिए मेरी आवाज़ का असर अधिक नहीं होगा। दो वर्ष पहले फ़ेडरेशन ने जो विरोध किया था उसका कुछ प्रभाव पड़ा था क्योंकि विदेश कार्यालय से बहुत नर्म उत्तर प्राप्त हुआ था। अपने विरोध में आप इस तथ्य का सन्दर्भ भी दे सकते हैं कि पत्र के भाव को ठीक प्रकार समझा नहीं गया है। बल्कि भारतीय लोगों का और अपमान किया गया है। शायद आपने देखा हो कि जापान में इसका अधिकाधिक विरोध हुआ है।

---

*मूल बंगला से अनूदित।

लखनऊ कांग्रेस का सम्मेलन 8 अप्रैल को होगा। मुझे उससे पहले वहाँ पहुँचना है। अतः मेरी यूरोप यात्रा समाप्त हो रही है और मुझे चलना ही चाहिए। आपके और अन्य मित्रों के विचारों की दिशा एक ही है, किन्तु इन बातों पर विस्तृत विचार-विमर्श पत्रों द्वारा सम्भव नहीं है। यह कहना व्यर्थ है कि जैसे ही मैं वहाँ लौटूँगा, गिरफ़्तार कर लिया जाऊँगा। यदि गिरफ़्तार नहीं होता तो आपके विचारों से सहमत हूँ कि हमें क्या करना चाहिए। घर जाने की जल्दी के कारण कही और आना-जाना अब सम्भव नहीं है। कुछ देशों की यात्रा की इच्छा पूर्ण हुए बिना ही रह गयी, किन्तु कई कारणों से इच्छा पूर्ण कर पाना सम्भव नहीं था।

अन्तरराष्ट्रीय महिला लीग के प्रकाशन में आपका लेख पढ़कर प्रसन्नता हुई। आपने मुझे इस विषय पर लिखने को कहा था—किन्तु अब लगता है मैंने अच्छा ही किया, नहीं लिखा, क्योंकि मेरे न लिखने की वजह से ही आपका इतना सुन्दर लेख प्रकाशित हुआ। असल में मैं बर्लिन, पेरिस और लुसाने में इतना व्यस्त था कि कोई लेख लिखने की स्थिति में नहीं था, यहाँ तक कि पत्रों के उत्तर भी समय पर नहीं दे पाया।

हिटलर के विषय में और अधिक लिखा जाना चाहिए। क्योंकि यह सच नहीं है कि विरोध के प्रकट करने से फ़ेडरेशन से अलगाव का प्रश्न उठेगा, क्योंकि दो वर्ष पूर्व भी कड़ा विरोध किया गया था और उसका प्रभाव भी बुरा नहीं हुआ था। जर्मनी के विरुद्ध हमें (भारतीयों को) बहुत-सी शिकायतें हैं। उन दिनों (जनवरी में) जब मैं बर्लिन में था, मैंने भी विरोध प्रकट किया था। वे ताक़त के प्रशंसक हैं न कि कमज़ोरी के। मैं तो कहता हूँ, इसके लिए फ़ेडरेशन से पृथक् होने को भी तैयार हूँ।... किन्तु अन्य कारणों से, भारत के सम्मान या हित के कारण से नहीं। किन्तु जर्मनी के विरुद्ध भारतीय दृष्टि से बहुत-सी शिकायतें हैं।

हिटलर सरकार के शीघ्र पतन की भी कोई संभावना नहीं है। यदि युद्ध छिड़ जाये और जर्मनी को कमज़ोर कर दे तभी यह सम्भव है, वरना नहीं। किन्तु यदि हमारे बहिष्कार से जर्मनी के व्यापार पर प्रभाव पड़ता है तो जर्मनी के व्यापारी हिटलर पर ज़ोर डालेंगे। आजकल जर्मनी में दो ग्रुप बहुत सफल हैं और वे हैं—सेना तथा व्यापारी।

आज इतना ही। आशा है आपका स्वास्थ्य पहले से बेहतर है। बहुत-से स्थानों की यात्रा और जगह-जगह का पानी पीने की वजह से बहुत थकान महसूस कर रहा हूँ। डब्लिन में पेट में दर्द शुरू हो गया था। आजकल यहाँ आराम व

जलोपचार के लिए आया हुआ हूँ। पिछले वर्ष इसी इलाज़ से लाभ पहुँचा था। आशा है इस बार भी लाभ होगा और स्वास्थ्य सुधरते ही देश के लिए रवाना हो जाऊँगा। हार्दिक शुभकामनाएँ।

सदैव आपका अपना

सुभाष चन्द्र बोस

अमिय चक्रवर्ती को

महोदय,

ब्रिटिश कॉन्सल से विएना में पत्र प्राप्त हुआ जो इस प्रकार है–

12 मार्च, 1936

महोदय,

विदेश मन्त्रालय के स्टेट सचिव के आदेश आज प्राप्त हुए कि आपको चेतावनी दे दूँ कि भारतीय सरकार ने समाचार-पत्रों की प्रेस टिप्पणियों में देखा है कि इस माह आपका भारत लौटने का विचार है, और भारत सरकार आपको स्पष्ट करना चाहती है कि यदि आप ऐसा करेंगे तो स्वतन्त्र नहीं रह सकेंगे।

स्टेट सचिव

जे. डब्ल्यू. टेलर

हिज मैजेस्टीज़ कॉन्सल

सन् 1932 में मुझे 2 जनवरी को भारत में गिरफ़्तार किया गया और 22 फ़रवरी, 1933 तक बिना मुक़दमा चलाये जेल में डाले रखा गया। मैंने बार-बार मुक़दमा चलाने को कहाँ, किन्तु भारत सरकार ने न तो मुझ पर कोई आरोप लगाया और न ही मेरे विरुद्ध कोई शिकायत ही बताई। जब मैं बुरी तरह बीमार हो गया और भारत सरकार द्वारा अनेकों चिकित्सा जाँच बोर्ड बैठाये गये तथा उन्होंने कहा कि या तो मुझे छोड़ दिया जाये अथवा इलाज़ के लिए यूरोप जाने की अनुमति दी जाये तब कहीं जाकर भारत सरकार ने मेरी गिरफ़्तारी के आदेश वापस लिए और मुझे इलाज़ हेतु यूरोप जाने की अनुमति दी। पिछले तीन वर्षों से यूरोप में ही हूँ। दिसम्बर 1934 में केवल एक बार भारत गया था, जब अपने मर रहे पिता को देखने गया था और केवल 6 सप्ताह वहाँ ठहरा था। भारत में इस दौरान भी मुझे घर में नज़रबन्द बनाकर रखा गया था।

अब फिर भारत लौटना चाहता हूँ तो इस प्रकार की धमकी दी जा रही है। मेरी पिछली गिरफ़्तारी भी, न्यायिक व नैतिक रूप से, दोनों ही तरह ग़लत थी।

किन्तु भारत लौटने पर मेरी प्रस्तावित गिरफ़्तारी ने तो सारे रिकॉर्ड तोड़ दिये हैं। क्या मैं पूछ सकता हूँ कि भारत में क्या इसी प्रकार ब्रिटिश नियम लागू रहेंगे और नये संविधान के अधीन क्या हमें यही आज़ादी उपलब्ध होने वाली है?

कुरहॉस हॉकलैंड, बैगस्टीन
आस्ट्रिया
17 मार्च

आपका
सुभाष चन्द्र बोस
(अध्यक्ष, बंगाल कांग्रेस कमेटी)

जवाहरलाल नेहरू को

कुरहॉस हॉकलैंड
बैगस्टीन, आस्ट्रिया
13 मार्च, 1936

प्रिय जवाहर,

विएना में ब्रिटिश कॉन्सल का एक एक्सप्रेस-पत्र मुझे अभी मिला है जो इस प्रकार है—

'विदेश मन्त्रलाय के राज्यसचिव के आदेश आज प्राप्त हुए कि आपको चेतावनी दे दी जाये कि भारत सरकार ने समाचार-पत्रों की प्रेस टिप्पणियों में देखा है कि इस माह आपका भारत लौटने का विचार है। भारत सरकार आपको स्पष्ट करना चाहती है कि यदि आप ऐसा करेंगे तो स्वतन्त्र नहीं रह पायेंगे।'

हस्ता/
जे. डब्ल्यू. टेलर
हिज़ मैजेस्टीज़ कॉसल

मैं अपना मार्ग निर्धारित कर रहा था जब मुझे यह नोट मिला। बुकिंग करवाने में इसलिए विलम्ब हुआ क्योंकि मैं जलमार्ग व वायुमार्ग में होने वाले व्यय की तुलना कर रहा था। वायुयान की यात्रा से मैं उपचार पूर्ण करा सकता हूँ, क्योंकि उसमें कुल 25 दिन लगेंगे। यहाँ, बल्कि पूरे महाद्वीप में, ऐसा कोई व्यक्ति नहीं है जिससे मैं इस विषय में विचार-विमर्श कर सकूँ। इस समय, जैसा कि आप अनुमान लगा ही सकते हैं, मेरी इच्छा है कि चेतावनी की अवहेलना करते हुए कि मैं देश वापस लौटूँ। विचारणीय बात केवल यह है कि देश या जनता के हित में क्या होगा। व्यक्तिगत रूप से मेरे लिए कुछ महत्त्वपूर्ण नहीं है बल्कि मैं लोकहित में कुछ भी करने को तैयार हूँ। जन मामलों से मैं एक अरसे से अलग-थलग हूँ इसलिए मेरे लिए यह निर्णय कर पाना कठिन है कि जनहित

में क्या होगा। मैं जानता हूँ इन परिस्थितियों में किसी को राय देना आपके लिए कठिन होगा। शायद आप मुझे कुछ सलाह दे सकें। आप व्यक्तिगत तथ्य को भूलकर एक जन कार्यकर्ता को आसानी से वह मार्ग सुझा सकते हैं जो मार्ग जनहित में हो। लोकजीवन और देश में आपकी जो पोज़ीशन है, उसके रहते आपकी ज़िम्मेदारी से इनकार नहीं कर सकते।

इस विषय में मैं आपको कष्ट इसलिए दे रहा हूँ क्योंकि मेरी दृष्टि में आपके सिवा अन्य कोई ऐसा व्यक्ति नहीं है जिस पर मैं विश्वास कर सकूँ। समयाभाव के कारण मैं विभिन्न लोगों से इस विषय में राय नहीं ले सकता। अपने रिश्तेदारों से राय लेना उचित नहीं होगा, क्योंकि शायद वे जनहित में निर्णय लेने में असमर्थ रहें। अतः मेरे पास आपकी राय पर निर्भर करने के अलावा और कोई रास्ता नहीं है। आपको 20 तारीख़ तक यह पत्र अवश्य मिल जाना चाहिए। यदि आप तत्काल वायरलेस से सन्देश दें तो मुझे समय पर मिल जायेगा। मैं के. एल. एम. जहाज़ पकड़ सकता हूँ जो 22 अप्रैल को रोम से रवाना होगा। इसलिए अगर मैं 21 को या 22 को भी देश लौटने का निर्णय करता हूँ तो मुझे 2 अप्रैल को रोम से रवाना होने वाले जहाज़ से सीट मिल जानी चाहिए। यह भी सम्भव है कि 29 मार्च को रवाना होने वाले जहाज़ में ही सीट मिल जाये।

जब लखनऊ कांग्रेस के लिए समय पर घर पहुँचने की योजना बनाई थी तब भी यह सम्भावना मन में थी कि हो सकता है वहाँ पहुँचते ही मुझे जेल में डाल दिया जाये। किन्तु यह सम्भावना भी थी कि सम्भव है, कुछ समय के लिए ही सही आज़ाद रहने दिया जाये। दूसरी सम्भावना तो बिल्कुल ख़त्म ही समझो, बल्कि अब तो घर लौटने का अर्थ है जेल जाना। यद्यपि जेल जाने का भी लाभ है। और ऐसे आदेश का उल्लंघन कर जानबूझकर जेल जाने में भी फ़ायदा हे।

कृपया शीघ्र ही कोई उत्तर अवश्य दें। निम्न पते पर तार भी दे सकते हैं—बोस, कुरहॉस हॉकलैंड, बैगस्टीन, आस्ट्रिया।

आशा है आपकी यात्रा आरामदायक रही होगी और स्वास्थ्य भी सन्तोषजनक होगा।

आपका शुभाकांक्षी
सुभाष

पुनश्चः—कल प्रेस सन्देश में मैंने यह संकेत दिया था कि इलाज़ पूरा कराने के बाद वायुयान द्वारा स्वदेश लौटने की सम्भावना है।

सु. च. बोस

ई. वुड्स को

कुरहॉस हॉकलैंड
बैगस्टीन, आस्ट्रिया
17 मार्च, 1936

प्रिय श्रीमती वुड्स,

9 तारीख़ के पत्र के लिए शुक्रिया। कुछ और कहने से पूर्व मैं आपको उस पत्र की प्रति दिखाना चाहूँगा जो मुझे विएना में ब्रिटिश कॉन्सल से प्राप्त हुई है–

12 मार्च, 1936

'विदेश मन्त्रालय के राज्यसचिव के आदेश आज प्राप्त हुए हैं कि आपको चेतावनी दे दी जाये कि भारत सरकार ने समाचार-पत्रों की प्रेस टिप्पणियों में देखा है कि इस माह आपका भारत लौटने का विचार है। ऐसा करेंगे तो स्वतन्त्र नहीं रह पायेंगे।'

हस्ता/
जे. डब्ल्यू. टेलर
हिज मैजेस्टीज़ कॉन्सल

शायद आप इसे डब्लिन समाचार-पत्रों में, विशेषरूप से आयरिश प्रेस में व्यक्तिगत रूप से प्रार्थना कर छपवा सकें। यदि इस कार्य में आपको सफलता मिल जाये तो अन्य बातों के साथ निम्न भी जोड़ सकती हैं।

पहले भी बिना मुक़दमा चलाये मुझे अक्तूबर 1924 से मई 1927 तक जेल में डाले रखा गया। अत्यधिक बीमारी की हालत में मुझे असमय छोड़ दिया गया।

जनवरी 1932 से फ़रवरी 1933 में पुनः बिना मुक़दमा चलाये जेल में डाला गया। जब पुनः गम्भीर रूप से बीमार हुआ और सरकारी चिकित्सा अधिकारियों के यह कहने पर, कि या तो मुझे छोड़ दिया जाये या इलाज़ के लिए यूरोप भेजा जाये, तब ही मुझे विदेश जाने की सरकारी आज्ञा मिली।

जब नवम्बर 1934 में मैं मृत्युशैया पर पड़े अपने पिता को देखने भारत गया। बल्कि पिता की मृत्यु के बाद ही पहुँचा–मुझे मेरे घर पर नज़रबन्द रखा गया। जब तक भारत रहा–यानी 6 सप्ताह तक, इसी हाल में रहा।

वर्तमान गिरफ़्तारी का प्रस्ताव इस भय से कि पता नहीं मैं क्या करूँ। यह ब्रिटिश राज्य है। मुझे प्रसन्नता है कि आप आयरिश लोगों को बताने में कामयाब होंगी।

कृपया तत्काल अपने समाचार दें। मैं पुनः आपको लिखने का प्रयास करूँगा।

आपका शुभाकांक्षी
सुभाष चन्द्र बोस

नाओमी सी. वैटर को

कुरहॉस हॉकलैंड
बैगस्टीन
17 मार्च, 1936

प्रिय श्रीमती वैटर,

मेरी लम्बी चुप्पी के लिए आपकी भावनाओं को मैं समझ सकता हूँ। मैं बहुत अच्छी परिस्थितियों में नहीं था। विएना में ब्रिटिश कॉन्सल का यह पत्र मुझे मिला है–

विदेश मन्त्रालय के राज्यसचिव के आदेश आज प्राप्त हुए हैं कि आपको चेतावनी दे दी जाये कि भारत सरकार ने समाचार-पत्रों की प्रेस टिप्पणियों में देखा है कि इस माह आपका भारत लौटने का विचार है। भारत सरकार स्पष्ट करना चाहती है कि यदि आप ऐसा करेंगे तो स्वतन्त्र नहीं रह पायेंगे।

हस्ता/

जे. डब्ल्यू. टेलर
हिज़ मैजेस्टीज़ कॉन्सल

मैंने अकेले ही विषय में गम्भीरतापूर्वक विचार किया और इस निर्णय पर पहुँचा हूँ कि इस आदेश का उल्लंघन कर परिणामों का सामना करना चाहिए। अभी मैंने यह विचार किसी को नहीं बताया और ब्रिटिश सरकार को तो यह बताना भी नहीं चाहता कि मैं क्या करने वाला हूँ। उन्हें स्वयं खोज करने दें। यहाँ मुझे लग रहा है कि पुलिस मेरे क्रियाकलाप पर नज़र रखे है। सम्भव है उन्हें आदेश मिले हों कि मेरी गतिविधियों की सूचना लन्दन तक पहुँचाये।

अभी तक मैंने अपनी सचिव, मिस शैंकल के अतिरिक्त किसी अन्य को विएना में सूचना नहीं दी है, मिस शैंकल को मैंने यहाँ बुलाया है, क्योंकि मुझे कुछ आवश्यक कार्य करवाना है, अपनी पुस्तक के द्वितीय संस्करण सहित, इससे पहले कि जेल में जाकर बेकार बैठा रहूँ। कृपया इस बात को पूर्णतः गुप्त रखें, जब तक मैं अन्य मित्रों को सूचित करने योग्य नहीं हो जाता।

मैं। ब्रिटिश जहाज़ की अपेक्षा इटालियन जहाज़ से जा रहा हूँ क्योंकि इनके शिकंजे में नहीं आना चाहता। यदि बर्थ न मिल पायी तो बहुत मुश्किल होगी, किन्तु मुझे आशा है कि जेनेवा से 27 तारीख़ को रवाना होने वाले इटालियन जहाज़ में मुझे बर्थ अवश्य मिल जायेगी। जब तक लॉयड ट्रीस्टीनो कम्पनी से कोई उत्तर नहीं आता, इस विषय में आश्वस्त नहीं हो सकता, फलस्वरूप आपका कार्ड भरकर नहीं भिजवा सकता। श्रीमती हाग्रोव जानना चाहती हैं, कि मैं किस

जहाज़ से रवाना होऊँगा। अभी उन्हें कुछ नहीं लिखा है, किन्तु कुछ दिन बाद अवश्य लिख दूँगा। इस बीच आप उन्हें कुछ न बतायें।

डॉ. वैटर व आपके विचार जो हाल ही के पत्रों में अभिव्यक्त हुए हैं मैं उनकी जितनी प्रशंसा करूँ, कम है। विशेष रूप से अन्तिम पत्र में कृपया इस पत्र को अपने मैत्रीपूर्ण पत्रों का उत्तर न समझें। कुछ ही दिन में एक लम्बा पत्र अवश्य लिखूँगा।

आशा है मॉडर्न रिव्यू डॉ. वैटर का लेख मार्च अंक में अवश्य प्रकाशित करेगा। पत्रिका यदि जल्दी भी नहीं तो 25 मार्च तक विएना अवश्य पहुँच जानी चाहिए। मैंने उन्हें कह दिया है कि वे सीधे आपके पते पर पत्रिका भेज दें।

फ्रांस में एन्ड्रे गिडे, एन्ड्रे मालरॉक्स तथा अन्य लेखकों ने मुझे बहुत प्रभावित किया। बॉश का रवैया बहुत सहानुभूतिपूर्ण था। ग्वेनेट भी सहृदय हैं किन्तु अधिकारी अधिक हैं। शेष अगले पत्र में।

सादर।

आपका शुभाकांक्षी
सुभाष चन्द्र बोस

सुनील मोहन घोष मौलिक को*

कुरहॉस हॉकलैंड
बैगस्टीन, आस्ट्रिया
17 मार्च, 1936

प्रिय सुनील,

26 जनवरी का तुम्हारा पत्र समय पर मिल गया था क्योंकि मैं विभिन्न देशों की यात्रा पर था इसलिए जवाब नहीं दे पाया। फिर इतना विलम्ब हो गया कि मुझे लगा अब लिखने का कोई अर्थ नहीं है। बहरहाल मैंने पत्र लिखने का विचार बनाया।

तुम्हारी शादी का काम निबट चुका होगा। ऐसा अवसर जीवन में सिर्फ़ एक बार ही आता है और जिस पर भविष्य का भला-बुरा बहुत कुछ निर्भर करता है। मेरी प्रार्थना है कि तुम्हारी धर्मपत्नी सदा प्रसन्न रहे और तुम लोगों का जीवन देश और देशवासियों की सेवा में व्यतीत हो। व्यक्तिगत एवं पारिवारिक प्रसन्नता का अर्थ भी तभी है जब आपका व्यक्तिगत और पारिवारिक जीवन देश को समर्पित हो।

*मूल बंगला से अनूदित।

अतः मेरी विशेष प्रार्थना यही है कि तुम्हारा जीवन देश तथा देशवासियों की भलाई में काम आये। इसी में तुम लोगों को भी प्रसन्नता मिलेगी।

पता नहीं दुबारा तुमसे कम मुलाक़ात होगी, इसलिए इतनी दूर से तुम्हें शुभकामनाएँ भेज रहा हूँ।

प्यार तथा शुभकामनाएँ।

तुम्हारा शुभाकांक्षी
सुभाष चन्द्र बोस

रोम्याँ रोलाँ से

विलनेव्यू (बॉड) विलाओल्गा
20 मार्च, 1936

प्रिय सुभाष चन्द्र बोस,

अभी आपका पत्र मिला और तत्काल उत्तर दे रहा हूँ। हम अपनी शुभकामनाएँ दिये बिना आपको भेजना नहीं चाहते, ये शुभकामनाएँ आपके कष्ट और संघर्ष में साथ देंगी। आप हमारी इस इच्छा, आशा और अपेक्षा को जानते ही हैं कि हम आपके देश को पूर्ण स्वतन्त्र और सामाजिक प्रगति से भरपूर राष्ट्र के रूप में देखना चाहते हैं। इस द्विपक्षीय वजह से संघर्ष करने वाले व्यक्तियों के साथ हमारे विचार और शुभकामनाएँ सदा रहेंगी। विलनेव्यू के सभी मित्रों की शुभकामनाएँ।

आपका प्रेमी
रोम्याँ रोलाँ

सन्तोष कुमार सेन को*

कुरहॉस हॉकलैंड
बैगस्टीन
22 मार्च, 1936
रविवार

प्रिय डॉ. सेन,

आपका पत्र मिला, बहुत कुछ बताना चाहता हूँ। उनमें से कुछ विषयों पर पत्र में लिखूँगा बाक़ी बातें मिस शैंकल के द्वारा प्रेषित करूँगा। आज दो-तीन व्यावहारिक चीज़ों के लिए तुम्हें परेशान करूँगा।

---

*मूल बंगला से अनूदित।

1. दो चेक भेज रहा हूँ। एक चेक पाउंड का है। यह आपको उधार चुकाने के लिए है। बहुत-बहुत धन्यवाद।
2. दूसरा चेक 27-18-6 पाउंड का है।

   कृपया इस चेक को कैश कराकर मेरी गाड़ी की टिकट ख़रीद लें। साथ में द अमेरिकन एक्सप्रेस कम्पनी के नाम रेल-टिकट के लिए पत्र भेज रहा हूँ। टिकट ख़रीदने के बाद जो राशि बचे कृपया तत्काल मुझे भिजवा दें। यह राशि मनीऑर्डर द्वारा या 'वर्ट ब्रिफ' द्वारा भिजवा दें।

   इस टिकट पर मुझे आस्ट्रिया में 60 प्रतिशत और इटली में 50 प्रतिशत की छूट मिल जायेगी। यदि वे यह छूट न दें तो कृपया टिकट न ख़रीदें। मैं यह टिकट हॉफ़गस्टीन से अगले स्टेशन रेस्बरो में ख़रीद लूँगा। और पूरी राशि मुझे भिजवा दें।
3. सम्भव हो तो सोमवार दोपहर तक टिकट और पैसे भिजवा दें। 25 तारीख़ बुधवार मैं यहाँ से रवाना होने की योजना बना रहा हूँ। कृपया इस विषय में किसी से बात न करें। यदि 'वर्ट-ब्रीफ' का प्रयोग करें तो पैसा और टिकट एक साथ भिजवा सकते हैं। यदि पैसा मनीऑर्डर द्वारा भिजवा रहे हैं तो टिकट अलग से पंजीकृत डाक द्वारा भिजवाएँ।

   आज या कल अन्य विषयों पर अलग पत्र लिखूँगा। कृपया मेरे बारे में किसी को कोई सूचना न दें। यदि मेरे बारे में कोई कुछ पूछे तो कह दें मैं कुछ नहीं जानता। सरकार ने मुझे बता दिया है कि भारत लौटने पर मुझे अकेला छोड़ने वाले नहीं हैं। सरकारी पत्र की प्रति संलग्न कर रहा हूँ।

आपका शुभाकांक्षी

सुभाष चन्द्र बोस

पुनश्च : यहाँ की पुलिस मुझ पर निगाह रखे है। वह जानना चाहती है कि मैं यहाँ से कब और कहाँ जाऊँगा। अतः कृपया टिकट के बारे में किसी को कुछ न बतायें।

सुभाष

रोम्याँ रोलाँ को

25 मार्च, 1936

आदरणीय महोदय,

20 मार्च के अपने पत्र के लिए मेरा हार्दिक अभिनन्दन स्वीकार करें और पत्र में प्रकंट भावनाओं के प्रति धन्यवाद स्वीकारें। मैं स्वयं को भाग्यशाली मानता

हूँ कि विलेन्यूव में आपसे दो बार मुलाक़ात सम्भव हुई और लम्बी बातचीत का अवसर मिला। मेरे व मेरे देशवासियों के लिए यह हिम्मत बढ़ाने और प्रोत्साहित करने की बात है कि आपके विचार और शुभकामनाएँ हमारे राष्ट्र व समाज की भलाई हेतु हमारे साथ हैं। भारत की प्राचीन संस्कृति की प्रशंसा तथा उसे विश्वभर में प्रसिद्धि के आपके प्रयास का हम आदर करते हैं। उससे अधिक हम भारत के स्वाधीनता संघर्ष में आपके सहयोग की क़द्र करते हैं। विलेन्यूव में अद्भुत क्षणों की यादगार सदैव मेरे साथ रहेगी।

आपकी ओर से श्रीमती रोलाँ के इस विचार पर, कि मुझे फ़िलहाल भारत जाने का विचार स्थगित कर देना चाहिए, बहुत चिन्तन किया। इस विषय में आपकी भावनाओं की क़द्र करता हूँ, किन्तु परिस्थितियोंवश, जिनका उल्लेख मैंने भारतीय प्रेस को दी स्टेटमेंट में किया है, भारत लौटना मेरा कर्तव्य है, सरकारी धमकियों के बावजूद यह निश्चय ही दुखद स्थिति है कि किसी व्यक्ति के जीवन के बहुमूल्य क्षण जेल की चारदीवारी में बीतें। किन्तु इन्हीं कारणों से लोग आज़ाद नहीं हो पाये और आज़ादी की क़ीमत तो चुकानी ही पड़ेगी।

श्रीमती रोलाँ और आपको आपकी कृपाओं व सद्भावनाओं के लिए हार्दिक धन्यवाद!

आपका अपना

सुभाष बोस

प्रो. लैस्नी को

कुरहॉस हॉकलैंड

बैगस्टीन

25 मार्च, 1936

प्रिय प्रोफ़ेसर लेस्नी,

उस दिन आपका कृपापत्र पाकर अत्यधिक प्रसन्नता हुई। मेरे द्वारा इंडो-चेकोस्लोवाकिया सोसायटी की सेवाओं को बढ़ा-चढ़ा कर प्रशंसा कर आपने अपने विशाल हृदय का ही परिचय दिया है और इससे दोनों देशों के मध्य वार्तालाप और आपसी समझ के द्वार ही खुले हैं। जो भी सेवा मैं कर पाया उसने मुझे अत्यधिक सुख दिया है, क्योंकि यही मेरे जीवन का उद्देश्य भी है। आपको आश्वस्त करता हूँ कि भविष्य में भी इसी प्रकार कार्य करता रहूँगा। श्री नाम्बियर ने आपको उन परिस्थितियों की सूचना दे दी होगी जिनका मुझे भारत लौटने के बाद सामना करना होगा। फ़िलहाल जो भी मेरे भाग्य में हो लेकिन मुझे विश्वास है कि अन्ततः मुझे स्वतन्त्रता मिलेगी और मैं आम लोगों के हित

में कार्य करने में सक्षम होऊँगा। आपके उपकारों के लिए आपका व श्रीमती लैस्नी का बहुत-बहुत धन्यवाद व ढेरों शुभकामनाएँ।

आपका शुभाकांक्षी
सुभाष चन्द्र बोस

सन्तोष कुमार सेन को*

25 मार्च, 1936

प्रिय डॉ. सेन,

इस सम्बन्ध में मैं कुछ नहीं जानता। किन्तु मेरा विचार है कि एसोसिएशन की ओर से इन सज्जन को पत्र लिखा जाना चाहिए। यदि सम्भव हो तो प्रयास करें कि लन्दन स्थित कोई भारतीय मित्र इनसे मिलकर एसोसिएशन के दृष्टिकोण से इन्हें परिचित करा दे।

उन्हें यह भी स्पष्ट कर दें कि यदि अग्निहोत्री इसमें शामिल हुआ तो भारतीय इसका बहिष्कार करेंगे और उद्देश्य को हानि पहुँचेगी।

यदि बोर्ड का पता मिल जाये तो कृपया तत्काल एयरमेल द्वारा भारत को सूचित करें। यदि सूचना भारत में पहुँच गयी तो उद्देश्य की पूर्ति हो जायेगी। अतः इस दिशा में आपको प्रयत्न करना चाहिए।

कल प्रातः रवाना हो रहा हूँ अतः विएना जाना सम्भव नहीं हो पायेगा।

आपका शुभाकांक्षी
सुभाष चन्द्र बोस

(इस पत्र पर कोई पता नहीं लिखा था, किन्तु विषयवस्तु से प्रतीत होता है कि भारत के लिए रवाना होने से ठीक पहले यह पत्र बैगस्टीन से ही लिखा गया—सम्पादक)

डॉ. थिरफ़ेल्डर को

कुरहॉस हॉकलैंड
बैगस्टीन
25 मार्च, 1936

प्रिय डॉ. थिरफ़ेल्डर,

मेरा भारत लौटने का समय आ गया है, किन्तु लौटने से पूर्व मैं स्पष्ट किन्तु मैत्रीपूर्ण शब्दों में, कुछ कहना चाहता हूँ।

---

*मूल बंगला से अनूदित।

जब मैं 1933 में पहली बार जर्मनी आया था तब मुझे आशा थी कि जर्मनी जो स्वयं राष्ट्रीय शक्ति और आत्मसम्मान के प्रति जागरूक राष्ट्र है वह अन्य देशों के प्रति, जो कि संघर्षरत हैं, सहानुभूति रखेगा। किन्तु खेद है कि आज मुझे इस विचार के साथ भारत लौटना पड़ रहा है कि जर्मनी के नये राष्ट्रवाद में संकीर्णता, स्वार्थ तथा घमंड के सिवा और कुछ नहीं। म्यूनिख में हाल ही में हेर हिटलर के भाषण में नाज़ीवादी दर्शन के अतिरिक्त और कुछ भी नहीं था। मुझे मालूम है कि ड्यूत्से नैकरिक्स्टनबुरो ने उसके भाषण पर जापान और भारत में विरोध भिजवाया है। किन्तु यह अर्थहीन है, क्योंकि यह ब्रिटिश या जर्मनी के समाचार-पत्रों में प्रकाशित नहीं हुआ। नये जातिवाद के दर्शन में जिसका आधार बहुत कमज़ोर है, सामान्य रूप से गोरों के प्रति विशेष रूप से जर्मन के लोगों के लिए, आदर स्पष्ट है। हेर हिटलर ने कहा है कि गोरों के भाग्य में सम्पूर्ण विश्व पर राज्य करना है। किन्तु ऐतिहासिक तथ्य इसके विपरीत हैं, क्योंकि यूरोप पर एशिया का राज्य, एशिया पर यूरोपियन राज्य की अपेक्षा अधिक रहा है। यूरोप पर बार-बार मंगोल, तुर्की, अरब (मूर) हूण तथा अन्य एशियाई जातियों के आक्रमण से मेरा तर्क स्वतः स्पष्ट हो जाता है। मैं यह बात इसलिए नहीं कह रहा कि मैं एक जाति पर दूसरों के शासन का पक्षधर हूँ, बल्कि यह स्पष्ट करना चाह रहा हूँ कि यह कहना कि यूरोप और एशिया कभी शान्तिपूर्वक एक नहीं हो सकते, ऐतिहासिक झूठ है। इस बात से हमें बहुत आघात पहुँचा है कि जर्मनी का नया राष्ट्रवाद स्वार्थी और जातिगत अभिमान से अभिप्रेरित है। हेर हिटलर ने अपनी पुस्तक 'मीन काम्फ़' में जर्मनी की प्राचीन उपनिवेशवादी नीति की भर्त्सना की है। किन्तु नाज़ी जर्मनी ने पुराने उपनिवेशवादी की चर्चा प्रारम्भ कर दी है।

इस नये जातिवादी दर्शन और स्वार्थी राष्ट्रवाद के अलावा और भी कुछ बातें हैं जिन्होंने हमें अधिक प्रभावित किया है। जर्मनी ने ग्रेट-ब्रिटेन से लाभ पाने हेतु भारत व भारतवासियों का विरोध करना अधिक सुविधाजनक समझा। राष्ट्रीय समाजवादी पार्टी के इतिहास में इसके अनेक उदाहरण हैं। लगभग दस साल पूर्व, जब पार्टी ने इंग्लैंड में प्रचार हेतु अंग्रेज़ी का पर्चा छपवाया था जिसमें हेर हिटलर व डॉ. रोज़नबर्ग की पुस्तकों के भारत-विरोधी अंश प्रकाशित किये थे, ही यह प्रयास प्रारम्भ हो गया था।

दोनों देशों के मध्य आपसी समझ पैदा करने के लिए आपके तथा ड्यूत्से अकादमी के प्रयत्नों की हम प्रशंसा करते हैं। किन्तु मुझे खेद है कि उपर्युक्त कारणों से उसका प्रभाव अधिक नहीं हो रहा। आशा है अन्ततः आपके अथक प्रयास विजयी होंगे, किन्तु जर्मनी का वर्तमान वातावरण अधिक सन्तोषजनक नहीं है।

पुरानी पीढ़ी जो जातिवाद व राजनीति की इस नीति के प्रभाव से रहित थी, वह इस प्रभाव के अन्तर्गत पल बढ़ रही नयी पीढ़ी से बिल्कुल अलग है। मुझे आशा है हमारे पुराने मित्र हमारा साथ नहीं छोड़ेंगे लेकिन यह भय भी है कि नयी पीढ़ी के नये मित्र बनाना हमारे लिए कठिन होगा। जर्मनी के लोग बहुत सहृदय लोग थे, भारतीयों के प्रति विशेष मैत्री भाव रखने वाले। किन्तु तब क्या होगा। जब नयी पीढ़ी पर नयी शिक्षा का प्रभाव पड़ेगा।

मैं आपका आभारी हूँ कि आपने पिछली जनवरी में मुलाक़ात की व्यवस्था करा दी। मिनिस्टीरियल डायरेक्टर डिकोफ तथा डॉ. प्रूफर से मेरी दो लम्बी मुलाक़ातें हुईं। दोनों ही पहले की अपेक्षा इस बार, व्यक्तिगत रूप से मेरे प्रति सहृदय थे। मुलाक़ात का नतीजा कुछ नहीं निकला। मैंने उन्हें यह अनुभव करा दिया कि भारत के प्रति उनका कोई महत्त्वपूर्ण योगदान नहीं है। मुझे यह भी अनुभव हुआ कि यदि भारत के प्रति जागरूकता पैदा करनी है तो कुछ और मन्त्रालयों से सम्पर्क साधना चाहिए।

हेर हिटलर के भाषण के उपरान्त, मैंने भारतीय प्रेस में एक कटु टिप्पणी भेजी है, आशा है शीघ्र ही प्रकाशित हो जायेगी। यूरोप छोड़ने से पूर्व मैं यह स्पष्ट करना चाहता हूँ कि अभी भी मैं जर्मनी और भारत के मध्य समझौता कराने के प्रति कटिबद्ध हूँ। जब हम अपनी स्वतन्त्रता और अपने अधिकारों के लिए विश्व के सबसे बड़े राज्य से संघर्ष कर रहे हैं। और हमें सफलता की पूरी आशा भी है, तब भला हम अपने राष्ट्र, जाति व संस्कृति पर किसी अन्य राज्य द्वारा किये गये आक्रमण को कैसे बर्दाश्त कर सकते हैं।

मैं एक आशावादी व्यक्ति हूँ और अभी भी मुझे आशा है कि माहौल में परिवर्तन आयेगा तथा अन्ततः हम लोगों में आपसी समझ पैदा होगी। फ़िलहाल मैं ड्यूत्से अकादमी द्वारा किये जा रहे प्रयासों की प्रशंसा करता हूँ। इस पत्र का उत्तर देने का कष्ट न करें क्योंकि कुछ दिन बाद ही मैं यात्रा पर निकल जाऊँगा। और भारत पहुँचते ही मेरी गिरफ़्तारी की पूरी आशंका है।

शुभकामनाओं सहित

मैं,

आपका शुभाकांक्षी

सुभाष चन्द्र बोस

पुनश्च : ये विचार मेरे व्यक्तिगत विचार ही नहीं बल्कि भारतीय राष्ट्रवादियों के विचारों का भी प्रतिनिधित्व करते हैं। मुझे इसमें कोई आपत्ति नहीं होगी यदि आप यह पत्र किसी मित्र, किसी महकमे को प्रेषित करें। भारत का जर्मनी के प्रति रुख़ स्पष्ट करने की दृष्टि से।

सु. चं. बोस

नाओमी सी. वैटर को

विलाख स्टेशन
26 मार्च, 1936

एन. सी. वैटर
विएना-IX
व्हीरिंगर स्ट्रीट-41

प्रिय श्रीमती वैटर,

मैं अब अपनी यात्रा में हूँ और अगली गाड़ी के इन्तज़ार में हूँ। यह यात्रा बहुत थकाने वाली यात्रा है। गैस्टीन छोड़ना पड़ा, दुखी हूँ, वहाँ का मौसम बहुत सुहावना था और स्नान मुझे लाभ पहुँचा रहे थे। आशा है आप अब स्वस्थ होंगी। बहुत पहले से सरकार मेरे पीछे लगी थी। कुछ घण्टों बाद मैं उनके अधिकार क्षेत्र से बाहर से जाऊँगा। कृपया मेरी शुभकामनाएँ स्वीकार करें और डॉ. वैटर तक भी पहुँचा दें। आप से मिले अपनेपन व प्यार के लिए हृदय से आभारी हूँ। अब धार्मिक यात्रा पर हूँ अतः चिन्ता की कोई बात नहीं।

सदैव आपका शुभेच्छु
सुभाष चन्द्र बोस

ई. वुड्स को

लॉयड ट्रीस्टीनो
पिरस्काफो कान्टे वरडे
30 मार्च, 1936

प्रिय श्रीमती वुड्स,

बैगस्टीन छोड़ने से पूर्व 22 तारीख़ को आपका पत्र मिला। जो कटिंग्स आपने भेजी, वे दिलचस्प थीं।

इस समय हम मध्य समुद्र में हैं। चारों ओर नीला समुद्र है और एकमात्र जहाज़ लहरों को काटती हवा और लहरों के मध्य चल रही है। जहाज़ में अधिकांश इटलीवासी हैं जो शायद एबीसीनिया के जंगलों की यात्रा पर निकले हैं। कुछ भारतीय हैं, अंग्रेज़ कोई नहीं।

डब्लिन में बिताये दिनों को प्रायः याद करता हूँ। वे दिन एक स्वप्न की भाँति थे जो इतनी जल्दी बीत गये। मेरे प्रवास को इतना सुखद व दिलचस्प बनाने के लिए मैं आप सबका बहुत आभारी हूँ। जो बात मुझे सबसे अच्छी लगी वह यह थी कि आपके पूरे परिवार में एक ही स्फूर्ति व आत्मा के दर्शन हुए जो प्रायः देखने को नहीं मिलता। आपके पुत्र व पुत्रियाँ भी बहुत सहृदय हैं।

आपने कहा था कि एडा पत्र लिखेगा लेकिन उसने अभी तक नहीं लिखा। अब उसे पत्र नहीं लिखना चाहिए क्योंकि पत्र लिखने से वह भारत सरकार की कुदृष्टि का पात्र बनेगा। वैसे भी आयरलैंड से आनेवाले पत्र को भारतीय पुलिस पास नहीं करेगी।

मैंने दो बार मैडम को पत्र लिखा, किन्तु उनकी ओर से कोई उत्तर नहीं मिला। सम्भव है वे अस्वस्थ हों।

अलग से दो अख़बार भिजवाने का भी शुक्रिया।

यदि 'एनल्स ऑफ़ ऐन एक्टिव लाइफ' की सेकेंड प्रति मिले तो कृपया मेरे भाई को निम्न पते पर भिजवा दें—श्री शरत बोस, 5, वुडबर्न पार्क, कलकत्ता। रजिस्टर-डाक द्वारा भेजें।

यदि कभी श्री एलेक्स लिन से भेंट हो तो उन्हें अवश्य बता दें कि उनके भाषणों व व्यंग्य क्षमता का मैं प्रशंसक हूँ।

बैगस्टीन से आपको लिखा पत्र अब तक आपको मिल गया होगा जिसमें स्वदेश लौटने के अपने विचार के बारे में लिखा था और वहाँ मेरा जो स्वागत होगा उसका भी संकेत दिया था। स्वदेश लौटने का सन्देश मैंने प्रेस में दे दिया है। यदि उस पर अवरोध न लगा तो सभी पत्रों में प्रकाशित हो जाना चाहिए। कृपया उसे अवश्य देखें। आशा है आपको अच्छा लगेगा।

मेरा विश्वास है यदि आप कुछ आलोचना भी जारी रखें तो उपयोगी कार्य कर सकती हैं। शायद हमें मिस एम से अधिक अपेक्षाएँ नहीं रखनी चाहिए। वैसे भी उनका मैडम पर अधिक प्रभाव नहीं है। बहरहाल। आपको अपनी कोशिश जारी रखनी चाहिए, परिणाम उत्साहवर्द्धक ही होंगे।

फ्रेंच पत्राचार के लिए, जिसके बारे में मैंने बात की थी आपने या मिस एलीन ने उन दो महिलाओं को बता दिया होगा ताकि उन्हें आश्चर्य न हो।

आप भारत की यात्रा पर कब आ रही हैं? यदि स्वयं न आ पायें तो परिवार के किसी सदस्य को अवश्य भेजें।

कल सईद बन्दरगाह पहुँचूंगा वहीं से यह पत्र डाक में डालूंगा। 8 अप्रैल को हम बम्बई में होंगे।

मेरी शुभकामनाएँ स्वीकार करें और घर में सभी छोटों को प्यार, मेरी संरक्षक देवी सहित।

आपका शुभाकांक्षी
सुभाष चन्द्र बोस

ई. वुड्स को

काटे वरदे
स्वेज़ कैनाल
31 मार्च, 1936

प्रिय श्रीमती ई. वुड्स,

कल लिखे लम्बे पत्र के बावजूद आज फिर लिख रहा हूँ, क्योंकि कुछ दिलचस्प बातें बताना चाहता हूँ। आज प्रातः जब पोर्ट सईद पहुँचे तो पुलिस अधिकारी मेरी तलाश में जहाज़ में चढ़े। मेरा पासपोर्ट छीन लिया गया। जब तक जहाज़ चलने को हुआ तब उसे वहाँ से हटाया गया, और पासपोर्ट जहाज़ पर नियुक्त लेखाकार के हवाले कर दिया गया। ब्रिटिश, जो आज भी यहाँ शक्तिशाली स्थिति में हैं, यह नहीं चाहते कि मैं इजिप्ट में रुकूँ और यहाँ के नेताओं से सम्पर्क साधूँ। पिछली दफा मैं यहाँ के प्रमुख नेता नाहस पाशा से मिला था। महत्त्वपूर्ण घटना है न? मुझे नहीं मालूम था कि मैं इजिप्ट में भी एक ख़तरनाक व्यक्ति हूँ।

यदि चाहें तो उपर्युक्त घटना का प्रचार करें। इससे आप अनुमान लगा सकती हैं कि बम्बई में मेरा कैसा स्वागत होगा।

आपका शुभाकांक्षी
सुभाष चन्द्र बोस

पुनश्चः-अभी हम स्वेज़ कैनाल से गुज़र रहे हैं शाम तक स्वेज़ पहुँच जायेंगे जहाँ से यह पत्र डाक में डालूँगा।

सु. चं. बोस

सन्तोष कुमार सेन को

2 अप्रैल, 1936

डॉ. एस. के. सेन,
एल्सर स्ट्रासे 20/15
विएना-IX आस्ट्रिया

प्रिय डॉ. सेन,

साथ में एक पत्र है जो विएना के पुलिस प्रेज़ीडेंट के नाम है। कृपया इसे जर्मन भाषा में अनुवाद कराकर टाइप करा लें। टाइप अनुवाद के साथ यह पत्र पुलिस प्रेज़ीडेंट की एक्सप्रेस व रजिस्टर्ड डाक द्वारा भेज दें। प्रेषक के बारे में न लिखें, क्योंकि यह आवश्यक नहीं है। मुझे आशा नहीं कि वे इसका जवाब देंगे।

यदि वे उत्तर दें तो जैसे मैंने अपनी सेक्रेटरी को आदेश दिये हैं वैसे ही डाक के साथ रख लें।

पोर्ट सईद में पुलिस के व्यवहार का आपको पता चल ही गया होगा कि वे मुझे वहाँ उतरने देना नहीं चाहते थे। मुझे नहीं पता था कि इजिप्ट में मुझसे उन्हें इतना ख़तरा है। आप अनुमान लगा सकते हैं कि बम्बई में पुलिस का व्यवहार कैसा होगा।

आज और कुछ लिखने को शेष नहीं है। अभी तो समुद्र बिल्कुल शान्त था। कल हम मसावा पहुँचेंगे। वहीं से यह पत्र डाक में डालूँगा। आशा है शीघ्र ही यह पत्र आपको मिल जायेगा।

आशा है आप सभी स्वस्थ होंगे। पोर्ट सईद पहुँचने से पहले भी आपको पत्र लिखा था।

आपका शुभाकांक्षी
सुभाष चन्द्र बोस

नाओमी सी. वैटर को

सेंसर द्वारा पास इलीजिबल
24 अप्रैल, 1936
लेफ़्टिनेंट कर्नल, आई.एम.एस.
सुपरिंटेंडेंट
यरवदा सेंट्रल जेल

प्रिय श्रीमती वैटर,

भारत पहुँचने पर आपको पत्र लिखने का वादा था, किन्तु परिस्थितिवश आपको पत्र नहीं लिख पाया। भारत भूमि पर पैर रखते ही गिरफ़्तार कर लिया गया। कुछ दिन बम्बई जेल में रहा, फिर पूना स्थानान्तरित कर दिया गया जो बम्बई से ट्रेन द्वारा चार घण्टे की दूरी पर है।

मैं नहीं जानता क्या लिखूँ, क्योंकि सेंसर की तलवार मेरी गर्दन पर लटक रही है।

यहाँ की गर्मी थका देने वाली है। गर्मी मुझे वैसे भी नहीं सुहाती, देश के हिस्से की गर्मी वैसे भी भयानक है विशेषरूप से मेरे जैसे व्यक्ति के लिए क्योंकि मौसम में एक़दम परिवर्तन आया है। एक महीने पहले मैं बैगस्टीन की बर्फ़ में घिरा था। काश हम आपको यहाँ की कुछ गर्मी देकर वहाँ की कुछ ठंड यहाँ ला पाते।

आपको यह जानकर अच्छा लगेगा कि मैं उसी जेल, उसी वार्ड में हूँ। जहाँ महात्मा गाँधी ने अपने बन्दी जीवन का अधिकांश समय बिताया था।

वहाँ सभी मित्रों को मेरा नमस्कार कहें जिन्हें मैं अलग से पत्र नहीं भेज सकता, क्योंकि बहुत-सी पाबन्दियाँ हैं। प्रेज़ीडेंट वैटर व आपको भी शुभकामनाएँ। आशा है आप सभी स्वस्थ हैं।

आपका शुभाकांक्षी
सुभाष सी. बोस
वरवदा सेंट्रल जेल
पूना
24 अप्रैल, 1936

श्रीमती एन.सी. वैटर
व्हीरिंगर स्ट्रीट-41
विएना-IX

पुनश्च : यदि मुझे पत्र लिखें तो कलकत्ता के पते पर लिखें जहाँ पत्र सेंसर होते हैं। जेल के पते पर न लिखें।

सु. चं. बोस

(प्रस्ताव) कांग्रेस अध्यक्ष (राजेन्द्र प्रसाद) को

1 मई, 1936

मेरा ध्यान कांग्रेस अध्यक्ष, बाबू राजेन्द्र प्रसाद व श्री भूलाभाई देसाई के बयान की ओर आकर्षित हुआ है। भारतीय प्रचार के सम्बन्ध में दो बातें आवश्यक हैं—

(1) अधिकृत प्रतिनिधि और

(2) आवश्यक राशि।

यह कहना अनावश्यक है कि जितना अधिक पैसा होगा उतना अधिक प्रचार भी होगा। फिर भी यदि हम कार्य करना चाहें तो अधिक धन के बिना भी बहुत-सा कार्य कर सकते हैं। सच्चाई यह है कि यूरोप और अमेरिका में कई ऐसे भारतीय हैं जो उपयोगी प्रचार कर रहे हैं, कुछ व्यक्तिगत तौर पर कर रहे हैं, कुछ ऐसी संस्थाओं के नाम पर कर रहे हैं जो संस्थाएँ बिना भारतीय राष्ट्रीय कांग्रेस द्वारा दी गयी सहायता के स्थापित की गयी हैं। यदि उनमें से कुछ संस्थाओं को राष्ट्रीय कांग्रेस अपना ले और विदेश में उन्हें अपना प्रतिनिधित्व करने की अनुमति दे तो बिना अतिरिक्त राशि के भी वे बहुत कुछ उपयोगी कार्य कर सकती हैं।

स्वर्गीय विठ्ठलभाई पटेल सदा यही कहा करते थे कि यदि वे कांग्रेस के नाम पर बोलते तो विदेश में कुछ अधिक प्रभाव पड़ता। ऐसा ही अनुभव मेरे जैसे कुछ अन्य व्यक्तियों का भी है। यदि कांग्रेस की सबसे बड़ी समस्या आर्थिक तंगी

है तो क्या कांग्रेस मुझे (और मेरे जैसे कुछ अन्य लोगों को) कांग्रेस के नाम पर भाषण देने को प्राधिकृत करती है। इस दशा में बिना किसी आर्थिक सहायता के हम देश की बहुत सेवा कर सकते हैं और अपना अच्छा उदाहरण पेश कर सकते हैं। मैं कांग्रेस अध्यक्ष से सीधा प्रश्न पूछ रहा हूँ और उनसे स्पष्ट उत्तर की आशा रखता हूँ।

तुषार कान्ति घोष को

18 मई, 1936

प्रिय तुषार बाबू,

आप यह जानना चाहेंगे कि मैं कैसा हूँ। पहली बात कि गर्मी से बहुत परेशान हूँ और उसका कोई इलाज़ भी नज़र नहीं आता। दूसरी बात व्यायाम की कमी है। सरकार से जेल के अन्दर चारदीवारी में ही सैर की अनुमति माँगी है, उत्तर की प्रतीक्षा में हूँ। डर है इस तरह बेकार रहने से मेरा स्वास्थ्य फिर बिगड़ जायेगा। अतः आशा करता हूँ कि सरकार इस बात की अनुमति दे देगी।

(शेष पत्र उपलब्ध नहीं था—सम्पादक)

जवाहरलाल नेहरू को

द्वारा सुपरिंटेंडेंट ऑफ़ पुलिस
दार्जिलिंग
30 जून, 1936

प्रिय जवाहर,

22 तारीख़ का आपका पत्र पाकर प्रसन्नता हुई। वह पत्र मुझे 27 तारीख़ को मिला। समाचार-पत्रों से पता चला कि आप आजकल अत्यधिक श्रम कर रहे हैं। इसलिए मुझे आपके स्वास्थ्य की चिन्ता हुई। जानकर अच्छा लगा कि आप कुछ दिन आराम करने की दृष्टि से मसूरी गये थे, बेशक कम समय के लिए ही सही। मैं समझ सकता हूँ कि आप जैसे व्यक्ति के लिए अत्यधिक श्रम से बच पाना कितना कठिन है। फिर भी आशा करता हूँ कि अधिक बोझ स्वयं पर नहीं डालेंगे। यदि आपका स्वास्थ्य ख़राब हो गया तो सभी को हानि होगी।

आपने अपने बहनोई रणजीत के बारे में लिखा है। वह चिन्ता का विषय है। यही सुखद बात है कि चिकित्सकों ने किसी गम्भीर रोग का संकेत नहीं दिया है। आशा है आराम और परिवर्तन से उनको लाभ होगा।

मैं यहाँ ठीक-ठाक हूँ। आँतों में कुछ गड़बड़ है और फ्लू का भी आक्रमण हुआ है (शायद गले की इन्फेक्शन हो) धीरे-धीरे ठीक हो जायेगा।

यदि आपके पुस्तकालय में निम्न पुस्तकों में कोई पुस्तक हो तो कृपया सुविधानुसार एक-एक कर मुझे भिजवा दें।

1. हिस्टॉरिकल ज्योग्राफ़ी ऑफ़ यूरोप—गोर्डन ईस्ट।
2. क्लैश ऑफ़ कल्चर्स एंड कांटैक्ट ऑफ़ रेशज—पिट रिवर्स।
3. शॉर्ट हिस्ट्री ऑफ़ अवर टाइम्स—जे. ए. स्पेंडर।
4. वर्ल्ड पॉलिटिक्स 1918-33 — आर. पी. दत्त।
5. साइंस एंड फ्यूचर—जे. बी. एस. हलडाने।
6. अफ्रीका व्यू—हक्सले।
7. चंगेज़ (गन्गेज़) खान—राल्फ फॉक्स
8. द ड्यूटी ऑफ़ इंपायर—बार्नेस।

इन पुस्तकों की जगह यदि हाल ही में कोई नयी पुस्तक आयी हो तो आप इस सूची में परिवर्तन कर सकते हैं। पत्राचार या पुस्तकें भेजने के लिए पता है—द्वारा सुपरिंटेंडेंट ऑफ़ पुलिस, दार्जिलिंग।

आशा है आप स्वस्थ होंगे। प्यार सहित।

आपका शुभाकांक्षी

सुभाष

पण्डित जवाहरलाल नेहरू

इलाहाबाद

सेंसर द्वारा पास

हस्ता/

सुपरिंटेंडेंट ऑफ़ पुलिस, दार्जिलिंग

नाओमी सी. वैटर को

सेंसर द्वारा पास

इलीजिबल, 6-7

सुपरिंटेंडेंट ऑफ़ पुलिस, दार्जिलिंग

द्वारा द सुपरिंटेंडेंट ऑफ़ पुलिस, दार्जिलिंग

बंगाल, भारत

5 जुलाई, 1936

प्रिय श्रीमती वैटर,

पता नहीं आपको पिछले अप्रैल की 24 तारीख़ का यरवदा जेल पूना से लिखा पत्र मिला या नहीं। उसके बाद से मुझे उत्तरी बंगाल में दार्जिलिंग के निकट में स्थानान्तरित कर दिया गया है। श्रीमती हारग्रोव ने लिखा है कि आप आज

चेकोस्लोवाकिया में हैं, शायद इसी कारण आपकी ओर से कोई समाचार पाने का सौभाग्य प्राप्त नहीं हुआ। इस वर्ष अभी तक विएना का गर्मियों का मौसम सुधरा नहीं होगा। चेकोस्लोवाकिया में मौसम कैसा है?

यह स्थान समुद्रतल से 1,000 मीटर की ऊँचाई पर स्थित है। हिमालय पर्वत श्रृंखला पर स्थित होने के कारण मौसम बहुत अच्छा है, हालाँकि बरसात बहुत होती है। यहाँ के लोगों का कहना है कि यहाँ केवल दो मौसम—सर्दी और बरसात—ही होते हैं। मैं अपने भाई के घर में नज़रबन्द हूँ। यद्यपि यहाँ भी बहुत से प्रतिबन्ध हैं लेकिन फिर भी जेल के जीवन की अपेक्षा अधिक आराम है।

आजकल हमारे समाचार-पत्रों में आस्ट्रिया के समाचार प्रायः छपते रहते हैं। हिमवर और क्लौरिकल पार्टियों के मध्य चल रही रस्साकशी बहुत रोचक है। कुछ पत्रों में समाचार था कि बसन्त तक राजा हॉफ़वर्ग अथवा स्कानवर्न पैलेस में लौट जायेगा। आप तो जानती ही हैं कि इन समाचार-पत्रों की भविष्यवाणियाँ कितनी विश्वसनीय होती हैं।

यहाँ से कुछ और लिखने को नहीं है, शायद आप वहाँ के कुछ रोचक समाचार दें। आपका और डॉ. वैटर का स्वास्थ्य कैसा है।

आप दोनों का सादर,
मैं,

आपका शुभाकांक्षी
सुभाष चं. बोस

पुनश्च : कृपया नया पता नोट कर लें।

सु.च. बोस

श्रीमती एन. सी. वैटर
विएना,

सत्येन्द्रनाथ मजूमदार को

सेंसर द्वारा पास
(अस्पष्ट)
सुपरिंटेंडेंट ऑफ़ पुलिस, दार्जिलिंग

द्वारा सुपरिंटेंडेंट ऑफ़ पुलिस, दार्जिलिंग
18 जुलाई, 1936

प्रिय मित्र,

काफ़ी दिन पहले तुम्हारा 12 जून का पत्र मिला था। पत्रोत्तर देने में विलम्ब हुआ क्षमा करें। पहले भी लम्बे समय तक तुम्हें पत्र नहीं लिख सका था,

तुम्हारी ओर से कभी देरी नहीं हुई, मेरी ही ग़लती थी। यहाँ बहुत आराम महसूस कर रहा हूँ, विशेष रूप से पूना की गर्मी के बाद। पेट दर्द अभी जारी है और गले में इन्फेक्शन हो गयी है। आँतों के लिए एमीटीन के इंजेक्शन ले रहा हूँ और गले के लिए आटोवैक्सीन लेने वाला हूँ। देखते हैं कितना लाभ होता है।

प्रायः तुम्हें याद करता हूँ। ईश्वर ही जानता है कि पुनः कब मिलना होगा। समय-समय पर तुम्हारे समाचार पाकर प्रसन्नता ही होगी। यदि समय पर उत्तर न दे पाऊँ तो, कृपया क्षमा करें।

यहाँ आने के बाद आनन्द बाज़ार के बारे में पूछताछ की। किन्तु मुझे पता चला कि यहाँ कोई एजेंट आनन्द बाज़ार पत्रिका नहीं लेता। प्रेम सहित!

आपका शुभाकांक्षी
सुभाष चन्द्र बोस

श्री सत्येन्द्र एन. मजूमदार

किट्टी कुर्टी को

सेंसेर द्वारा पास
सुपरिंटेंडेंट ऑफ़ पुलिस
दार्जिलिंग

द्वारा द सुपरिंटेंडेंट ऑफ़ पुलिस
दार्जिलिंग
भारत
25 जुलाई, 1936

प्रिय श्रीमती कुर्टी,

आपका कृपापत्र मिला। 25 मई का आपका पत्र कुछ दिन पहले मिला था। पत्र का उत्तर देने में विलम्ब हुआ क्षमा चाहता हूँ। भारत में मेरे साथ क्या व्यवहार हुआ इसकी सूचना आपको कैसे मिली। आप तो अंग्रेज़ी समाचार-पत्र पढ़ती नहीं और मैंने बम्बई पहुँचने के बाद आपको पत्र लिखा नहीं। क्या बर्लिन के समाचार-पत्रों में कोई समाचार छपा था।

आपके पत्र से यह जानकर प्रसन्नता हुई कि आप मनोविज्ञान पर अपने लेखों व कविताओं का संग्रह प्रकाशित करवा रही हैं। पता नहीं मैंने आपको बताया था या नहीं कि मैं मनोविज्ञान का छात्र था किन्तु बाद में राजनीति में आने के कारण वह सब छोड़ना पड़ा। यहाँ लौटने के बाद से फिर मनोविज्ञान पर पुस्तकें पढ़ने का प्रयत्न करता रहता हूँ। आजकल स्वप्नों पर फ्रॉयड की पुस्तक

पढ़ रहा हूँ और अपने स्वप्नों पर उसके सिद्धान्त लागू करके देख रहा हूँ। क्या आप किसी अन्य ऐसे लेखक के विषय में बतायेंगी जिसने फ्रॉयड के बाद स्वप्नों के सन्दर्भ में उसके विश्लेषण के सिद्धान्तों को आगे बढ़ाया हो। यदि ऐसा है तो कृपया मुझे पुस्तकों के नाम अवश्य लिखें और बताये कि क्या अंग्रेज़ी में वे पुस्तकें प्रकाशित हुई हैं? मेरे विचार से तो अंग्रेज़ी में मनोवैज्ञानिकों ने इस दिशा में कोई कार्य नहीं किया। सम्भव है जर्मन, फ्रेंच अथवा आस्ट्रियन मनोवैज्ञानिक ने फ्रॉयड के स्वप्न विज्ञान को आगे बढ़ाया हो।

एक अन्य बात जो मैं जानने को उत्सुक हूँ, किन्तु आपसे पूछने में झिझकता हूँ, क्योंकि यह व्यक्तिगत प्रश्न है। आपके मनोविज्ञान के अध्यापकों के नाम और आपने परीक्षा कहाँ से पास की जानना चाहता हूँ?

इस प्रश्न को पूछने का मेरा एक उद्देश्य है। जिस विषय में, विशेष रूप से शिक्षा मनोविज्ञान, आपकी रुचि है। उसमें विश्व के बहुत-से स्त्री-पुरुषों की भी रुचि होगी। यदि आप किसी विश्वविद्यालय के नियमित विद्यार्थी (मेरा ख़याल है आपने मनोविज्ञान की शिक्षा किसी विश्वविद्यालय के नियमित विद्यार्थी के रूप में नहीं ली) इस विषय में रुचि रखने वाले लोग, जो यूनिवर्सिटी में दाख़िला नहीं ले सकते, वे आपके उदाहरण से लाभ उठाकर मनोविज्ञान विषय में पारंगत न हो जायें।

डॉ. जुंग, जिन्हें आप जूरिख में मिली थीं, के विषय में आपकी राय जानना चाहूँगा। क्या पहले कभी उनसे मुलाक़ात हुई थी? क्या आप डॉ. जुंग की हाल ही में प्रकाशित पुस्तक या ब्रोशर के बारे में बता सकती हैं जो मनोविश्लेषण विषय से सम्बद्ध हो। फ्रॉयड के दमन के विचारों और मनोविश्लेषण के विचारों को उन्होंने अपने विचारों में कितना विस्तार दिया है? पिछले दस वर्षों के उनके कार्यों से मैं पूर्णतः अनभिज्ञ हूँ।

आर्थर एवलॉन की पुस्तकों से तो मैं परिचित हूँ, किन्तु हैनरिख ज़िमर की कोई चीज़ नहीं पढ़ी है। उनकी पुस्तकें कौन-सी हैं और क्या उनका अंग्रेज़ी में अनुवाद हुआ है? क्या एवलॉन की पुस्तकें आपने अंग्रेज़ी में पढ़ी हैं?

आपने सी. जे. जुंग की पुस्तक 'सोल प्रॉब्लम्स ऑफ़ द प्रेजेंट टाइम' तथा 'रियेलिटी ऑफ़ द सोल' का ज़िक्र किया है। क्या ज्यूरिख के मनोविश्लेषक और ये एक ही व्यक्ति हैं। ये पुस्तकें पूर्णतः मनोवैज्ञानिक समस्याओं से सम्बद्ध हैं अथवा दर्शन से सम्बद्ध हैं? श्री जुंग कौन हैं और क्या करते हैं? मैं पता करूँगा कि कलकत्ता विश्वविद्यालय के पुस्तकालय में ये दो पुस्तकें उपलब्ध हैं अथवा नहीं।

क्या आपकी रुचि शिक्षा मनोविज्ञान के साथ-साथ शिक्षा पद्धतियों में भी है? यदि है तो मैं स्विट्ज़रलैंड के कुछ व्यक्तियों के पते आपको दूँगा जिनसे आप अवश्य मिलें, वे लोग शिक्षा की नयी पद्धतियों पर कार्य कर रहे हैं।

क्या आपने पिछले वर्ष जर्मन भाषा में छपी शिवट्जर की पुस्तक 'इंडियन मिस्टीसिज्म एंड एथिक्स' पढ़ी? आपको कैसी लगी?

क्या आपने प्रोफ़ेसर हूवर का लिखा कुछ पढ़ा है? मेरे विचार से वे गोहिगन विश्वविद्यालय में संस्कृत के प्रोफ़ेसर हैं और ग्लूबेनसबरगुं से भी सम्बद्ध हैं। उनके विचारों में लोकहित बढ़ोतरी पर है अथवा गिरावट की ओर है?

लम्बी चुप्पी के पश्चात काफ़ी लम्बा पत्र लिखा है। आशा है आप मेरा लेख पढ़ लेंगी। अनेकों प्रश्न पूछने के लिए कृपया क्षमा करें।

उम्मीद है ओलम्पिक खेलों के कारण आप बर्लिन में बहुत व्यस्त रही होंगी। श्री कुर्टी व आपको शुभकामनाएँ।

आपका शुभाकांक्षी

सुभाष चन्द्र बोस

श्रीमती किट्टी कुर्टी

बर्लिन

पुनश्च : यदि मेरा वर्तमान पता आपके पास न हो तो मेरे स्थायी पते पर ही पत्र लिखें जो इस प्रकार है—1, वुडबर्न पार्क, कलकत्ता, वहाँ से डाक मुझ तक भिजवा दी जायेगी।

सु. चं. बोस

जार्ज डी. सिल्वा, उपाध्यक्ष, महाकोशल प्रोविंशियल कांग्रेस कमेटी को

19 अगस्त, 1936

पिछला पत्र लिखने के बाद दार्जिलिंग के एक जीवाणु विज्ञानी ने मुझे एक रिपोर्ट और आटोवैक्सीन भेजे हैं जो उन्होंने थ्रोट स्वैब (गले की लार) से तैयार किये हैं। उन्होंने मुझे राय दी है कि मैं इसके आठ इंजेक्शन लगवाऊँ। इसके अलावा उन्होंने कुछ अन्य दंडाणुओं की भी खोज की है जैसे—न्यूमो बैसिलिस, न्यूमोकोकस, स्ट्रैपोकोकस, माइक्रोकोकस, बैटरहेलिस, स्टैफिलोकोकस तथा कुछ डिप्थीरियाइड बैसिली आदि। इन महाशय ने मुझे यह भी बताया है कि इनमें से कुछ बैसिली एक सामान्य व्यक्ति में विद्यमान होते हैं? अतः मुझे यह सोचना पड़ा कि ये एंफ्लूएंजा के लक्षण हैं जो गले के इन्फेक्शन के कारण है। यदि यह सत्य है तो चिन्ता की कोई बात नहीं, वरना, मुझे फेफड़ों की जाँच पर विचार करना पड़ता, क्योंकि शाम के समय हल्का-हल्का बुख़ार, हल्का कफ़ और वज़न कम होना आदि उसी ओर संकेत करते हैं। किन्तु अब मुझे कुछ आशा बँधी है।

फ़िलहाल मैंने एमीटीन के इंजेक्शन बन्दकर के आटोवैक्सीन के कुछ अन्य इंजेक्शन लगवाने शुरू किये हैं। किन्तु मुझे एमीटीन इंजेक्शनों का एक और कोर्स करना होगा, क्योंकि पहले कोर्स से मुझे कोई विशेष लाभ नहीं हुआ है। आँतों की परेशानी अभी भी जारी है।

कलकत्ता के एक मित्र को

4 सितम्बर, 1936

मेरा स्वास्थ्य अभी भी वैसा है जैसा तब था जब तुमने मुझे देखा था। गले की बीमारी तो ठीक नहीं हुई है बावजूद इसके कि आटोवैक्सीन के इंजेक्शन लगवाये। तुम्हारे बाद दार्जिलिंग का सिविल सर्जन मुझे देखने आया था। उसका कहना है कि गले के इन्फेक्शन ही बीमारी की जड़ है अतः और आटोवैक्सीन तैयार करना होगा। पेट दर्द व लीवर के आस-पास के दर्द के बारे में उनका मानना है कि यह विएना में कराये गये ऑपरेशन के बाद पैदा हुआ प्रभाव है। उसने एमीटीन इंजेक्शनों का एक और कोर्स करने की राय दी है। किसी माह मैं यह इलाज़ कराऊँगा और यदि फिर भी प्रगति नहीं हुई तो गम्भीरता से इस पर विचार करना होगा।

सन्तोष कुमार सेन को

सेंसर द्वारा पास
हस्ता/-
सुपरिंटेंडेंट ऑफ़ पुलिस
दार्जिलिंग

सुपरिंटेंडेंट ऑफ़ पुलिस
दार्जिलिंग
5 सितम्बर, 1936

प्रिय डॉ. सेन,

मेरे एक मित्र श्री गिरिजा प्रसन्ना सान्याल के लिए आपको कष्ट दे रहा हूँ। ये कलकत्ता हाईकोर्ट में वकील हैं और पुरानी व गम्भीर...बीमारी (उनकी बीमारी की इससे ज़्यादा व्याख्या मैं नहीं कर सकता) के इलाज़ के लिए विएना जा रहे हैं। ये मेरे बड़े भाई सरत के सहपाठी और मित्र हैं। उनका इरादा 'कान्टे वरडे' जहाज़ से आने का है जो 10 सितम्बर को बम्बई से रवाना होकर निश्चित स्थान (वेनिस या जेनेवा) पर 27 तारीख़ को पहुँचेगा। अगले दिन उन्हें विएना

पहुँच जाना चाहिए। वे वहाँ कुछ भारतीय चिकित्सकों से राय लेना चाहते हैं कि इलाज़ हेतु किसे दिखाएँ। इस विषय में कोई राय देने में मैं असमर्थ हूँ और विएना में अनुभवी मित्र नहीं हैं। उन्होंने प्रो. वॉन नूरडैन के बारे में सुन रखा है जो आहार विशेषज्ञ के रूप में अन्तरराष्ट्रीय ख्याति प्राप्त हैं, किन्तु मुझे नहीं पता कि वे जोड़ों के विशेषज्ञ हैं या नहीं। आप आसानी से पता कर सकते हैं कि श्री सान्याल को किससे सम्पर्क करना चाहिए।

मैंने उन्हें आपके पुराने घर का पता अल्सर स्ट्रासे तथा द्वारा अमेरिकन मेडिकल एसोसिएशन, दोनों ही दे दिये हैं और उन्हें कह दिया है कि वे आपको विएना पहुँचने के समय की सही सूचना टेलिग्राम द्वारा या पत्र लिखकर सूचित करें। यदि उनका पत्र मिले तो ठीक है। वरना आप विएना स्थित लॉयड ट्रिस्टोनो के कार्यालय से पता कर सकते हैं कि विएना के लिए अगली गाड़ी कब रवाना होगी। आप उन्हें स्टेशन पर मिल सकते हैं। मैंने उन्हें राय दी है कि यदि स्टेशन पर कोई नहीं मिलता तो वे होटल डी फ्रांस में रुक सकते हैं। उनके वहाँ पहुँचने पर आप भी वहाँ पहुँच सकते हैं। यदि कान्ट वरडे में सीट उपलब्ध नहीं हुई तो वे अगले जहाज़ से रवाना होंगे।

आशा है आप पूर्ण स्वस्थ होंगे। आशा है उन्हें पूर्ण सहयोग देंगे। सभी मित्रों को मेरा यथायोग्य प्रणाम।

सेवा में, आपका अपना
डॉ. एस. के. सेन सुभाष चं. बोस
विएना

जॉर्ज डॉ. सिल्वा, उपाध्यक्ष, महाकोशल प्राविंशियल कांग्रेस कमेटी को

द्वारा द सुपरिंटेंडेंट ऑफ़ पुलिस
दार्जिलिंग
11 सितम्बर, 1936

प्रिय डॉक्टर,

आपके दो पत्रों का उत्तर न दे पाने के लिए क्षमाप्रार्थी हूँ। आपका 6 अगस्त का पत्र मुझे 11 अगस्त को और 16 अगस्त का पत्र 27 अगस्त को मिला।

पिछला पत्र लिखने के बाद मैंने आटोवक्सीन का कोर्स पूरा कर लिया है। उनका कोई विशेष प्रभाव नहीं हुआ अतः और वैक्सीन तैयार करने होंगे। मुझे आशंका है कि क्या ये इंजेक्शन इन्फेकशन को जड़ से उखाड़ पायेंगे। 9 तारीख़ को सर नीलरत्न सरकार और दार्जिलिंग के सिविल सर्जन ने संयुक्त रूप से मेरा

परीक्षण किया। उन्होंने सरकार को अपनी रिपोर्ट भेजी है, पता नहीं वे किस नतीजे पर पहुँचे हैं। जैसे ही मुझे पता चलेगा आपको सूचित करूँगा, एक चिकित्सक के रूप में आपकी भी उसमें रुचि होगी।

आपने मेरे वज़न का रिकॉर्ड माँगा है। जो इस प्रकार है–(1) अप्रैल-15, यरवदा जेल, 174-1/2 पाउंड (2) जून मध्य में कुर्सियांग–171 पाउंड (3) जुलाई के अन्त में कुर्सियांग–168 पाउंड (4) 9 सितम्बर कुर्सियांग–164 पाउंड।

1932 में जब से मुझे बीमारी ने घेरा, उससे पहले, मेरा सामान्य वज़न, उस समय के वज़न से जब मुझे 1921 में जनवरी माह में सियोनी जेल में डाला गया, कहीं अधिक था। उस समय मेरा वज़न 185 पाउंड था।

अन्य कष्ट जो मैंने अपने पिछले पत्र में लिखे थे वे अभी भी हैं जैसे हल्का-हल्का बुख़ार, लीवर के आस-पास मीठा-मीठा दर्द। इस दर्द का सम्बन्ध खान-पान से नहीं है और उस तेज़ दर्द से भी अलग है, जो गॉल-ब्लैडर में होता था और गॉल-ब्लैडर निकाल देने के बाद से ग़ायब है। मैं एमीटीन इंजेक्शन का कोर्स कर रहा हूँ और मेरी बाँहें सुइयाँ चुभने से बेहद दर्द कर रही हैं। मरीज़ का दुर्भाग्य है कि आप चिकित्सकों के हाथों यह कष्ट सहने के अलावा उसके पास दूसरा कोई रास्ता नहीं।

कुछ दिन मौसम बहुत साफ़ था किन्तु अब फिर बरसात का, बेकार का मौसम शुरू हो गया है। आशा है इस वर्ष की मानसून की यह आख़िरी झंडी होगी। फिर भी कुछ कहा नहीं जा सकता। देश के इस भाग में सितम्बर तक भी बरसात हो सकती है। आशा है आप सभी वहाँ पूर्णतः स्वस्थ हैं। शुभकामनाओं सहित।

डॉ. जार्ज डॉ. सिल्वा — आपका शुभाकांक्षी
जबलपुर — सुभाष चं. बोस

अमर कृष्ण घोष को

30 सितम्बर, 1936

प्रिय अमर बाबू,

यह जानकर प्रसन्नता हुई कि आप भारतीय रिजर्व बैंक का पुनः चुनाव लड़ रहे हैं। मुझे पूर्ण विश्वास है कि इस बार आप सफल हो जायेंगे। मेरी शुभकामनाएँ स्वीकार करें। आप समझ ही सकते हैं कि जिन परिस्थितियों में घिरा हूँ, उनमें आपके किसी काम नहीं आ सकता और फिर शायद आपके चुनावकर्ताओं पर मेरा प्रभाव भी नहीं है। फिर भी आशा करता हूँ कि पिछले चुनाव के आपके सहयोगी इस चुनाव में भी आपको सहयोग देंगे और आपको जिताने में सफल रहेंगे।

एक बोर्ड के एक सदस्य के रूप में आप बहुत-सा उपयोगी कार्य कर सकते हैं। मेरी शुभकामनाएँ आपके साथ हैं।

पिछले कुछ दिनों से मेरा स्वास्थ्य ठीक नहीं है। आशा है आप सभी स्वस्थ होंगे।

तुषार कान्ति घोष को

8 नवम्बर, 1936

प्रिय तुषार बाबू,

मुझे लग रहा था कि तुम्हारे पिछले पत्र का उत्तर मैंने दे दिया था और तुमने पत्र लिखना बन्द कर दिया है, किन्तु तुम्हारी फ़ाइल देखने पर पता चला कि मैं ग़लत था, बहुत पहले मिले तुम्हारे पत्र का उत्तर नहीं दिया था। किन्तु अब मैं उस ग़लती में सुधार कर रहा हूँ तुम्हें पत्र लिखकर।

दुर्गापूजा आयी और चली गयी और अब तुम पुनः अपने नीरस कार्य में व्यस्त हो गये होंगे। एक कैदी की कोई छुट्टी नहीं होती।

कृपया मेरी और से विजयादशमी का प्यार और शुभकामनाएँ स्वीकार करो और घर में भी सभी को मेरी शुभकामनाएँ देना। आप सब कैसे हैं?

अपने स्वास्थ्य के विषय में बताने को कुछ विशेष नहीं है सिवा इसके कि वज़न कुछ कम हुआ है। सियाटिका का दर्द पहले से ठीक है, अतः घूमने-फिरने लायक हूँ।

तुम्हारा शुभाकांक्षी
सुभाष चं. बोस

शरत चन्द्र बोस को

द्वारा द सुपरिंटेंडेंट ऑफ़ पुलिस
दार्जिलिंग

4 दिसम्बर, 1936

प्रिय मेजदादा,

आपका 27 नवम्बर का पत्र मुझे 2 तारीख़ को मिला। बीच का जो पत्र आपको नहीं मिला वह दार्जिलिंग से समय पर भेजा गया था। होटल सिसिल, शिमला के पते पर भेजा था। शायद होटल वाले आपको देना भूल गये।

श्री कृपलानी ने भी ऐसा ही पत्र मुझे सुपरिंटेंडेंट ऑफ़ पुलिस, दार्जिलिंग के पते पर भेजा है। दिसम्बर में वह पत्र मिला, तुरन्त उत्तर दे दिया है और अपना

नाम वापस ले लिया है ताकि निर्विरोध चुनाव सम्भव को सके। आशा है उन्हें समय पर पत्र मिल जायेगा।

पिछली बार जब पत्र लिखा था तब से अब तक मौसम में कुछ परिवर्तन है। पिछले 7-8 दिन से प्रातः दो-तीन घण्टे धूप निकलती है। यही काफ़ी है। पुनः सियाटिका का दर्द नहीं हुआ है। सभी सावधानियाँ बरत रहा हूँ। काफ़ी सर्दी है किन्तु यदि कुछ सूरज की गर्मी भी मिले तो बहुत अच्छा रहे।

उत्तरी कलकत्ता को कोई विकल्प खोजना पड़ेगा क्योंकि मैंने अपना निर्णय नहीं बदला है। मुझे बंगाल असेम्बली का सदस्य बनाना व्यर्थ है जबकि मैं राज्य-क़ैदी हूँ।

यह जानकर बहुत प्रसन्नता हुई कि श्रीमती फिलिप मिलर शीघ्र ही कलकत्ता आ रही हैं। यह बहुत अच्छा लगेगा कि वे मुझे मिलने यहाँ आयें, किन्तु उन्हें यहाँ आने में बहुत कठिनाई होगी। अतः आप उनका ध्यान रखें। यदि वे देश और भाषा को जानतीं तो बात और थी। यदि वे यहाँ आने को बहुत उत्सुक हों तो कृपया ध्यान रखें कि वे सप्ताहान्त यहाँ पर व्यतीत कर पाये। इस दशा में अमित और कोई एक लड़की उनके साथ होनी चाहिए। तभी वे यहाँ दार्जिलिंग आने का लाभ ले पायेंगी। यदि यह विचार आपको ठीक लगे तो अमि व्यक्तिगत रूप में श्री ब्लेयर, अवर सचिव से मिलकर अनुमति ले सकता है। व्यक्तिगत रूप से मिलने से कार्य जल्दी और आसान हो जायेगा। इसके बिना मुझे आशंका है कि श्रीमती फिलिप को अत्यधिक कष्ट का सामना करना पड़ेगा। सामान्यतः मुलाक़ात का समय एक घण्टा होता है। शेष समय वे कुर्सियांग में क्या करेंगी और अपना समय कैसे व्यतीत करेंगी। इस विषय में गम्भीरता से विचार करें और श्रीमती फ़िलिप मिलर को भी समझाएँ। आशा है आपके आतिथ्य में वे घर जैसा अनुभव करेंगी।

आशा है आप भी स्वस्थ होंगे। मेरा स्वास्थ्य पहले जैसा ही है कुछ पाउंड वज़न और कम हुआ है।

आपका शुभाकांक्षी

सुभाष

एस.ती. बोस

कलकत्ता

यह पत्र गिद्धपहाड़, कुर्सियांग, ज़िला-दार्जिलिंग के नज़रबन्द कैम्प से लिखा था।

सीताराम सेक्सरिया को

द्वारा डी.सी.एस.बी., सी.आई.डी.
14, लॉर्ड सिन्हा रोड
कलकत्ता
26 दिसम्बर, 1936

प्रिय सीताराम जी,

आपका 15 तारीख़ का पत्र पाकर प्रसन्नता हुई, उसकी विषय-वस्तु की प्रशंसा करता हूँ। आप जैसे मित्रों के प्यार के कारण ही मैं अपनी मुसीबतों से उबर पाया हूँ। आशंका है कि अभी बहुत देर है, जब मैं एक आज़ाद व्यक्ति के रूप में आपसे मिल पाऊँगा। जो भी मेरे रास्ते में बाधाएँ आयेंगी मुझे उनका धैर्यपूर्वक सामना करना होगा। आप तो जानते ही हैं कि नज़रबन्द कैदी को किन परिस्थितियों में मुलाक़ात की अनुमति दी जाती है। उन परिस्थितियों में मुलाक़ात में न तो मित्रों की दिलचस्पी रहती है और न मेरी। आशा है आप मेरी इस बात से सहमत होंगे। फिर मुझे मुलाक़ात के लिए कष्ट क्यों उठा रहे हैं।

समाचार-पत्रों से आपको ख़बर मिल ही गयी होगी कि आजकल कलकत्ता मेडिकल कॉलेज अस्पताल में मेरा इलाज़ चल रहा है।

सभी मित्रों व आपको प्रेमपूर्ण नमस्कार।

मैं,
सीताराम सेक्सरिया
कलकत्ता

आपका शुभाकांक्षी
सुभाष चं. बोस

किटी कुर्टी को

कलकत्ता मेडिकल कॉलेज अस्पताल
5 जनवरी, 1937

प्रिय श्रीमती कुर्टी,

कुछ दिन पहले आपका लम्बा पत्र मिला। पत्र के उत्तर में हुए विलम्ब के लिए क्षमा चाहता हूँ। आपने जो मनोविज्ञान की पुस्तकों की सूची भेजी वह भी मिली। इस बीच मुझे कलकत्ता अस्पताल में ले आया गया है, क्योंकि दार्जिलिंग के समीप जिस स्थान पर मुझे नज़रबन्द किया गया था वहाँ मेरा स्वास्थ्य बिगड़ रहा था। दिसम्बर मध्य से मैं यहीं पर हूँ। नहीं जानता अभी कितने दिन और यहाँ रहूँगा, फिर भी अधिक दिन यहाँ रुकना नहीं होगा। इसलिए यदि आप मुझे

पत्र लिखें तो कृपया मेरे घर के पत पर लिखें—1, वुडबर्न पार्क, कलकत्ता, मैं उस समय जहाँ कहीं भी होऊँगा वे वहीं मुझे पत्र भिजवा देंगे।

जानकर हर्ष हुआ कि आप तातरा पर्वतों की यात्रा पर गयी थीं। चित्रों से आभास हो रहा है कि वहाँ दृश्य बहुत मनोरम रहे होंगे।

यहाँ आने के बाद से कुछ स्वस्थ महसूस कर रहा हूँ। चिकित्सक पूर्ण निरीक्षण कर रहे हैं, पता लगाने के लिए कि मुझे क्या कष्ट है। मुख्य कष्ट गला ख़राब होने का है अर्थात सेप्टिक टांसिल्स।

मनोवैज्ञानिक डॉ. जुंग से मिलने आप कब जा रही हैं। यदि जिनेवा जायें तो डॉ. श्रीमती पी गहीब से भी मिलने का प्रयत्न करें। वे ओडमवाल्ड जर्मनी में एक स्कूल चलाती थीं। जर्मनी छोड़कर अब उन्होंने जिनेवा के निकट स्कूल का नियन्त्रण अपने हाथ में ले लिया है। उस स्कूल का नाम है—मोनीर इंस्टीट्यूट जो वेरसोइक्स में है जहाँ जिनेवा से टैक्सी द्वारा आधे घण्टे में पहुँचा जा सकता है। आप श्रीमती गहीब व उनके स्कूल को देखकर प्रसन्न होंगी। मैं भी वहाँ उनसे मिला था और मुझे बहुत अच्छा लगा।

अपनी अस्वस्थता के कारण पिछले कई दिनों से कुछ विशेष अध्ययन नहीं कर पाया हूँ। किन्तु फ्रायड की पुस्तक इंटरप्रेटेशन ऑफ़ ड्रीम पढ़ रहा हूँ और अपने स्वप्नों का विश्लेषण भी करने का प्रयास कर रहा हूँ। क्या विएना में आप वृद्ध फ्रॉयड से मिलीं? यदि मिलीं तो आपको वे कैसे लगे और आपने उनसे क्या बातचीत की?

अब यहीं समाप्त करता हूँ। श्री कुर्टी व आपको शुभकामनाएँ।

श्रीमती किट्टी कुर्टी — आपका शुभाकांक्षी

बर्लिन — सुभाष चन्द्र बोस

रवीन्द्रनाथ टैगोर को

द्वारा डी. सी. एस. बी. (कलकत्ता)
14, लार्ड सिन्हा रोड
कलकत्ता
30 जनवरी, 1937

माननीय,

आपकी संचयिता पाकर अत्यधिक प्रसन्नता हुई। आपने मुझे याद किया यह मेरे लिए अपार हर्ष का विषय है। आपके हाथों आशीर्वाद पाकर स्वयं पर गर्व अनुभव कर रहा हूँ।

आप जानते ही हैं कि आपके स्वास्थ्य के विषय में हम सभी लोग सदैव चिन्तित रहते हैं। कृपया मेरा सादर प्रणाम स्वीकार करें।

मेडिकल कॉलेज अस्पताल
कलकत्ता

आपका आज्ञाकारी
सुभाष चन्द्र बोस

नाओमी सी. वैटर को

सेंसर द्वारा पास
इलीजिबल (अस्पष्ट)
4 फ़रवरी, 1937
कृते डी. सी. एस. बी.

मेडिकल कॉलेज अस्पताल
कलकत्ता
3 फ़रवरी, 1937

प्रिय श्रीमती वैटर,

2 जनवरी का आपका लम्बा पत्र 28 तारीख़ को प्राप्त हुआ, प्रसन्नता हुई। पहले भी आपको लिखा था कि मुझे कलकत्ता लाया गया है। पिछले दिसम्बर के मध्य से मैं यहाँ मेडिकल कॉलेज अस्पताल में हूँ। पता नहीं कब तक यहाँ रहूँगा। इसलिए यदि आप मुझे पत्र लिखें तो कृपया मेरे घर के पते पर ही लिखें जो इस प्रकार है–1, वुडबर्न पार्क, कलकत्ता। वहाँ से मेरी डाक मुझ तक पहुँचा दी जायेगी। अभी कह नहीं सकता कि यहाँ से कब और कहाँ से जाया जाऊँगा।

जब से यहाँ आया हूँ लगातार उपचार और परीक्षण चल रहा है। गले और जिगर में कष्ट है, अतः उसका इलाज़ चल रहा है। आँखें भी कुछ कष्ट देने लगी हैं, कल जाँच करवाने जाऊँगा। भारत लौटने के बाद से 10 किलो वज़न कम हुआ है। डॉक्टरों की राय है कि फेफड़ों में कोई कष्ट नहीं है। अतः मैं स्वयं को समझाता हूँ कि मैं दुबला हो रहा हूँ जैसा कि यूरोप में फैशन है।

शेष ऐसा कुछ नहीं जिसमें आपकी दिलचस्पी हो। यहाँ मैं अपने रिश्तेदारों से मिल सका हूँ जो मुझे मिलने विशेषरूप से मेरी माताजी, दार्जिलिंग तक जा नहीं सकते। चूँकि मेरी माता चल-फिर सकने में असमर्थ हैं। इसलिए सरकार ने सप्ताह में दो बार उनसे मिलने को मुझे अनुमति दी है। यद्यपि पुलिस संरक्षण में आता-जाता हूँ।

आपकी पुरानी परेशानी व बीमारी को जानकर चिन्ता हुई। यह तो अच्छा है कि विएना में इस वर्ष अधिक ठंड नहीं पड़ी, और मुझे आशा है कि बसन्त ऋतु

प्रारम्भ होते ही आप बेहतर अनुभव करने लगेंगी। आपके स्वास्थ्य के लिए मेरी शुभकामना स्वीकार करें।

इससे पहले कि भूल जाऊँ, एक प्रश्न पूछ लूँ। कुछ समय पूर्व भारतीय समाचार-पत्रों में समाचार छपा था कि कुछ माह पूर्व चांसलर स्कूसिंग ने मरिया जेल में चुपचाप विवाह कर लिया है। किसी समाचार एजेंसी को ख़बर नहीं थी इसलिए कह नहीं सकते कि वह कोरी गयी ही थी या नहीं। आजकल यूरोप में लोगों के बारे में, उन लोगों के बारे में जो लोगों की नज़र में महत्त्वपूर्ण हैं, के बारे में बहुत व्यर्थ कहा और लिखा जा रहा है।

आस्ट्रिया में सैलानियों के आगमन से बढ़ी भीड़भाड़ से आस्ट्रिया रेलवे को तथा आस्ट्रियन सरकार को लाभ ही होगा। यह एक अच्छा शौक़ है, काश हमारे भारतवासियों में भी ऐसा शौक़ पैदा हो पाता।

मैं जानना चाहूँगा कि आजकल डॉ. वैटर कौन-सी पुस्तक लिखने में व्यस्त हैं। कब तक प्रकाशित होने की आशा है।

विएना के सम्बन्ध में आपने जो बुकलेट भेजी है उसके लिए धन्यवाद! दरअसल मुझे दो बुकलेट प्राप्त हुई हैं—एक में केवल चित्र हैं और दूसरी में चित्र तथा कैलेंडर है। सेंसरवालों ने मुझे कवर नहीं भेजा इसलिए मैं यह नहीं समझ पाया हूँ कि ये बुकलेट मुझे किसने भेजी है। मेरा विचार है कि पहली बुकलेट आपने भेजी है।

कृपया अपने स्वास्थ्य के अन्य समाचार भी दें। आशा है डॉ. वैटर पूर्ण स्वस्थ हैं, आपके पुत्र व दामाद भी स्वस्थ होंगे। सभी को यथायोग्य।

मैं,

श्रीमती एन. सी. वैटर
विएना

आपका शुभाकांक्षी
सुभाष चन्द्र बोस

सुनील मोहन घोष मौलिक को

सेंसर द्वारा पारित

हस्ताक्षर, अस्पष्ट

द्वारा डी. सी. एस. बी. (कलकत्ता)
14, लॉर्ड सिन्हा रोड
कलकत्ता
22 फ़रवरी, 1937

प्रिय सुनील,

कुछ समय पूर्व तुम्हारे तीन पत्र मिले थे, लिखने को कुछ विशेष नहीं था अतः उत्तर नहीं दिया। सब लोग कैसे हैं?

आशा है तुम शहर छोड़कर ग्रामीण बन चुके हो, यद्यपि पंचथुपी को गाँव नहीं कह सकते। वहाँ स्वास्थ्य कैसा है? कलकत्ता में तो शायद चिकनपॉक्स आदि फैला था।

पिछले दो माह कलकत्ता मेडिकल कॉलेज अस्पताल में था। यहाँ आने के बाद से पेट दर्द में सुधार हुआ है और गले की दशा भी पहले से बेहतर है। अन्य लक्षण अभी विद्यमान हैं। यानी वज़न कम होना और बुख़ार रहना आदि। देखते हैं क्या होता है। पता नहीं कितने दिन और यहाँ रहूँगा।

शुभकामनाओं सहित,

सुनील मोहन घोष मौलिक — तुम्हारा शुभाकांक्षी

पंचथुपी, मुर्शिदाबाद — सुभाष चन्द्र बोस

किट्टी कुर्टी को

कलकत्ता

17 मार्च, 1937

प्रिय श्रीमती कुर्टी,

30 जनवरी का आपका पत्र 3 मार्च को मिला, पत्र व इलाज़ के सम्बन्ध में दिये गये सुझावों के लिए धन्यवाद। ज्यूरिख के बर्शर बैनर के बारे में मैंने भी सुना है। उनकी पद्धति यूरोपवासियों के लिए ठीक है जो लोग मांस व मदिरा सेवन करने के आदी हैं, मेरे जैसे व्यक्तियों के लिए नहीं जो मीट कभी-कभार (प्रायः न के बराबर) खाते हैं और मदिरा पीते ही नहीं। फलों, सलाद आदि के विषय में आपके विचारों से मैं सहमत हूँ। उसी प्रकार का भोजन ले भी रहा हूँ। शेष बातों के लिए मुझे तब तक इन्तज़ार करना होगा जब तक कि अपनी इच्छानुसार भोजन करने को स्वतन्त्र नहीं हो जाता।

हाँ, ज्येरिख में मेरे कुछ भले मित्र हैं। वे प्राकृतिक चिकित्सा तथा शाकाहारी भोजन में विश्वास करते हैं तथा जीवन के प्रति जिनकी निष्पक्ष दृष्टि है। बासराडॉर्फ में उनकी अपनी कॉलोनी है जो ज्यूरिख से ट्रेन यात्रा द्वारा 20 मिनट की दूरी पर है। कृपया श्री बर्नर ज़िम्मरमन से सम्पर्क करें और उन्हें मेरा नमस्कार दें। उनका पता भेज रहा हूँ। आशा है वे अभी वहीं होंगे।

श्री बर्नर ज़िम्मरमन

विस्काफ़टरिंग गैनासनशैफ़ट ज्यूरिख, पोस्टबैग 36

हाफटबहनोफ ज्यूरिख

(टेली-एफ. 3521)

यदि आप ज्यूरिख जायें और डॉ. जुंग से मिलें तो उनके मनोविज्ञान पर किये कार्य तथा उनके बारे में अपनी राय से मुझे भी अवगत कराएँ। क्या रोलां की पुस्तक 'द एन्चान्टेड सोल' का अंग्रेज़ी अनुवाद हुआ है?

आजकल आप हस्तलेख विज्ञान पढ़ रही हैं तो मेरा विश्लेषण क्यों नहीं करतीं?

कृपया फ्रॉयड व उनके परिवार के सम्बन्ध में तथा अन्य व्यक्तियों, जिनसे आप मिले, के विषय में मुझे अवश्य लिखें।

यह जानकर प्रसन्नता हुई कि अब आप चलने-फिरने लायक हो गयी हैं। आप उत्तरी अमेरिका क्यों नहीं जातीं, इससे यूरोपीय वातावरण से परिवर्तन भी होगा। आख़िरकार नया विश्व पुराने (यूरोप) से पृथक् है।

मैं समझ सकता हूँ कि अब आप क़स्बे के जीवन से ऊब चुकी हैं, विशेषरूप से बर्लिन जैसी जगह में। इसलिए कुछ सप्ताह ग्रामीण क्षेत्र में जाना सुखद होगा। जब तक यह पत्र बर्लिन पहुँचेगा, आप शायद स्विट्ज़रलैंड में होंगी, किन्तु मुझे आशा है कि यह पत्र आप तक वहाँ पहुँचा दिया जायेगा।

मैं अभी कलकत्ता अस्पताल में हूँ, किन्तु शीघ्र ही कहीं और स्थानान्तरित कर दिया जाऊँगा—कह नहीं सकता कहाँ।

स्वास्थ्य पूर्ववत है। श्री कुर्टी को मेरा नमस्कार व शुभकामनाएँ।

कविताओं के लिए धन्यवाद।

कृपया मुझे स्थायी पते पर पत्र लिखें—

1, वुडबर्न पार्क
कलकत्ता।

आपका शुभाकांक्षी
सुभाष चन्द्र बोस

श्रीमती किट्टी कुर्टी
बर्लिन

नाओमी सी. वैटर को

1, वुडबर्न पार्क
कलकत्ता
5 अप्रैल, 1937

प्रिय श्रीमती वैटर,

आपके 17 और 22 मार्च के पत्र मुझे एयरमेल से प्राप्त हुए। 17 मार्च को मेरी अचानक रिहाई के बाद से लोगों ने मुझे घेर रखा है और मुझे पत्राचार करने

का समय नहीं मिल पाया। इसलिए पहले पत्र नहीं लिख पाया, क्षमा चाहता हूँ। एयरमेल से कुछ पंक्तियाँ लिख रहा हूँ ताकि आप जान पायें कि आपके पत्र मुझे मिल गये और प्रायः मैं आपके विषय में सोचता रहता हूँ।

आपके द्वारा श्रीमती अस्कनासी का समाचार पाकर आश्चर्य हुआ। यह जानकर हैरानी हुई कि यहूदी अब रूस को यहूदी विरोधी मान रहे हैं।

आपके बधाई सन्देश के लिए धन्यवाद। जिस दिन आपने लिखना प्रारम्भ किया—17 मार्च—उसी दिन मुझे आज़ाद कर दिया गया। सप्ताह पूर्व मैंने अपनी आज़ादी से सम्बन्धित समाचारों की कटिंग्स तथा कलकत्ता म्युनिसिपल गज़ट भिजवाया था। क्या कलकत्ता म्युनिसिपल गज़ट आपको आजकल मिल रहा है?

एक अन्य अंग्रेज़ी के भारतीय समाचार-पत्र की कटिंग भेज रहा हूँ जिसमें चांसलर श्चूसिंग का समाचार छपा था।

चिकित्सकों ने मुझे केवल एक जनसभा में जाने की अनुमति दी है। कलकत्ता के लोग कल खुले स्थान पर मेरे सम्मान के आयोजन की तैयारियाँ ज़ोर-शोर से कर रहे हैं। उसके पश्चात मैं कलकत्ता छोड़ दूँगा। सिविक रिसेप्शन (म्युनिसिपल) को तब तक के लिए स्थगित कर दिया गया है जब तक मैं कुछ माह बाद पुनः कलकत्ता नहीं लौटता। हार्दिक शुभकानाएँ व सादर प्रणाम।

सदैव आपका शुभाकांक्षी

सुभाष चन्द्र बोस

पुनश्चः—इस सप्ताह की प्रेस कटिंग्स भेजूँगा। वैसे हर प्रकार स्वतन्त्र हूँ लेकिन मेरा पत्राचार अभी भी पुलिस द्वारा सेंसर किया जा रहा है।

सुभाष चन्द्र बोस

सीता धर्मवीर को

लाहौर

9 मई, 1937

प्रिय सीता,

आशा है उक्त सम्बोधन से नाराज़ नहीं होंगी। मुझे पता चला है कि आजकल आप बड़ी हस्ती बन गयी हैं—पूर्ण डॉक्टर, और कुछ अस्पताल आदि चला रही हैं। इससे मुझे घबराहट हो रही है।

ख़ैर! मैंने यह पत्र तुम्हें यह बताने के लिए लिखा है कि यहाँ सब तुम्हें बेहद याद करते हैं। लीला के बारे में (साड़ी वाली लीला, फ्रॉक वाली नहीं) प्रायः समाचार मिलते रहते हैं, किन्तु तुम्हारा कोई समाचार नहीं मिलता। शायद इसी कमी को

पूरा करने के लिए लीला सप्ताहान्त हमारे साथ व्यतीत करने आयी और हमें इस कृपा के लिए लोगों का धन्यवाद करना चाहिए। अधिक की अपेक्षा हमें नहीं रखनी चाहिए क्योंकि लीला भी तुम्हारे चरणचिह्नों पर चल रही है और घर पर रहकर, ख़रीददारी आदि करने के बजाय उसके पास करने को बहुत-से महत्त्वपूर्ण कार्य हैं। जब तक मैं स्वतन्त्र नहीं हो जाता और अपनी इच्छानुसार कहीं आ-जा नहीं सकता तब तक मेरी संवेदनाएँ भी घर में रहने वाले लोगों के साथ हैं।

यहीं समाप्त करूँगा और तुम्हें ढेरों प्यार। शीघ्र ही हम पहाड़ों की यात्रा पर जायेंगे और तुम्हें धूप, गर्मी व धूल की दया पर छोड़ जायेंगे। यदि तुम वहाँ आओ तो तुम्हारा स्वागत है। यदि नहीं आ पाओगी तो तुम्हारी कमी खलेगी। शेष फिर।

तुम्हारा अपना

सुभाष चन्द्र बोस

पुनश्च : यहाँ लोगों में भ्रान्ति थी कि मुझे तुम्हारा और लीला का साड़ी पहनना पसन्द है अथवा नहीं, इस सन्दर्भ में विचारों में मतभेद है। तुम क्या सोचती हो। डॉक्टर साड़ी या फ्रॉक किसके पक्ष में हैं।

डॉ. सुश्री सीता धर्मवीर

लखनऊ

ई. वुड्स को

लाहौर

11 मई, 1937

प्रिय श्रीमती वुड्स,

कुछ अपरिहार्य कारणों से भारत लौटने के बाद आपको पत्र नहीं लिख पाया। मेरे समाचार पाने की आपकी उत्सुकता से मन को भला लगा। दो माह तक जेल में रहा और उसके बाद दार्जिलिंग के पास पहाड़ी स्थान में अपने भाई के घर मुझे नज़रबन्द रखा गया। पिछले दिसम्बर में मुझे कलकत्ता अस्पताल में उपचार के लिए लाया गया। तीन माह बाद 17 मार्च को मुझे रिहा कर दिया गया। उसके बाद कई सप्ताह कलकत्ता में रहा और अब उत्तर-पश्चिम में पर्वतों की यात्रा पर जा रहा हूँ। मेरा स्वास्थ्य सन्तोषजनक नहीं है और उसे सुधरने में कुछ माह लगेंगे। अगले कुछ सप्ताह तक मेरा पता होगा—

द्वारा डॉ. एन. आर. धर्मवीर

डलहौज़ी

पंजाब, भारत

पिछले वर्ष कुछ सप्ताह तक मुझे कुछ आयरिश समाचार-पत्र प्राप्त होते रहे। सेंसर द्वारा पास किये जाते थे। फिर अचानक मिलने बन्द हो गये। आपकी पुत्री एलीन और डॉ. डे के विवाह की सूचना मिली। यद्यपि बहुत देर हो चुकी फिर भी मैं वर-वधू को बधाई देना चाहूँगा और उनके सुख-समृद्धि से भरपूर पारिवारिक जीवन की कामना करता हूँ। आशा है श्रीमती डे आजकल अपने पति के साथ इंग्लैंड में होंगी।

मैंने अपने सभी समाचार दे दिये हैं अब आपकी बारी है। भारत के विषय में अन्य कुछ लिखने को शेष नहीं है, भारतीय समाचार-पत्रों में पढ़ती ही होंगी, आशा है पत्र आपको मिल रहे होंगे। पिछले चुनाव में कांग्रेस पार्टी की शक्ति का आभास मिला। संविधान को तोड़ो और राज्य करो नीति के बावजूद कांग्रेस पार्टी को 11 में से 6 राज्यों में पूर्ण बहुमत प्राप्त हुआ और शेष राज्यों में वह शक्तिशाली विपक्ष के रूप में प्रकट हुआ है। पूर्ण बहुमत प्राप्त राज्यों में भी पार्टी ने सरकार बनाने से मना कर दिया है और शर्त रखी है कि जब तक उसके मन्त्रियों को पूर्ण स्वतन्त्रता प्रदान नहीं की जायेगी वे सरकार का गठन नहीं करेंगे। ऐसा आश्वासन अभी प्राप्त नहीं हुआ है। संविधान का संघ का हिस्सा अभी लागू नहीं किया गया है केवल राज्यों का भाग लागू हो गया है।

लीग के क्या समाचार हैं? कृपया कुछ आयरिश समाचार-पत्रों, जो आप समझती हों उपयोगी होंगे, की प्रति भिजवाएँ और नया आयरिश संविधान भिजवाने का भी प्रयास करें।

सभी मित्रों को मेरा नमस्कार व स्नेह,

आपका शुभाकांक्षी
सुभाष चन्द्र बोस

वी. लैस्नी को

द्वारा डॉ. एन. आर. धर्मवीर
डलहौज़ी, पंजाब
20 मई, 1937

प्रिय प्रोफ़ेसर,

दो महीने पूर्व मेरी अचानक रिहाई के बाद से ही मैं आपको पत्र लिखने की सोच रहा था, किन्तु पूरे समय अत्यधिक व्यस्त रहा। रिहा होने के बाद कलकत्ता में श्री मजूमदार से भेंट हुई थी, आपकी नमस्ते उन तक पहुँचा दी थी।

आजकल मैं उत्तर-पश्चिम में समुद्र तल से 6700 फ़ीट (2000 मीटर) की ऊँचाई पर पर्वतीय स्थल पर हूँ। कुछ दिन यहीं रहने का विचार है, सामान्य क्रिया-कलापों को शुरू करने से पूर्व पहले की तरह स्वस्थ होना चाहता हूँ।

यह सुनकर प्रसन्नता हुई कि आप यूनिवर्सिटी के दर्शन विभाग के डीन चुने गये हैं। इस अवसर पर मेरी हार्दिक बधाई स्वीकार करें।

श्रीमती लैस्नी व आपको शुभकामनाएँ। इधर की ओर कब आ रहे हैं? आशा है आप पूर्ण स्वस्थ हैं। कृपया संलग्न पत्र श्री नाम्बियार तक पहुँचा दें।

प्रो. डॉ. लैस्नी — आपका शुभाकांक्षी
प्राहा — सुभाष चन्द्र बोस

सीता धर्मवीर को

डलहौज़ी
22 मई, 1937

प्रिय सीता,

तुम्हारा पत्र पाकर प्रसन्नता हुई विशेष रूप से तुमने मुझे जो सम्बोधन किया। मैं दीदी से विचार-विमर्श कर रहा था कि क्या 'मामा' जो अस्पष्ट था—बंगाली भाषा है या पंजाबी भाषा है? अतः निर्णय नहीं हो पाया। शायद तुम—अस्पष्ट—कुछ रोशनी डाल सको।

शायद तुम्हें सैंडी की वास्तविक कहानी का पता नहीं। दीदी को वह टोकरी उठाये चलते देखने में बहुत आनन्द आ रहा था जिसमें से बार-बार बिल्ली सिर उचकाकर झाँकती थी। शिष्टतावश मैंने टोकरी उठाने का आग्रह तो किया, किन्तु वह सम्भव नहीं था, क्योंकि दीदी स्वयं ही अपनी पालतू बिल्ली को बड़ी कठिनता से सँभाल पा रही थी। एक महिला बोझ उठाये चले और मैं साथ-साथ खाली हाथ चलूँ, यह प्रदर्शन करने की अपेक्षा मैंने दीदी को लीला के संरक्षण में छोड़ अपने डिब्बे में जाना बेहतर समझा। उस समय लग रहा था कि एक बार सुरक्षित डिब्बे में पहुँचने के पश्चात सभी तकलीफ़ों का अन्त हो जायेगा। यह नहीं पता था कि मुश्किलें तो अब शुरू होंगी। जैसे ही गाड़ी चली, उसके शोर से बिल्ली बुरी तरह घबरा गयी और उछलने लगी। यदि उसे अकेला छोड़ दिया होता तो वह निश्चित रूप से डिब्बे के बाहर कूद जाती। किन्तु ऐसा नहीं था (पता नहीं उस समय मैं दुखी होता या नहीं) हमें तो कोई कठिनाई नहीं हुई मुझे और डॉक्टर को, क्योंकि हम तो ख़ूब डटकर सोए। किन्तु दीदी को सारी रात बिल्ली को पकड़े रहना पड़ा। जब किसी स्टेशन पर गाड़ी रुकती तो बिल्ली शान्त होती।

पठानकोट पहुँचने तक बिल्ली ने उनकी साड़ी व बदन पर अपने कई निशान छोड़ दिये थे। उनकी साड़ी का तो पता नहीं, किन्तु उनकी बाँहों पर खरोंचों के निशान मिले जो हमने यहाँ पहुँचकर देखे, किन्तु हम कुछ भी करने में असमर्थ थे। बहरहाल इस क़िस्से को यहीं रोकता हूँ और कुछ अन्य बातों पर आता हूँ।

आशा है तुम पूर्णरूप से सुरक्षित हो जैसा कि तुमने संकेत भी किया है। प्रसिद्ध हस्ती होने के कारण, अन्य लोगों को ही आकलन करना चाहिए।

मुझे डलहौज़ी बहुत पसन्द आया और इससे मुझे लाभ भी होगा। पहले से बेहतर महसूस करने लगा हूँ।

दिलीप के जो चित्र तुम्हें भेजे वे पांडिचेरी में खींचे थे।

तुम्हें आवश्यकता नहीं... अस्पताल चलाने की।

अस्पतालों में लम्बे समय तक रहने के कारण यह समझ चुका हूँ कि हाउस सर्जन अथवा हाउस फिजिशयन ही अस्पताल का कार्य सँभालते हैं।

आज यहीं समाप्त करता हूँ क्योंकि डाकिया बाहर डाक लिए इन्तज़ार कर रहा है, वह लेने जा रहा हूँ। प्रेम सहित।

तुम्हारा अपना
सुभाष

नाओमी सी. वैटर को

द्वारा डॉ. एन. आर. धर्मवीर
डलहौज़ी
पंजाब
27 मई, 1937

प्रिय श्रीमती वैटर,

मेरी धृष्टता है कि मैंने बहुत दिन से आपको लम्बा पत्र नहीं लिखा जबकि आप मुझे कई बार लिख चुकी हैं। सच्चाई यह है कि रिहाई के बाद से मैं मित्रों को मिलने में अत्यधिक व्यस्त रहा। बहुत से पत्रों का ढेर लग गया है और कभी-कभी जल्दबाज़ी में कुछ मित्रों को कुछ पंक्तियाँ लिख देता हूँ। शीघ्र ही सब व्यवस्थित होने की आशा है, तभी पत्रों का उत्तर ठीक प्रकार से दे पाऊँगा।

जैसा कि आप जानती हैं कि 17 मार्च को मैं रिहा हो गया था। यूरोप में किसी मित्र को केबल से सूचना नहीं दी, क्योंकि समाचार एजेंसी विदेशी समाचार-पत्रों को ख़बर देगी और एक अच्छा मित्र होने के नाते विएना के सभी मित्रों को सूचित कर देगा। उन्होंने यही किया और आपको समाचार की विश्वसनीयता पर

शक करने की आवश्यकता नहीं। म्युनिसिपल गज़ट द्वारा यह समाचार आपको एक माह बाद मिल पाता।

कलकत्ता में एक माह से अधिक रहा, एक तो आराम करने की दृष्टि से और दूसरे अपने रिश्तेदारों व मित्रों के सम्पर्क में रहने की दृष्टि से। फिर अप्रैल के मध्य में इलाहाबाद के लिए रवाना हुआ जहाँ महात्मा गाँधी से मिला और पार्टी की बैठक में भाग लिया। कुछ दिन बाद लाहौर (उत्तर-पश्चिम) चला गया, जहाँ लगभग 10 दिन रहा। फिर 12 मई को यहाँ पहुँचा हूँ। डलहौज़ी लाहौर के उत्तर में, हिमालय पर्वत शृंखला पर, 2000 मीटर की ऊँचाई पर स्थित है। यहाँ कुछ दिन मित्रों के साथ रहना चाहता हूँ जब तक पूर्णतः ठीक नहीं हो जाता।

17 मार्च के पत्र में आपने जो लिखा, पढ़कर अच्छा लगा, विशेष रूप से आपको आशा थी कि मैं शीघ्र ही रिहा कर दिया जाऊँगा। जब आप यह पत्र लिख रही थीं तब आपको मालूम भी नहीं था कि ठीक उसी दिन मैं रिहा हो जाऊँगा। मेरी रिहाई अप्रत्याशित थी, क्योंकि मैं और मेरे लोग रिहाई की आशा से थक चुके थे। किन्तु मैंने अपनी माताजी को बता दिया था कि या तो मार्च में रिहा हो जाऊँगा वरना फिर कम-से-कम छह माह और लगेंगे।

इससे पहले कि मैं भूल जाऊँ, आपको बता दूँ कि डॉ. बी. सी. रॉय, जो मेरे मित्र भी हैं और कलकत्ता के भूतपूर्व मेयर रह चुके हैं, कलकत्ता के सुप्रसिद्ध चिकित्सक हैं, जून (अगले माह) में किसी समय विएना आने वाले हैं। मैं उन्हें आपके बारे में तथा डॉ. वैटर के बारे में बताना भूल गया। किन्तु मैं चाहता हूँ कि वे आपसे अवश्य मिलें, बशर्ते कि आप उन दिनों शहर से बाहर न हों। क्या आप उन्हें गैरोला के पते पर लिख देंगी कि आपसे सम्पर्क करें। गैरोला का पता है—के. एन. गैरोला, होटल डी. फ्रांस। मैं चाहता हूँ कि डॉ. रॉय विएना की वास्तविकता को देखें और इसके लिए सही लोगों के सम्पर्क में आना आवश्यक है। सन्देह है कि यहूदी डॉक्टर उनको गुमराह न करें, क्योंकि उन्हें पहले सचेत नहीं कर पाया।

श्रीमती अस्कासी के समाचार पाने को उत्सुक हूँ। क्या वे वाकई संयुक्त राज्य जाने की इच्छुक हैं। तब उनके पति के व्यापार का क्या होगा? उनके क्लब का क्या होगा? क्या उनकी अनुपस्थिति में भी वह चल रहा है? यदि वे विएना पहुँच चुकी हैं तो आपको बहुत-सी दिलचस्प बातें सुनने को मिलेंगी।

हाल ही में मैंने ब्रीफाल्ट का यूरोप का अमेरिकी (या शायद अंग्रेज़ी) संस्करण पढ़ा है। मुझे बहुत पसन्द आया। अब समझ में आया कि डॉ. वैटर क्यों उसका अनुवाद कर रहे थे। कुछ पैसेज को, प्राचीनकाल की भाँति विवादास्पद मानकर

रेखांकित किया जा सकता है, किन्तु मेरे विचार में समय और रुचि में तेज़ी से परिवर्तन आ रहा है। कुछ दिन पूर्व एल्डास हक्सले का उपन्यास 'आईलेस इन गाज़ा' भी पढ़ा। उसमें भी कुछ विवादास्पद पैरे हैं, किन्तु इंग्लैंड में उसकी अप्रत्याशित बिक्री को देखकर लगता है कि अंग्रेज़ समाज भी अब उतना रूढ़िवादी और लज्जाशील नहीं रहा है जितना पहले था।

पिछले कई दिन से श्रीमती हार्ग्रोव का कोई समाचार नहीं मिला है, मेरे विचार से अन्तिम पत्र मेरी ओर से ही लिखा गया था। क्या आप उन्हें मेरी याद दिला देंगी और उनके स्वास्थ्य की सूचना मुझे देंगी। शायद वे ध्यानयोग में लीन रहती हैं।

सी.एम.जी. को लिखा आपका पत्र मुख्य रूप से छापा गया, आपने देख ही लिया होगा। जब भी आपके पास समय हो, आप किसी भी विषय पर जो म्युनिसिपल या लोकहित में हो, लेख लिखकर समाचार-पत्रों को भेज सकती हैं। वे उसे प्रसन्नतापूर्वक छापेंगे।

मेरी रिहाई के बाद भी मेरा स्वास्थ्य बहुत सन्तोषजनक नहीं है, किन्तु आशा है शीघ्र ही प्रगति होगी। पर्वतों के मध्य यह एक शान्त और सुन्दर स्थान है। मकान के आँगन से दूर-दूर फैले समतल स्थान व नदियाँ दिखाई देती हैं। दूसरी और पर्वत शृंखला, जगह-जगह बर्फ़ से आच्छादित दिखाई देती है। यद्यपि यहाँ मुझ पर किसी प्रकार का प्रतिबन्ध नहीं है। फिर भी मेरी गतिविधियों पर नज़र रखी जा रही है। और मेरी डाक भी चुपचाप खोलकर देखी जा रही है। जब उन्हें कहता हूँ तो वे मना कर देते हैं, किन्तु हम सभी इसे जानते हैं। प्रायः निरीक्षण के पश्चात सभी चीज़ें मुझे सौंप दी जाती हैं।

जब भी आप अंग्रेज़ी में भारतीय समाचार-पत्रों में कुछ प्रकाशित करवाना चाहें, मुझे बतायें, मैं पूरी व्यवस्था कर दूँगा।

यह पत्र एयरमेल द्वारा प्रेषित करना चाहता हूँ ताकि पत्र का उत्तर देने में हुए विलम्ब की प्रतिपूर्ति कर सकूँ। अलग से लाहौर से प्रकाशित समाचार-पत्र की कटिंग भेज रहा हूँ तथा दो चित्र जो 12 मई को डलहौज़ी पहुँचने के पश्चात खींचे गये हैं। पता नहीं आप मुझे बंगाली वेशभूषा में पहचान पायेंगी अथवा नहीं। पहले की अपेक्षा कुछ दुबला भी हो गया हूँ।

पत्र समाप्त करने से पूर्व आपकी भावनाओं का, जो पत्रों में व्यक्त हुई हैं, धन्यवाद करना चाहता हूँ। धन्यवाद करने के लिए मेरे पस शब्द नहीं हैं। मेरा धन्यवाद स्वीकार करें और डॉ. वैटर को शुभकामनाएँ दें।

आप आजकल अपना समय कैसे व्यतीत करती हैं? क्या आपको कोई और भारतीय साप्ताहिक अख़बार या पत्रिका भिजवाऊँ?

सदैव आपका शुभाकांक्षी

सुभाष चन्द्र बोस

सन्तोष कुमार सेन को*

डलहौज़ी, पंजाब

31 मई, 1937

प्रिय डॉ. सेन,

तीन-चार दिन पूर्व आपका 18 अप्रैल का पत्र मिला। 12 तारीख़ को मैं यहाँ पहुँचा हूँ और कुछ माह यहीं रहना चाहता हूँ। देखते हैं यहाँ स्वास्थ्य कैसा रहता है। प्रारम्भ में यहाँ पहुँचकर बहुत अच्छा लगा, कुछ समय बाद गले की परेशानी उभर आयी और वापिस लौटने की इच्छा होने लगी। मेरी रिहाई से पूर्व धर्मवीर मुझे यहाँ आने का आमन्त्रण दे रहे थे, फिर अचानक रिहाई के पश्चात तो इन्होंने बहुत बल दिया। सब सोच-विचार कर मैंने आमन्त्रण स्वीकार किया। वे मेरी पूरी देखभाल कर रहे हैं। इनसे मेरा पुराना परिचय है, तथा श्रीमती धर्मवीर को मैं अपनी बहन मानता हूँ।

मेरे स्वास्थ्य की दृष्टि से यूरोप यात्रा ठीक रहती। किन्तु कई कारणों से वह सम्भव नहीं। पहली बात विदेश जाना बहुत ख़र्चीला है, दूसरे, घर से इतने दिन दूर रहा हूँ कि स्वतन्त्र व्यक्ति के तौर पर अपनी इच्छा से अपने देश व लोगों से दूर नहीं जाना चाहता। देश में रहकर सबसे सम्पर्क बनाये रखना सरल है। बैगस्टीन में स्नान के दो उपचारों से मुझे बहुत लाभ पहुँचा था, अतः मुझे विश्वास है कि यदि मैं लगातार एक माह वह उपचार और करवा पाता तो मेरा स्वास्थ्य अवश्य सुधर गया होता। पहले मैं सोचता था कि स्नानोपचार महज़ प्रचार मात्र है, किन्तु बैगस्टीन में स्वयं उपचार कराने के उपरान्त इस निष्कर्ष पर पहुँचा हूँ कि वे बहुत लाभदायक है। रेडियोएक्टिव स्नान करने पर ऐसा अनुभव होता है जैसे कोई 'टॉनिक' ले रहा है। ख़ैर, अब इस विषय में कुछ भी सोचने का कोई लाभ नहीं।

विएना समाज की उन्नति की कोई बड़ी आशा नहीं है। गैरोला समाज को अपने नियन्त्रण में रखेगा। जहाँ भले लोगों का स्थायी अस्तित्व नहीं वहाँ नया कुछ सम्भव नहीं है।

---

*मूल बंगला से अनूदित।

आपके शोधग्रन्थ की सूचना से बहुत प्रसन्नता हुई। आप भारत के प्रसिद्ध फ़िजीशियन के पास उसे भेज सकते हैं (दो प्रतियाँ पत्रिकाओं के लिए) विशेषरूप से उन क्षेत्रों में जहाँ आप प्रैक्टिस करना चाहते हैं।

मैनचेस्टर गार्जियन को लिखा पत्र मिला। यदि समय-समय पर आप ऐसे लेख या क्लिपिंग्स भेज सकें तो प्रसन्नता होगी।

विएना में और सब कैसा है? कुमारी शैंकल से समय-समय पर समाचार मिलते रहते हैं। 'मास्टर' का कुछ अता-पता नहीं शायद वह बर्लिन में हों। गैरोला प्रायः पत्र लिखते रहते हैं और श्रीमती मूलर हाल ही में भारत आयी थीं। विशेष आज्ञा प्राप्त कर वे मुझसे कलकत्ता अस्पताल मिलने आयीं। श्रीमती वैटर ने मुझे पिछले सप्ताह लिखा था कि आजकल यहूदियों में बहुत बेचैनी है। विएना में रह रहे हमारे कुछ यहूदी मित्र अमेरिका जाना चाह रहे हैं। सुश्री विस का क्या इरादा है? उन्होंने पैलेस्टीन जाने के विषय में मेरी राय जाननी चाही थी। उसके बाद से वहाँ कौनसी विध्वंसक घटनाएँ घटीं। मेरे विचार से वर्तमान समय में और निकट भविष्य में भी, मध्य यूरोप में, यहूदियों की स्थिति बहुत अच्छी रहने वाली नहीं है।

आजकल आप इंग्लैंड में हैं अतः उपाधि लेने से पूर्व लौटने का विचार न करें। व्यक्तिगत रूप से मैं उपाधि के पीछे भागने के ख़िलाफ़ रहा हूँ। किन्तु क्योंकि आपका दिल्ली में रहने का विचार है और आजकल इंग्लैंड में हैं इसलिए आपको एडनवर्ग या लन्दन से डिग्री की आवश्यकता है ही। यह बात अपना स्थान बनाने की दृष्टि से है, क्योंकि दुनिया में बहुत-से दुकानदार हैं। मुझे आशा है भविष्य में विशेषज्ञों के लिए सुअवसर पैदा होंगे।

क्या दिल्ली के आधू बाबू (रासबिहारी सेन) आपके रिश्तेदार हैं?

कल श्रीमती धर्मवीर बता रही थीं कि इंग्लैंड में आपको किसी भारतीय चिकित्सक के स्थान पर तीन-चार माह प्रैक्टिस करने का आमन्त्रण मिला है। प्रस्ताव तो अच्छा है, किन्तु यहाँ की प्रैक्टिस का भारत में कोई विशेष महत्त्व नहीं है। हाँ आर्थिक दृष्टि से यह उपयोगी सिद्ध हो सकता है। किन्तु यदि पैसे की अधिक आवश्यकता नहीं हो तो अधिक ज्ञान प्राप्त करने में समय बिताना ही श्रेयस्कर है। यह सत्य है कि वहाँ प्रैक्टिस करने से आपको कुछ धन तो मिलेगा। किन्तु क्या उपयोगी अनुभव पा सकेंगे? फिर भी आप बेहतर जानते हैं, क्योंकि सब ओर जा चुके हैं और विएना, लन्दन, एडिनबर्ग जैसी जगहों पर घूम चुके हैं। व्यक्तिगत अनुभव से जान सकते हैं कि उच्च शिक्षा कहाँ पा सकते हैं।

एक बात और जो बहुत झिझक के बाद कह रहा हूँ। श्रीमती धर्मवीर को तुम्हारी सीता से मैत्री की जानकारी है, किन्तु डॉ. को शायद नहीं मालूम। यदि मेरी ओर से कुछ सहायता चाहो तो कृपया बेझिझक होकर कहो। शेष तुम्हारी भविष्य की योजना पर निर्भर करता है।

आशा है वहाँ आप ठीक-ठाक हैं।

आपका शुभाकांक्षी
सुभाष चन्द्र बोस

किट्टी कुर्टी को

द्वारा डॉ. एन. आर. धर्मवीर
डलहौज़ी, पंजाब
3 जून, 1937

प्रिय श्रीमती कुर्टी,

खेद है एक लम्बे समय से आपको पत्र नहीं लिख पाया और आपके कई महीने पूर्व प्राप्त पत्रों का उत्तर भी नहीं दे पाया। अब तक आपको मार्च में मेरी रिहाई की सूचना मिल ही चुकी होगी। मेरा स्वास्थ्य ठीक न होने की वजह से मैं यहाँ आराम करने और मौसम परिवर्तन के लिए आया हूँ। कुछ माह अभी यहीं रहूँगा। यह भारत के उत्तर-पश्चिम में, समुद्र तल से 2000 मीटर की ऊँचाई पर स्थित, एक पर्वतीय स्थल है।

श्री कुर्टी व स्वयं के बारे में कृपया विस्तार से लिखें। भविष्य की क्या योजना है? आप कब जा रही हैं? वहाँ की कोई योजना है? क्या डॉ. जुंग से मिलने म्यूरिख गयीं?

क्या आपको पूर्ण विश्वास है कि एनेट ही आर.आर. की पत्नी है?

फ्रॉयड परिवार के बारे में अपने विचारों से अवगत कराएँ। आपकी ओर से एक लम्बे पत्र के इन्तज़ार में हूँ। कुछ अधिक लिखने को शेष नहीं है।

कविताओं के लिए धन्यवाद—मैं उन्हें शब्दकोश की सहायता से समझने का प्रयास कर रहा हूँ।

शुभकामनाओं सहित,

आपका शुभाकांक्षी
सुभाष चन्द्र बोस

राम मनोहर लोहिया को

द्वारा डॉ. एन. आर. धर्मवीर
डलहौज़ी, पंजाब
27 जून, 1937

प्रिय डॉ. लोहिया,

बहुत दिनों से आपको पत्र लिखने की सोच रहा था विशेष रूप से एक विषय के सम्बन्ध में—फ्रेंच-इंडिया के बन्दियों के बारे में, जिन्हें ब्रिटिश सरकार ने ब्रिटिश इंडिया में बन्दी बनाकर रखा हुआ है। अख़बार वाले लिखते हैं कि आपका फ्रेंच-इंडिया तथा फ्रेंचलीग ऑफ़ ह्यूमन राइट्स से पत्राचार चल रहा है। मैं वहाँ से प्राप्त उत्तर जानने को उत्सुक हूँ।

आपकी फ़ाइल लौट पलटकर देखने पर पाया कि एक पत्र में आपने मेरे दर्जन के लगभग चित्र माँगे हैं। मेरे पास अच्छे चित्र नहीं हैं। एक चित्र सम्भव है, किन्तु विदेश में प्रकाशित होने लायक नहीं है। बहरहाल, अलग से भिजवा रहा हूँ। यदि आपको लगेगा कि वह चल सकता है तो कृपया मुझे सूचित करें मैं उसकी प्रतियाँ बनवाकर आपको भिजवा दूँगा।

मेरे विचार से यह आवश्यक है कि पूरे भारत में राजनीतिक बन्दियों की रिहाई के लिए ज़बर्दस्त अभियान छेड़ा जाये। यह समय उपयुक्त है। आपकी इस विषय में क्या राय है?

आशा है कि आप पूर्ण स्वस्थ होंगे। पहले की अपेक्षा अब मैं स्वस्थ हूँ यद्यपि प्रगति बहुत धीमी है।

शुभकामनाओं सहित,

आपका शुभाकांक्षी
सुभाषा चन्द्र बोस

डॉ. राम मनोहर लोहिया
इलाहाबाद

सुधीर कुमार बासु को

द्वारा डॉ. एन. आर. धर्मवीर
डलहौज़ी पंजाब
29 जून, 1937

प्रिय सुधीर बाबू,

रिहाई के तुरन्त बाद आपका टेलिग्राम पाकर प्रसन्नता हुई। उत्तर देने में देर हुई, कृपया क्षमा करें।

आप अब कैसे हैं? क्या अभी उसी घर में रह रहे हैं? क्या अर्जुन अभी आपके साथ है और आपके लिए चाय, लूची तथा फाउलकरी तैयार करता है?

आपका बेटा कैसा है? अब तो छुपन-छुपायी नही खेलता होगा।

वहाँ सभी मित्रो का मेरी नमस्ते कहिएगा। क्या अभी भी आप मिलानी क्लब की देखरेख करते हैं? विवेकानन्द समिति और महिला समिति का क्या हुआ? शायद मिलानी के विषय में कुछ भ्रम में हूँ। क्या सिनेमा का नाम मिलानी नहीं है?

यहाँ आने के बाद से कुछ बेहतर महसूस कर रहा हूँ यद्यपि जितिनी तीव्रता से स्वस्थ होना चाहता हूँ उतनी प्रगति नहीं है।

कलकत्ता में सन्तोष बाबू से भेंट हुई।

आशा है वहाँ सभी स्वस्थ हैं।

आपका शुभाकांक्षी
सुभाष चन्द्र बोस

सुनील मोहन घोष मौलिक को

द्वारा डॉ. एन. आर धर्मवीर
डलहौज़ी,
पंजाब
2 जुलाई, 1937

प्रिय सुनील,

क्या मैंने तुम्हारे 19 मार्च के पत्र का उत्तर दे दिया था? मुझे ठीक से याद नहीं। ख़ैर! हार्दिक स्नेह प्रेषित करता हूँ। सभी ग्रामवासियों को मेरा प्यार व शुभकामनाएँ दे देना। पत्र के उत्तर में इस अत्यधिक विलम्ब के लिए क्षमा चाहता हूँ।

आप सब कैसे हैं? मेरे विचारानुसार आजकल तुम कलकत्ता क्षेत्र की ओर कम ही आ पाते हो। पढ़ते रहने की आदत सबसे बढ़िया है वरना मानसिक पटल सिकुड़ जायेगा और दृष्टि भी क्षुद्र हो जायेगी।

यहाँ आने के बाद से मेरे स्वास्थ्य में प्रगति हुई है। वहाँ सभी को मेरी शुभकामनाएँ।

सभी को यथायोग्य,

तुम्हारा शुभाकांक्षी
सुभाष चंद्र बोस

सीता धर्मवीर को

डलहौज़ी

7 जुलाई, 1937

प्रिय सीता,

बहुत दिनों से तुम्हें पत्र नहीं लिख पाया। क्षमा चाहता हूँ। आलस्यवश यह देरी हुई।

आमों के लिए धन्यवाद। उनके साथ पूर्ण न्याय कर रहे हैं। डॉ. साहब तो ख़राब होने वाले आमों को पसन्द करते हैं। अतः तब तक इन्तज़ार करते हैं जब तक कि वे गलने न लगें। कभी-कभी सोचता हूँ कि सड़ने-गलने वाले आमों का चिकित्सा में कहीं कोई विशेष महत्त्व तो नहीं है। डॉ. साहब का कहना है कि शक के बिना पर किसी चीज़ को बर्बाद नहीं कर देना चाहिए। वे कहते हैं कि जब गला-सड़ा मीट या मछली गम्भीर रोग पैदा कर सकती हैं तो, फल ज़्यादा से ज़्यादा डायरिया आदि।

खाने की मेज़ पर एक और परेशानी होती है। डॉ. साहब हमें खरबूजा खाने पर मजबूर करते हैं। दीदी को चुपचाप खाना पड़ता है, और वे कर भी क्या सकती हैं। किन्तु मीरा बहन और मैं बच जाते हैं। हमारा मानना है कि खरबूजा पेट के लिए भारी है। कभी-कभी जब मेरी प्लेट में रख दिया जाता है तो मैं गुस्से में खा लेता हूँ। फल के विषय में डॉ. 'खरबूजा' के शब्द अन्तिम शब्द है।

साखले जाति के लोग अधिक नहीं देखे। कल पहली बार मैंने देखा। दीदी ने डॉ. मैंडल को दोपहर चाय के लिए आमन्त्रित किया है। कल शायद डॉ. मैंडल चली जायेंगी। पंजपुला रोड अब काफ़ी साफ़ है किन्तु तुम्हारी इस राय से मैं सहमत हूँ कि शाम की सैर के लिए थांडराइट रोड सबसे अच्छी है। सूर्यास्त के समय हम लोग प्रायः वहीं होते हैं। मैं उसे प्रेमियों की सड़क कहता हूँ। कई अंग्रेज़ जोड़े उस सड़क पर नज़र आते हैं।

बच्चों के विषय में जो तुमने लिखा पढ़कर बहुत आनन्द आया। मेरा भी विचार यही है कि विश्व में भारतीयों ने बहुत से बच्चों को जन्म दिया पर किसलिए? केवल मरने के लिए क्योंकि कम ही बच्चे युवावस्था तक पहुँचते हैं। यह बात हमें जनसंख्या नियन्त्रण के प्रश्न पर विचार करने को मजबूर करती है, जो भारत के लिए अति आवश्यक है। महात्मा गाँधी का मानना है कि आत्मनियन्त्रण सबसे अच्छा है, किन्तु क्या लोग उनकी बात मानेंगे। इसके बावजूद डॉ. मैंडल का कहना है कि वे भारत के उपयोगी सन्त हैं।

अब यहीं समाप्त करता हूँ क्योंकि कुछ मिलने वाले लोग आ गये हैं। आशा है तुम पूर्णतः स्वस्थ हो। मेरा स्वास्थ्य भी ठीक है। यहाँ परिवार में सब ठीक हैं, मौसम भी, प्यार सहित।

तुम्हारा शुभाकांक्षी
सुभाष

किट्टी कुर्टी को

डलहौज़ी
पंजाब, भारत
10. जुलाई, 1937

प्रिय श्रीमती कुर्टी,

20 जून का आपका कृपापत्र पाकर प्रसन्नता हुई, पत्रोत्तर में विलम्ब के लिए क्षमा चाहता हूँ। रिहाई के पश्चात स्वास्थ्य सुधारने की दृष्टि से मैं यहाँ आ गया। भारत के उत्तर-पश्चिम में लगभग 2000 मीटर की ऊँचाई पर यह एक शान्त पर्वतीय स्थल है। यहाँ से उत्तरी हिमालय की बर्फ़ से आच्छादित पहाड़ियाँ दीखती हैं। स्वास्थ्य बेहतर है किन्तु पूर्णतः नहीं। दो माह अभी और यहाँ रहूँगा फिर वापस अपने कार्य पर लोटूँगा। अब भारत छोड़कर जाना सम्भव नहीं है, क्योंकि यहीं पर बहुत-सा कार्य करने को है।

आपने अपने पिछले पत्र में लिखा था कि आप माँ बनने वाली हैं। आशा है अब तक आप माँ बन चुकी होंगी और माँ और बच्चे दोनों का स्वास्थ्य ठीक होगा।

,मनोवैज्ञानिकों के विषय में आपने जो लिखा, बहुत दिलचस्प था। यह सत्य है कि यूरोप का वातावरण स्वार्थ से परिपूर्ण है। आत्मिक शान्ति नहीं है और प्रायः लोग तंत्रिकावसाद से ग्रस्त हैं। इसका एकमात्र इलाज़ आध्यात्मिक और नैतिक जीवन है। आध्यात्मिक और नैतिक जीवन का मूल निःस्वार्थ भावना है। यूरोप में निःस्वार्थ भावना मिलना कठिन है। आप अमेरिका कब जा रही हैं। आशा है वहाँ रहकर भी आप पत्राचार जारी रखेंगी।

यहाँ भारत में हमारा कार्य धीमी गति से चल रहा है। एक कठिन कार्य हमारे समक्ष है, किन्तु हम बहुत आशावान हैं। हमारी पार्टी की स्थिति पिछले साल की अपेक्षा काफ़ी सुदृढ़ है। अब पार्टी की बहुत इज़्ज़त है और प्रभाव भी है। किन्तु हमें पता है कि जो हम चाहते हैं, इंग्लैंड हमें वह आसानी से देने वाला नहीं है।

श्री कुर्टी को तथा आपको शुभकामनाएँ।

मैं,

आपका शुभाकांक्षी

सुभाष चन्द्र बोस

सीता धर्मवीर को

डलहौज़ी

31 जुलाई, 1937

प्रिय सीता,

20 तारीख़ का तुम्हारा पत्र पाकर प्रसन्नता हुई। तब से दोनों ओर बहुत-सी महत्त्वपूर्ण घटनाएँ घटी हैं। पिछले कई दिनों से मैं डॉक्टर साहब से लीला और तुम्हारी पढ़ाई के भविष्य की योजना पर बात कर रहा हूँ। यह ज़ोर दे रहा हूँ कि बिना समय बर्बाद किये तुम लोगों को आगे पढ़ाई के लिए विदेश जाना चाहिए। सिद्धान्त रूप में वे मान गये हैं कि भारत में काम समाप्त करने के बाद तुम लोग विदेश जा सकती हो। तुम्हारी कलकत्ता नियुक्ति के बाद एक बार फिर नये सिरे से चर्चा हुई। डॉक्टर साहब ने तब भी विचार व्यक्त किये कि कलकत्ता जाने की अपेक्षा आप लोग–तुम और लीला–इंग्लैंड जा सकती हो। तब मैंने कहा कि इसका अर्थ है तुम लोगों को सितम्बर में यहाँ से रवाना होना होगा। डॉक्टर साहब ने माना कि उन्हें इसमें कोई आपत्ति नहीं है। तब यह निर्णय हुआ कि डॉक्टर साहब को तत्काल तुम्हें पत्र लिख देना चाहिए। डॉक्टर साहब आज लाहौर गये हैं और इस विषय में आज या कल लीला से बात करेंगे।

अब स्थिति यह है–तुम अब (सितम्बर में) कलकत्ता जाने के बजाय इंग्लैंड जा सकती हो, यदि लीला मान गयी तो वह भी तुम्हारे साथ जायेगी। अब तुम्हें स्वयं निर्णय लेना है कि तुम्हें क्या करना है। यदि मैं तुम्हारी जगह होता तो प्रसन्नता से इस प्रस्ताव को स्वीकार कर लेता।

डॉक्टर साहब सोमवार प्रातः वापस लौट आयेंगे। दीदी भी जितनी जल्दी हो सके, विदेश जाने के पक्ष में हैं जितना मैं उन्हें समझ पाया हूँ।

हमारा पत्र मिलते ही, यानी कि सोमवार प्रातः तुम डॉक्टर साहब को अपना निर्णय वायरलेस पर क्यों नहीं भेज देतीं?

आलुओं के प्रति पूर्ण मैत्रीभाव निभाता हूँ, प्रायः खाता रहता हूँ, यद्यपि डॉक्टर साहब इसके पक्ष में नहीं हैं। उनसे प्रायः झगड़ा हो जाता है क्योंकि उनकी राय है

कि मुझे अधिक सूप नहीं पीना चाहिए, जो हानिकारक है। पिछले कुछ दिन से खरबूजा कम मिल रहा है, भगवान का लाख-लाख शुक्रिया।

जून-जुलाई के बावजूद यहाँ का मौसम अच्छा है। देखते हैं अगस्त में कैसा रहता है। कभी-कभी ख़ालीपन के कारण बेचैनी अनुभव करता हूँ।

आज लखनऊ में विद्यार्थी सम्मेलन हो रहा है, मैंने केवल शुभकामनाओं का तार भेज दिया है।

सूर्यास्त बहुत बढ़िया होता है, किन्तु कभी-कभी बहुत बादल होते हैं। सोचता हूँ कब रंगीन चित्र ठीक प्रकार डेवलप हो पायेगा।

सन्तोष के पत्र प्रायः आते रहते हैं। प्यार सहित।

तुम्हारा शुभाकांक्षी
सुभाष चन्द्र बोस

सन्तोष कुमार बासु को

डलहौज़ी, पंजाब
5 अगस्त, 1937

प्रिय सन्तोष बाबू,

क्या आप इस विषय में कुछ सहायता कर सकते हैं? निगम के अनुभवों के आधार पर आप बता सकते हैं कि इस विषय में आगे क्या किया जाये। यहाँ से परामर्श देना मेरे लिए कठिन है। कृपया इस पत्र के लेखक से सम्पर्क कर दोनों मिलकर विचार कर लें। पहले से बेहतर हूँ। आशा है आप भी स्वस्थ होंगे।

तुम्हारा शुभाकांक्षी
सुभाष चन्द्र बोस

कॉमर्शियल ग़ज़ट
(स्थापना-1920)
वीकली जरनल ऑफ़ कॉमर्स, इंडस्ट्री एंड फाइनेंस

2 रॉयल एक्सचेंज प्लेस
कलकत्ता
7 जुलाई, 1937

प्रिय बोस,

कॉमर्शियल ग़ज़ट की एक प्रति तथा 'टोल ऑफ़ हाईटेंशन आल्टरनेटिंग करंट' लेख की प्रति आवश्यक कार्रवाई हेतु भिजवा रहा हूँ।

आप तो जानते ही हैं कि पिछले तीन वर्ष के विरोध के बावजूद सरकार ने कलकत्ता विद्युत निगम लि. की दरों पर एक जाँच समिति बैठा दी है। इस विरोध के पक्ष में कॉमर्शियल ग़ज़ट का रुख़ अधिक लाभप्रद नहीं है। आपको यह जानकर प्रसन्नता होगी कि जाँच समिति जब लोगों से प्रमाण एकत्रित कर रही थी तब लोक कल्याण चाहने वाले कुछ संगठनों ने अपने प्रमाण समिति के सम्मुख पेश किये, कुछ लिखित रूप में और कुछ मौखिक रूप से। कलकत्ता विद्युत निगम की ओर से कार्रवाई देखने और पक्ष में बोलने वाले थे श्री डब्ल्यू. डब्ल्यू. के. पेज, बार-एट लॉ, समिति के अध्यक्ष थे सर नलिनी रंजन चटर्जी, हाईकोर्ट के पूर्व जज।

समिति की बैठक के समापन से पूर्व, आपके भाई श्री शरत चन्द्र बोस ने मेरे आग्रह पर, अपने अन्य आवश्यक कार्य छोड़कर, लोगों की ओर से उनका पक्ष प्रस्तुत किया, निर्णय फ़िलहाल उपभोक्ताओं के पक्ष में हुआ है, अन्यथा उसके विपरीत ही होना था। यद्यपि उन्हें विद्युत की तकनीकी जानकारियाँ नहीं थीं फिर भी उन्होंने 14 घण्टे में सब कुछ जान-समझ लिया और अल्पावधि में ही समिति के समक्ष अपना पक्ष प्रस्तुत करने को तत्पर हो गये।

यह बात तो मैं वैसे ही बता रहा था, वास्तव में जो सुझाव आपको देना चाहता हूँ वह केस संगत और न्यायपूर्ण है तो, मेरे विचार में आपका मानना भी यही है, इसलिए चूँकि आप कलकत्ता विद्युत निगम लि. की कार्यप्रणाली से पूर्व परिचित हैं, तो आप बी.पी.सी.सी. के अधिकारियों से आग्रह करें कि आगामी 29 जुलाई को विधानसभा की बैठक में वे इस मुद्दे को उठायें।

आपके स्वास्थ्य को देखते हुए यह पत्र यद्यपि बेकार है, किन्तु मुझे पूर्ण विश्वास है कि जनहित के मामलों में बात करते समय आपकी थकान आड़े नहीं आती। इन परिस्थितियों में क्या किया जाना चाहिए? क्या आप करेंगे? पत्र के साथ मैं समिति के समक्ष प्रस्तुत किया गया अपना पक्ष भेज रहा हूँ। इस आग्रह के साथ कि कृपया 9, 10 और 18वें मुद्दे पर अवश्य कार्रवाई करें।

इस लम्बे पत्र के लिए आपसे क्षमा चाहता हूँ तथा आपके स्वास्थ्य की पूर्ण कामना करता हूँ

आपका शुभाकांक्षी
के. घोष

श्री सुभाष चन्द्र बोस
द्वारा डॉ. धर्मवीर
डलहौज़ी (पंजाब)

राम मनोहर लोहिया को

डलहौज़ी
5 अगस्त, 1937

प्रिय डॉ. लोहिया,

आपके 5 जुलाई के पत्र सं.एफ.डी. 9/264 का उत्तर समय पर नहीं दे पाया, इसके लिए क्षमा चाहता हूँ।

यह जानकर प्रसन्नता हुई कि आपने फ्रेंच-इंडियन बन्दियों के लिए कार्रवाई शुरू कर दी है। अन्तिम सूचना से आभास होता है कि कालीचरण घोष को किसी हद तक स्वतन्त्रता मिल गयी है। पक्के दौर पर नहीं जानता कि क्या पूर्णरूप से वे स्वतन्त्र हुए हैं या नहीं।

मेरी इच्छा है कि पूरे भारत में राजनीतिक बन्दियों की रिहाई के लिए प्रयत्न किये जाने चाहिए। आपने लिखा है कि अध्यक्ष श्री नेहरू से आपकी बात हुई। काश वे हमारा नेतृत्व करते।

आपकी इच्छानुसार कुछ चित्र अलग से भेज रहा हूँ आशा है आप सभी स्वस्थ होंगे। मैं पहले से बेहतर हूँ।

सादर

आपका आज्ञाकारी
सुभाष चन्द्र बोस

अनिल चन्द्र गांगुली को*

डलहौज़ी, पंजाब
8 अगस्त, 1937

प्रिय अनिल,

आपका प्यार भरा पत्र मिलने के बाद से तुम्हें पत्र लिखने की सोच रहा हूँ। किन्तु आलस्य आड़े आता रहा। इन दिनों निष्क्रिय ही नहीं रहा बल्कि जब व्यक्ति का स्वास्थ्य साथ नहीं देता तो वह केवल अति आवश्यक कार्य जैसे-तैसे निपटा लेता है, अतः पत्र बहुत दिन तक मेरे इन्तज़ार में ऐसे ही पड़े रहे।

आपकी शारीरिक परेशानियों को जानकर कष्ट हुआ। युवावस्था में तो आप बहुत स्वस्थ थे, प्रसन्न और क्रियाशील। आपसे बहुत-सी आशाएँ थीं। किन्तु अभी तक आपने कुछ नहीं किया। किन्तु अभी भी समय है।

ईश्वर में मुझे बहुत विश्वास है। प्रार्थना में भी विश्वास रखता हूँ यद्यपि स्वयं नहीं करता हूँ। मानसिक (आप इसे आध्यात्मिक भी कह सकते हैं) श्रम जो मैं कर

*मूल बंगला से अनूदित।

रहा हूँ वह दो प्रकार का है–जो मेरे मूड पर निर्भर करता है। इनमें से एक है–आत्म निरीक्षण। शान्तिपूर्वक बैठकर मैं सोचता रहता हूँ कि मैंने मानवीय दुर्बलताओं, अर्थात लोभ, लालच, भय और गुस्से पर नियन्त्रण किया है या नहीं। इस क्रिया से मुझे बहुत शान्ति मिलती है और इसी के द्वारा मैंने अपनी कमज़ोरियों पर विजय प्राप्त की है। दूसरी क्रिया है–आत्मसमर्पण। मैं चुपचाप बैठकर सोचता हूँ–उस दिव्यशक्ति के विषय में जो कुछ बर्गन्स की 'अलान-वाइटल' जैसी है और अपने अस्तित्व को उसमें मिला देने का प्रयास करता हूँ। आत्मसमर्पण के पश्चात मुझे आभास होता है कि वह दिव्यशक्ति मुझमें भी है और मैं उस दिव्यशक्ति का एक उपकरण मात्र हूँ। भौतिक वस्तु की कभी मैंने कोई चाह नहीं की। वे तो क्षुद्र और व्यर्थ की चीज़ें हैं। इसके विपरीत मैं अपने मन को समझाता रहता हूँ कि आत्मसमर्पण द्वारा तुम भी शक्तिशाली बनोगे।

जीवन एक अन्तहीन द्वन्द्व है, जब तक आप सब मनोविकारों पर विजय नहीं प्राप्त कर लेते तब तक शान्ति नहीं मिल सकती। धीरे-धीरे संघर्ष में आनन्द आने लगता है और जब किसी इच्छा (विचार) पर विजय मिल जाती है तो बहुत सन्तोष और आत्मविश्वास पैदा हो जाता है।

दर्शन में मेरी रुचि अभी भी है, किन्तु आजकल अधिक समय नहीं निकाल पाता। मनोविज्ञान से अभी सम्पर्क बनाये हुए हूँ। आजकल राजनीति पढ़ रहा हूँ–यानि कि राजनीतिक दर्शन और अन्तरराष्ट्रीय राजनीति। सब जर्नल पढ़ने की कोशिश भी करता हूँ, क्योंकि लोक-सेवा करने वाले व्यक्ति को सभी समस्याओं का ज्ञान होना चाहिए। यह कमी खलती है और विशेषज्ञता के रास्ते में बाधक है। इसमें कोई कुछ कर नहीं सकता, क्योंकि जीवन बहुत छोटा है और व्यक्ति की क्षमता संकुचित है। मैंने अनुभव किया है कि अनिश्चय और ख़तरे से भरी ज़िन्दगी जीने का अपना सुख है, यदि यह जीवन किसी कारण के प्रति समर्पित किया गया है। वह आपके सभी दुखों व कष्टों की प्रतिपूर्ति कर देता है और जीवन को रोमांटिक बना देता है। सबसे अधिक कष्ट मुझे व्यक्ति के व्यवहार से पहुँचता है, प्रायः अपने मित्रों से, जिनसे कुछ अच्छे व्यवहार की आशा है।

तुम्हारी पुस्तकें पाकर प्रसन्नता हुई। खेद है उन्हें अभी तक पढ़ नहीं पाया हूँ। केवल एक दृष्टि डाली है। मेरी शुभकामनाएँ सदैव तुम्हारे साथ हैं। क्या आजकल उच्च न्यायालय में प्रैक्टिस कर रहे हो? क्या शादी की?

अक्सर पत्र लिखते रहा करो। प्रायः तुम्हारे और तुम्हारे भाइयों के विषय में विचार करता रहता हूँ। तुम्हारे प्रति कष्ट होता है कि तुम देश के प्रति बहुत अधिक कार्य नहीं कर पाये। किन्तु अभी भी समय है और संघर्ष अभी समाप्त

नहीं हुआ है। मेरे अनुभव सदैव आपके साथ हैं आपको यह बताने के लिए कि उपयोगी कार्य क्या है, कुछ भी छिपाने के लिए मेरे पास नहीं है। अपने माता-पिता को मेरा प्रणाम कहें।

ढेरों प्यार सहित,

तुम्हारा शुभाकांक्षी
सुभाष चन्द्र बोस

पुनश्चः एक बात तुम्हें बताना भूल गया। मानसिक व्यायाम से मुझे बहुत लाभ पहुँचा है, आत्मविश्लेषण। जब भी मुझे समय मिलता है मैं अपने मन में झाँककर देखने का प्रयास करता हूँ और तलाश करने का प्रयास करता हूँ कि क्या मुझमें कोई कमज़ोरी है? इस प्रकार मुझे बहुत-सी व्यर्थ की चीज़ें मिलीं जिन्हें मैंने जड़ से उखाड़ने का प्रयत्न किया। कमी को ढूँढ़ लेने का अभिप्राय है आपने आधी विजय पा ली। ग़लत और अनुपयोगी बातों का पता लगा लेने पर आत्मनिरीक्षण सरल हो जाता है और आप मानवीय कमज़ोरियों को आसानी से दबा सकते हैं। मानसिक परेशानियों का मुख्य कारण यही है कि हम लोग यही नहीं जान पाते कि हमारा मन क्या है। मन ऐसी अजीब चीज़ है कि वह स्वयं को ही धोखा देता है। अतः निरन्तर आत्मविश्लेषण आवश्यक है मानसिक व्यायाम की दृष्टि से। असामान्य मनोविज्ञान और साइकोपैथोलोजी ने विश्लेषण में मेरी बहुत सहायता की है।

क्षितीश प्रसाद चट्टोपाध्याय को

डलहौज़ी, पंजाब
9 अगस्त, 1937

प्रिय क्षितीश,

20 जून का आपका पत्र समय पर मिला। बहुत उत्सुकता से उसे पढ़ा। जानकर प्रसन्नता हुई कि वर्तमान कार्य में तुम्हें शान्ति और सन्तोष प्राप्त हुआ है। आख़िरकार हम सब लोग विभिन्न प्रकार विभिन्न क्षेत्रों में सन्तुष्टि प्राप्त करने की दृष्टि से ही कार्य करते हैं। यदि व्यक्ति को वह मिल जाये—तो और क्या कहना।

खेद है कि दिलीप नहीं आये। मुझे आशा थी कि हम लोग इन शान्त पर्वतों में कुछ अन्तरंग बातचीत कर पायेंगे। किन्तु पिछले 8 वर्ष से वे बहुत शान्तिपूर्ण वातावरण में रह रहे थे और फिर कलकत्ता में आकर्षण भी तो है। यदि कलकत्ता में उन्हें सन्तोष प्राप्त होता है तो मुझे कुछ नहीं कहना। आशा करता हूँ कि

शीघ्र ही वे पांडिचेरी से वापस लौट आयेंगे। मुझे उनका वहाँ व्यस्त हो जाने का विचार भला नहीं लगा।

मुझे तो आगे बढ़ना ही है। रास्ता लम्बा और नीरस है। कभी-कभी चिन्तित महूसस करता हूँ। घोर निराशा के बादल घेरे लेते हैं। किन्तु कभी-कभी आशा की बिजली भी चमक उठती है, किन्तु उससे क्या होगा? यात्रा में बहुत आनन्द है। अभी तक घर के बिना घूमने वाला बंजारा हूँ। शान्ति। शान्ति। अभी तक मुझे शान्ति और सन्तोष नहीं मिला है केवल रोशनी मुझे बहकाती नहीं है, बल्कि अन्धकार भी आकर्षित करता है। केवल उज्ज्वल भविष्य ही पुकारता नहीं, बल्कि अनिश्चित उदासी भी अपनी ओर खींचती है। यदि रोशनी तक पहुँचने से पहले गिर गया तो क्या? यात्राओं में सुख है—लोगों से मिलने में उसी प्रकार गिरने में भी आनन्द है।

तुम्हारा शुभेच्छु
सुभाष

कलकत्ता निगम के एक कार्यकर्ता को

9 अगस्त, 1937

आपने मेरी सहायता पाने की इच्छा व्यक्त की है। यदि मैं कुछ कर पाऊँगा तो अवश्य करूँगा। किन्तु मुझे अपनी असमर्थता का भार है। आपकी धारणा मेरे प्रभाव के प्रति कुछ ग़लत है। लोगों पर मेरे प्रभाव का अर्थ यह नहीं कि निगम की चारदीवारी के अन्दर भी मेरी पहुँच है। यदि ऐसा होता तो पिछले दो वर्षों में जो कुछ हुआ वह नहीं होता। 1924 में देशबन्धु के नेतृत्व में कांग्रेस कार्यकर्ता निगम में इसलिए सम्मिलित नहीं हुए थे कि उच्चाधिकारियों के वेतनमान बढ़ाये जाये और बेचारे कर्मचारियों को वर्तमान वेतनमान में ही छोड़ दिया जायें। पिछले कुछ वर्षों में भाई-भतीजावाद इतना बढ़ा है कि, उस संस्था के विषय में सोचकर, जिसमें कांग्रेस कार्यकर्ता हों या अपना प्रभाव रखते हों, मेरी गर्दन शर्म से झुक जाती है। पिछले कुछ माह पूर्व चीफ़ एक्जीक्यूटिव ऑफ़िसर ने जब अवकाश हेतु आवेदन किया तो उसे असाधारण तवज्जो दी गयी। यह एक ऐसा ही उदाहरण है। बेचारे कर्मचारियों द्वारा अपने वेतनमान की बढ़ोतरी की माँग के विरोध में जो तर्क दिये जा रहे हैं वे अधिकारी वर्ग को लाभ पहुँचाने के लिए हैं। मनुष्य के रूप में इस न्यायपूर्ण बात के लिए और कांग्रेस कार्यकर्ता के रूप में मेरी आत्मा इसका विरोध करती है। किन्तु फ़िलहाल मैं असमर्थ हूँ।

जब से मैं रिहा हुआ हूँ तभी से मैं निगम की आन्तरिक कार्य पद्धति के प्रति चिन्तित हूँ। जो अफ़वाहें और समाचार मुझ तक पहुँच रहे हैं यदि उसका कुछ प्रतिशत भी सही है तो जनता को आघात पहुँचाने के लिए काफ़ी है। यह देखकर प्रसन्नता होती है कि वर्तमान मेयर के संरक्षण में कुछ बुराई कम हुई है जिसने निगम कार्यालयों को घेर रखा था। किन्तु जितना कार्य हुआ है, यह उस कार्य की अपेक्षा जो अभी नहीं हो पाया, बहुत कम है।

मैं इस बात से पूर्णतः सहमत हूँ कि निगम में जो कुछ हो रहा है उसके लिए कुछ ज़िम्मेदारी, एक कांग्रेस कार्यकर्ता के रूप में, मेरी भी है। बेचारे कर्मचारियों के साथ हो रहे अत्याचार तथा अन्य ऐसे ही कई मुद्दे हैं जिनके लिए मुझे अपनी ज़िम्मेदारी का अहसास है। शीघ्र ही इस समस्या का हल खोजा जाना चाहिए। अभी आपको बता नहीं सकता कि जब वापस कार्य करने में जुटूँगा तो क्या करूँगा। यदि मैं बंगाल की राजनीति में उतरूँगा तो कलकत्ता निगम के एजीन स्टेबलस को साफ़ करना होगा अन्यथा निगम जो भी करता है उससे कांग्रेस को अपने आपको पृथक् करना होगा।

मेरे विचार से कलकत्ता निगम में जो कुछ भी हो रहा है वह बंगाल की सामान्य जनजीवन की झाँकी है। हमारे लोगों को जड़ता ने घेर रखा है। आदर्शवाद की कमी हो गयी है, जो भी आदर्शवादी हैं वह या तो जेलों में बन्द हैं या नज़रबन्द हैं और जो बाहर हैं वे समय व्यतीत कर रहे हैं या फिर ज़िम्मेदारी से मुँह मोड़ रहे हैं। चारों ओर छोटे-छोटे झगड़े, छोटी-छोटी बातों के लिए माथापच्ची हो रही है और वास्तविक व मूल समस्याओं की ओर किसी का ध्यान नहीं। इन सब बातों से राज्य को बचाने के लिए नैतिक उत्थान और आदर्शवाद की आवश्यकता है जो हर क्षुद्र, दुखदायी और अवरोधी वस्तु को हटाकर हम लोगों के मन में तथा लोगों के जीवन में, विश्वसनीयता, सत्यनिष्ठा और लोभरहित सेवाभाव पैद कर सके। मेरे विचार में ऐसे दोषपूर्ण दौर के पश्चात ही हम लोगों में जागरूकता आयेगी।

सन्तोष कुमार बासु को

डलहौज़ी, पंजाब

17 अगस्त, 1937

प्रिय सन्तोष बाबू,

अनिल की शादी का आमन्त्रण अभी मिला। आशा है समारोह ठीक-ठाक सम्पन्न हो गया। मुझे आशा है कि आपने उन लोगों को भोजन कराने में, जिन्हें आवश्यकता नहीं है, पैसा व्यर्थ नहीं गँवाया होगा यद्यपि यह आशा करना बेकार है।

हमारी सामाजिक प्रथाओं को सुधारने के लिए डिक्टेटर से कम में काम नहीं चल सकता। उपदेश बन्द करता हूँ। नवविवाहितों को मेरी शुभकामनाएँ। वधू ने जब आपके घर में क़दम रखा होगा तो सास की कमी उसे खली होगी, हालाँकि सास प्रायः प्रिय नहीं होतीं इसलिए उसे इस विचार से स्वयं को राहत देनी चाहिए।

अपनी रिहाई के बाद कलकत्ता निगम की कार्यविधि से चिन्तित हूँ। एजीन स्टेबलस को साफ़ करने के लिए, आपकी राय में, क्या क़दम उठाया जाना चाहिए।

पहले की अपेक्षा मेरा स्वास्थ्य अब ठीक है। किन्तु अभी कुछ दिन और यहीं रहूँगा।

आशा है आप पूर्णतः स्वस्थ हैं। सादर।

आपका शुभाकांक्षी
सुभाष चन्द्र बोस

सीता धर्मवीर को

डलहौज़ी
26 अगस्त, 1937

प्रिय सीता,

यदि तुम्हें जल्दबाज़ी में कलकत्ता के लिए रवाना होना हो तो मेरे भाई श्री शरत चन्द्र बोस को तार दे दो। उनका तार का पता है—ई. एस. सी. आई.बी. ओ. एस. कलकत्ता। हावड़ा पहुँचने का अपना समय सूचित कर दो। हावड़ा स्टेशन नदी के दूसरी ओर है और कलकत्ता पहुँचने के लिए तुम्हें पुल पार करना होगा। आशा है मेरा भतीजा अशोक, जिससे तुम प्राग में मिल चुकी हो, स्टेशन पर तुम्हें मिल जायेगा; यदि किसी वजह से उससे मिलना न हो पाये तो टैक्सी लेकर 1 वुडबर्न पार्क पहुँच जाना। यह जगह फ्रेंच मोटरकार कम्पनी परिसर के निकट है जिसे सभी टैक्सी चालक जानते हैं। हावड़ा स्टेशन से वुडबर्न पार्क 4 किलोमीटर की दूरी पर है, वहाँ पहुँचने के लिए तुम्हें मैदान और शहर के यूरोपियन इलाक़े से गुज़रना होगा।

कभी ऐसा होता है कि जहाज़ों के लिए मार्ग देने के कारण पुल खोल दिया जाता है। यदि तुम्हारे पहुँचते ही ऐसा हो, और कुली तुम्हें बताये कि कुछ देर लगेगी तो तुम नदी तक पहुँच जाओ, जो प्लेटफ़ॉर्म से कुछ क़दमों की ही दूरी पर है। रेलवे निःशुल्क स्टीमर नाव उपलब्ध कराता है, जिसमें बैठकर तुम नदी के कलकत्ता वाली साइड में पहुँच जाओगी। वहाँ टैक्सियाँ खड़ी होंगी।

कई नावें भी किराये पर चलती हैं किन्तु स्टीमर फेरी से जाना ही सुरक्षा की दृष्टि से उचित है। आशा है तुम्हारी पहली यात्रा में तुम्हें ये अनुभव नहीं होंगे।

मेरी भाभी का कुछ दिन पूर्व ऑपरेशन (गॉल-ब्लैडर व अपैंडिक्स का) हुआ है। अतः घर में कुछ उथल-पुथल हो सकती है। आशा है तुम्हें कोई परेशानी नहीं होगी। वहाँ पहुँचकर, आशा है, कलकत्ता तुम्हें पसन्द आयेगा और कुछ बंगला भी सीख जाओगी। आशा है पूर्ण स्वस्थ हो। प्रेम सहित,

तुम्हारा शुभाकांक्षी
सुभाष चन्द्र बोस

पुनश्चः लीला आजकल यहाँ है, तुम जानती ही होगी। एक दिन हम लम्बी सैर पर गये थे। मैं ठीक हूँ, यद्यपि पूर्णरूप से नहीं। लोग मुझे तत्काल बंगाल में देखना चाहते हैं। किन्तु सम्भवतः मैं सितम्बर के अन्त तक वहाँ पहुँचूँगा।

सुभाष चन्द्र बोस

सरीश चन्द्र चटर्जी को

28 अगस्त, 1937

आपके पत्रों का उत्तर देने में विलम्ब हुआ, क्षमा चाहता हूँ, विलम्ब इसलिए हुआ क्योंकि जो विचार आपकी दृष्टि में हैं, मैं उन्हें आगे नहीं बढ़ा सका। भारतीय वास्तुशिल्प के पुनरुद्धार के विषय में मेरे रवैये से आप परिचित ही हैं कि मैं इसे राष्ट्रीय पुनरुत्थान के लिए कितना महत्त्वपूर्ण मानता हूँ। कला और वास्तुशिल्प राष्ट्र की आत्मा की पहचान हैं। जब लोगों की आत्मा जाग्रत होती है तो वह विभिन्न कलाओं और वास्तुशिल्प में ही अभिव्यक्ति पाता है। मुझमें भी कुछ ऐसी ही प्रतिबद्धताएँ हैं इसलिए मुझे आपकी गतिविधियों में अत्यधिक रुचि है। उत्साह और जोश के प्रति मेरा भी आग्रह है, जो उस कार्य के लिए अति आवश्यक है, जिसे आपने अपनाया है, और मुझे आशा है कि कितनी ही बाधाओं व अड़चनों के बावजूद, जो आपके मार्ग में आयेगी, आपका विश्वास खंडित नहीं होगा, यही आपकी सफलता का राज़ है।

आपके पत्र के मुद्दे पर आता हूँ और यह कहता हूँ कि भारतीय वास्तुशिल्प को निश्चय ही कलकत्ता निगम आगे बढ़ा सकता है। मैं तो यहाँ तक कह सकता हूँ कि यदि निगम पर मेरा नियन्त्रण होता तो मैं आपके विचारों को कार्यरूप अवश्य देता। पता नहीं आप मुझ पर विश्वास करेंगे अथवा नहीं किन्तु यह सत्य है कि मेरा उस पर कोई प्रभाव नहीं है। यह बात आपकी समझ से परे लग सकती है कि कांग्रेस पार्टी का सदस्य होने के बावजूद मैं असमर्थ हूँ, जबकि कांग्रेस पार्टी के लोग निगम में हैं। किन्तु यही सत्य है।

मैं नहीं जानता कि वास्तुशिल्प के लिए अलग से स्थान निर्धारित किया ज़ा सकता है, क्योंकि कई संवैधानिक कठिनाइयाँ होंगी, क्योंकि निगम किसी को विशेष प्रकार के स्थापत्य के लिए बाध्य नहीं कर सकता। लोगों को स्थापत्य की निःशुल्क राय देने की दृष्टि से कि वे कैसा स्थापत्य अपनाएँ, अलग अनुभाग बनाया जा सकता है। इस अनुभाग में नागरिकों के प्रयोग के लिए डिज़ाइन व हैंडबुक्स का स्टॉक रखा जा सकता है तथा भारतीय वास्तुशिल्प का प्रचार किया जा सकता है। कलकत्ता में लोगों के बीच भारतीय वास्तुशिल्प को लोकप्रिय बनाने के लिए प्रदर्शनियों का आयोजन किया जा सकता है। यदि कलकत्ता उदाहरण पेश करे तो भारत के अन्य शहर भी अवश्य इसे अपनाएँगे।

मुख्य बात तो यह है कि मेरी बात मानेगा कौन? लोग तो छोटी-छोटी व्यर्थ की बातों के झगड़ों में व्यस्त हैं। परिणामतः किसी बात की आशा मुझे नहीं है। आप कह सकते हैं कि ऐसी स्थिति में कांग्रेस की उपस्थिति निगम में किसी काम की नहीं। शायद आपकी बात ठीक है और यही बात मुझे मेरी रिहाई के बाद से चिन्तित किये हुए है। जब अपना सामान्य कार्य प्रारम्भ करूँगा तो क्या करूँगा अभी कह नहीं सकता। किन्तु इस समस्या का समाधान तो देर-सबेर खोजना ही होगा। तब तक मैं अपनी शुभकामनाएँ आपको भेज सकता हूँ और आशा करता हूँ कि आप कभी निराश नहीं होंगे।

सीता धर्मवीर को

डलहौज़ी

31 अगस्त, 1937

प्रिय सीता,

तुम्हारे तार से पता चला कि तुम सुरक्षित कलकत्ता पहुँच गयी हो, जानकर प्रसन्नता हुई।

वहाँ तुम्हें... क्योंकि मेरी भाभी आजकल नर्सिंग होम में हैं और मेरे भाई भी आजकल बहुत व्यस्त हैं। फिर भी आशा करता हूँ कि तुम्हें कोई परेशानी नहीं होगी, तुम घर जैसा ही अनुभव करोगी। कृपया मेरे भतीजे अशोक को ठीक-ठीक बता देना कि तुम्हें कैसा भोजन पसन्द है क्योंकि वे शाकाहारी नहीं हैं अतः तुम्हारी आवश्यकताओं को, यदि तुम नहीं बताओगी तो समझ नहीं पायेंगे। इस विषय में कृपया कोई संकोच न करना। कलकत्ता में हर प्रकार की सब्ज़ी और फल मिल सकता है।

तुम्हारा शुभाकांक्षी

सुभाष चन्द्र बोस

वी. लैस्नी को

डलहौज़ी
(पंजाब) भारत
6 सितम्बर, 1937

प्रिय प्रोफ़ेसर,

जब श्रीमती व श्री मेहता आपसे मिले तब आपका, स्ट्राज पी. राल्स्कीन से, पत्र पाकर प्रसन्नता हुई। आशा है गर्मियों में वहाँ आराम कर आपको अच्छा लगा होगा। अब तक आप पुनः प्राहा पहुँच चुके होंगे। कृपया सूचित करें कि पुनः भारत कब आ रहे हैं। मैं यूरोप आना चाहता हूँ लेकिन खेद है कि यह सम्भव नहीं है। इसलिए आपको भारत आना होगा। टैगोर पर लिखी आपकी पुस्तकों के लिए हार्दिक बधाई। आशा है आपकी पुस्तक से कवि व भारत को सेंट्रल यूरोप में पर्याप्त प्रसिद्धि मिलेगी। श्रीमती लैस्नी व आपको शुभकामनाएँ। आशा है आप सब पूर्णतः स्वस्थ हैं। मैं बिल्कुल ठीक हूँ।

प्रोफ़ेसर डॉ. लैस्नी
प्राहा

आपका शुभाकांक्षी
सुभाष चन्द्र बोस

ई वुड्स को

डलहौज़ी
(पंजाब) भारत
9 सितम्बर, 1937

प्रिय श्रीमती वुड्स,

2 जून के आपके पत्र व अख़बारों के लिए बहुत-बहुत धन्यवाद। नये संविधान की प्रति भी मुझे मिल गयी है।

अपनी रिहाई के बाद तत्काल मैं यहाँ परिवर्तन की दृष्टि से आ गया था। भारत के उत्तर-पश्चिम में 7000 फ़ीट की ऊँचाई पर यह एक पर्वतीय स्थल है। अभी दो माह और यहीं रहूँगा। पहले की अपेक्षा स्वास्थ्य ठीक है, किन्तु पूर्णतः नहीं।

जब मैं बन्धक था तो जो समाचार-पत्र आपने भेजे थे वे पुलिस ने मुझ तक पहुँचा दिये थे।

मेरी गिरफ़्तारी के बाद आपने जो तार भारत को भेजा था वह लगभग सभी समाचार-पत्रों में मुख्यता से छापा गया। आपकी अति कृपा थी।

शायद अगले वर्ष मैं भारतीय राष्ट्रीय कांग्रेस का अध्यक्ष चुना जाऊँगा। चुनाव (पार्टी शाखाओं द्वारा) जनवरी 1938 में होगा।

कृपया श्रीमती एवं डॉ. डे को मेरा प्रणाम कहें तथा एडा व परिवार के अन्य सदस्यों को मेरी याद। मैं प्रायः आप सब लोगों को तथा वहाँ बिताये प्रेमपूर्ण दिनों को याद करता हूँ।

मैडम को भी मेरी शुभकामनाएँ दें।

आपका स्वास्थ्य अब कैसा है?

वहाँ के विभिन्न गुटों की सूचना दें। (फिना फेल के अतिरिक्त) पिछले चुनावों की अपेक्षा इस बार एफ.एफ. को अधिक बहुमत मिलेगा। इस बार वे क्यों हारे?

भारत में गतिविधियाँ जारी हैं। 11 राज्यों में से 7 राज्यों में कांग्रेस का शासन है। किन्तु इससे हमें अधिक लाभ नहीं है, क्योंकि केन्द्रीय सरकार तो अभी भी प्रतिकूल है। आगे कठिन परीक्षा है, किन्तु आज कांग्रेस की स्थिति पहले की अपेक्षा सुदृढ़ है। हम आशावादी हैं और आशावान हैं।

परिवार के लोगों के अतिरिक्त, अन्य मित्रों को, जिनसे वहाँ मुलाक़ात हुई थी, मेरी नमस्ते दें। आजकल मेरी संरक्षिका क्या कर रही हैं?

सादर।

आपका शुभाकांक्षी
सुभाष चन्द्र बोस

जवाहरलाल नेहरू को

गिद्धपहाड़
कुर्सियोंग
17 अक्टूबर, 1937

प्रिय जवाहर,

आपके पत्र सं. जी-83/4101 तथा जी 60 (iii) 4126 दिनांक 8 और 9 के, समय पर मिल गये थे।

'वन्दे मातरम्' के सन्दर्भ में हम कलकत्ता में बात करेंगे और यदि आप मुद्दा उठायेंगे तो कार्यकारिणी की समिति में भी इसे उठायेंगे। मैंने डॉ. टैगोर को भी लिखा है कि जब आप शान्ति निकेतन आयें तो वे आपसे इस विषय में चर्चा करें।

मैं आपसे इस विषय में सदा सहमत रहा हूँ कि हिन्दू-मुस्लिम एकता के प्रश्न पर आर्थिक प्रश्न अत्यधिक महत्त्वपूर्ण है। साम्प्रदायिक मुसलमानों को बार-बार हौआ खड़ा करने की आदत है, कभी मुसलमानों को नौकरियों में कम जगह मिली है, और अब वन्दे मातरम् को लेकर। अचानक ही वन्दे मातरम् का महत्त्व अत्यधिक बढ़ गया है शायद इसलिए कि लोकसभा में इसे गाया गया और यह कांग्रेस की विजय का प्रतीक बना। राष्ट्रवादी मुसलमानों द्वारा उठाई

गयी कठिनाइयों व मुसीबतों पर हम सहर्ष विचार करने को तैयार हैं, किन्तु सम्प्रदायवादी मुसलमानों की उठाई किसी बात को अधिक महत्त्व नहीं दिया जा सकता। यदि आज उनकी 'वन्दे मातरम्' की बात पर उनकी तुष्टि करने का प्रयत्न किया गया तो कल वे कोई और नयी बात उठा देंगे, केवल साम्प्रदायिक भावनाओं को उभारने के लिए और कांग्रेस को दुविधा में डालने के लिए।

टिप्पराह के विषय में आपने जो लिखा है उसे पढ़कर मुझे कोई आश्चर्य नहीं हुआ। आपको शायद याद होगा कि कुछ समय पूर्व मैंने टिप्पराह ज़िले में गुटवाद के विषय में लिखा था और संकेत भी किया था कि केवल वैधनिक दृष्टि से इस समस्या का हल खोजना अत्यधिक कठिन कार्य है। बंगाल के तीन ज़िलों टिप्पराह, सिलहट और फरीदपुर में इस समस्या की जड़ें बहुत गहरी हैं। मुझे भय है कि इस दिशा में कोई स्थायी समझौता नहीं हो सकता जब तक कि मैं इन ज़िलों में जाकर लोगों से विनती न करूँ। मैं दोनों गुटों से (फरीदपुर में कई गुट हैं) मैत्री स्थापित करने तथा कार्यकताओं व कार्यकारिणी के सदस्यों आदि की, सहमति द्वारा, एक सूची बनाने का आग्रह करूँगा, यदि यह सम्भव नहीं हुआ तो एक पार्टी से अपने आप को पीछे हटा लेने का आग्रह करूँगा, जैसा कि 1931 में मैंने सिलहट में किया था। इन सब विषयों पर हम कलकत्ता में विचार करेंगे।

सन्दर्भ—अनुशासनिक कार्रवाई, कलकत्ता में मैं इस विषय में स्पष्ट निर्देश दूँग ा। यदि आप नरम नीति अपनाना चाहेंगे तो वैसा ही करेंगे। अतः आपके लिए व कार्यकारिणी के लिए यह आवश्यक है कि वे यह स्पष्ट करें कि आप अनुशासन भंग करने वालों के प्रति नरम या कड़ा रुख अपनाना चाहते हैं। जो जुर्मानः हमने निर्धारित किया है क्या वह निर्णय वापस लेना होगा।

आपका आज्ञाकारी
सुभाष

सुनील मोहन घोष मौलिक को*

गिद्धपहाड़
कुर्सियांग
19 अक्टूबर, 1937

प्रिय सुनील,

तुम्हारे दो पत्र पाकर प्रसन्नता हुई। पत्रोत्तर में देरी हुई , बुरा नहीं मानना। विजयदशमी की हार्दिक शुभकामनाएँ स्वीकार करें।

---

*मूल बंगला से अनूदित।

मेजदादा व परिवार के अन्य सदस्य आजकल यहाँ हैं। मैं (और मेजदादा) अखिल भारतीय कांग्रेस कमेटी में एक सप्ताह के लिए कलकत्ता जा रहा हूँ मेरा स्वास्थ्य पहले से बहुत बेहतर है।

तुम्हारी पत्नी की बीमारी सुनकर चिन्ता हुई। आशा है वह शीघ्र ही स्वस्थ हो जायेगी।

स्वर्गीय श्री पालित द्वारा छोड़ी गयी राशि के विषय में अभी तक कोई निर्णय नहीं हो पाया है।

आशा है आप पूर्णतः स्वस्थ हैं।

शुभकामनाओं सहित,

शुभेच्छु
सुभाष चन्द्र बोस

ए. सी. बनर्जी को

6 नवम्बर, 1937

प्रिय श्री बनर्जी,

19 तारीख़ के तुम्हारे लम्बे पत्र के लिए धन्यवाद, बहुत ध्यान से पढ़ा। तुमने जो कहा है मैं उससे पूर्णतः सहमत हूँ।

विजयदशमी की शुभकामनाएँ।

मैं

शुभेच्छु
सुभाष चन्द्र बोस

सीता धर्मवीर को

38/2 एल्गिन रोड
कलकत्ता
17 नवम्बर, 1937

प्रिय सीता,

कल प्रातः मैं एक माह के लिए यूरोप यात्रा पर विमान द्वारा रवाना हो रहा हूँ। शाम के समय एक बार तुमसे मिलना चाहता हूँ। क्यों नहीं, 1 वुडबर्न पार्क में? मैं वहीं होऊँगा यदि तुम वहाँ आ सको तो। एक पंक्ति में उत्तर अवश्य देना या टेलीफ़ोन पर अशोक (यदि मैं न मिलूँ तो) को सूचित कर देना।

तुम्हारा शुभाकांक्षी
सुभाष चन्द्र बोस

श्रीमती जे. धर्मवीर को

वायुयान से

18 नवम्बर, 1937

सेवा में,

श्रीमती जे. धर्मवीर

पेडिहम ग्रूव

लाहौर

प्रिय दीदी,

मुझे याद नहीं कि पिछले पत्र में मैंने आपको यूरोप जाने के विषय में लिखा था या नहीं। सम्भव है भूल गया होऊँ। अब तक तो समाचार-पत्रों से आपको ख़बर मिल चुकी होगी। सीता को कल प्रातः मैंने ही बताया। रात्रिभोज पर वह हमारे साथ थी। उसने आपका पत्र और कटिंग्स मुझे दीं जो मेरे पास हैं। बैगस्टीन पहुँचने पर उन्हें पढ़ूँगा, यानी कि 22 तारीख़ को, मेरा पता होगा—द्वारा पोस्टे रेस्टांटे बैगस्टीन, आस्ट्रिया। मेरे लेख से आप अनुमान लगा सकती हैं कि जहाज़ कितने आराम से उड़ रहा है। इस समय हम इलाहाबाद व जोधपुर के मध्य आधे रास्ते में हैं। रात हम यही बितायेंगे। अगली रात हम बगदाद में बितायेंगे। 25 दिन लगातार अत्यधिक व्यस्त रहने के बाद मैं शान्ति महसूस कर रहा हूँ। आप सब लोग कैसे हैं? नारंग और सैंडी का क्या हाल है? रघु मेरे पास परिचय-पत्र लिखवाने के लिए आया था। मैंने उससे शॉल व साड़ी की बात की उसने मना कर दिया। मेरी अनुपस्थिति में (जब मैं कुर्सियांग में था) उसने मेरी माँ से धृष्टता की थी, इसलिए उसे वहाँ से निकाला गया। सीता ठीक-ठाक है। और जल्दी ही वह कलकत्ता वालों जैसी बन जायेगी। जब भी विएना के प्रोफ़ेसर डेमेल लाहौर जायें आप उन्हें चाय पर अवश्य आमन्त्रित करें तथा डॉक्टर साहब व अन्य मित्रों से भी मिलावायें। डॉ. लीला व आपको सादर।

आपका

सुभाष चन्द्र बोस

ओरिएटूरिस्ट लिमिटेड को

स्टेट होटल
(जोधपुर राजपूताना)
जोधपुर व कराची के बीच
19 नवम्बर, 1937

सेवा में,
प्रबन्धक
ओरिएटूरिस्ट लिमिटेड
कलकत्ता

प्रिय महोदय,

इससे पूर्व कि मैं भारत की सीमा पार करूँ मेरी कलकत्ता से नेपल्स की हवाई जहाज़ की यात्रा की व्यवस्था के लिए आपको धन्यवाद देना चाहता हूँ। एयरपोर्ट पर भी मेरी पर्याप्त देखभाल की गयी। कई उलझनों व कष्टों से बच गया। यह प्रसन्नता का विषय है कि ऐसे कार्यों के लिए कोई भारतीय कम्पनी है। मैं आशा करता हूँ कि आपको अपने इस कार्य में पूर्ण सफलता मिलेगी और लोग आपना पूरा सहयोग आपको देंगे।

आपका शुभेच्छु
सुभाष चन्द्र बोस

नाओमी सी. वैटर को

हॉज़ एरिका
बैगस्टीन
25 नवम्बर, 1937

प्रिय श्रीमती वैटर,

नेपल्स से बैगस्टीन जाते हुए मैंने रोम से आपको पत्र लिखा था जो आपको अवश्य मिल गया होगा।

22 तारीख़ की रात यहाँ पहुँच गया था और अगले दिन स्नानोपचार शुरू कर दिया। यहाँ प्रवास के दौरान एक पुस्तक लिखने का विचार है। इस बार यूरोप में कम दिन रह पाऊँगा, क्योंकि मुझे जनवरी के प्रथम सप्ताह में हर हाल में वापस पहुँचना है। स्वदेश लौटने से पूर्व विएना जाकर सभी मित्रों से मिलना चाहता हूँ।

आशा है आप व डॉ. वैटर पूर्णतः स्वस्थ होंगे। आप दोनों को मेरी हार्दिक शुभकानाएँ।

मैं,

आपका शुभाकांक्षी
सुभाष चन्द्र बोस

पुनश्चः– आशा है कि आगामी जनवरी में मैं भारतीय राष्ट्रीय कांग्रेस का अध्यक्ष चुना जाऊँगा। मेरे स्वदेश लौटने के कारणों में एक कारण यह भी है।

सुभाष चन्द्र बोस

मैगियोर रैपिकावोली को

पोस्ट रेस्टांटे
बैगस्टीन
(आस्ट्रिया)
25 नवम्बर, 1937

प्रिय मैगियोर रैपिकावोली,

नेपल्स से बैगस्टीन जाते हुए रास्ते में रोम से मैंने आपको पत्र लिखा था जो आपको अवश्य मिल गया होगा।

22 तारीख़ की रात यहाँ पहुँच गया था और अगले दिन स्नानोचार शुरू कर दिया। यहाँ प्रवास के दौरान एक पुस्तक लिखने का विचार है। इस बार यूरोप में कम दिन रह पाऊँगा, क्योंकि मुझे जनवरी के प्रथम सप्ताह में हर हाल में वापस पहुँचना है। स्वदेश आशा हैं आप व डॉ. वैटर पूर्णतः स्वस्थ होग। आप दोनों को मेरी हार्दिक शुभकामनाएँ।

मैं,

आपका शुभाकांक्षी
सुभाष चन्द्र बोस

पुनश्च : आशा है कि आगामी जनवरी में मैं भारतीय राष्ट्रीय काग्रेस का अध्यक्ष चुना जाऊँगा। मेरे स्वदेश लौटने क कारणों में एक कारण यह भी है।

सुभाष चन्द्र बोस

मैगियोर रैपिकावोली को

पोस्ट रेस्टांटे
बैगस्टीन
(आस्ट्रिया)
25 नवम्बर, 1937

प्रिय मैगियोर रैपिकावोली,

नेपोली से बैगस्टीन जाते हुए रास्ते में रोम मैंने आपको पत्र लिखा था जो आपको अवश्य मिल गया होगा। उस पत्र में मैंने आपको सूचित किया था कि 1937 में 21 नवम्बर को प्रातः नेपोली में जब मैं वायुयान से एयरपोर्ट पर उतरा तो इटली पुलिस ने मुझे काफ़ी परेशान किया। किसी अन्य यात्री का सामान खोलकर नहीं देखा गया। किन्तु मेरे सभी सन्दूक़ आदि खोलकर उलट-पुलट कर दिये गये और एक-एक वस्तु का निरीक्षण किया गया। उसके बाद वे मुझे कमरे में ले गये और मेरी जेब देखी गयी। उसके पश्चात मैं कहाँ और किस मार्ग से जा रहा हूँ, के बारे में पूछताछ की हुई। आप अनुमान लगा सकते हैं कि मुझे कितना ग़ुस्सा आया होगा और मैंने के. एल. एम. कम्पनी, जिनके वायुयान में मैं यात्रा कर रहा था, के एजेंट को इस विषय में शिकायत की। उन्होंने मुझसे क्षमा माँगी और विश्वास दिलाया कि सामान्य कस्टम अधिकारियों के कारण यह परेशानी नहीं हुई है बल्कि इटली की पुलिस की वजह से यह सब हुआ है।

टरवीसियो पहुँचने पर पुनः मेरे सामान, पासपोर्ट आदि का निरीक्षण किया गया और अनेकों प्रश्न पूछे गये। इटली की सीमा पार करने के पश्चात मैं सुख की साँस ले पाया।

यह अनुभव मेरे लिए बिल्कुल नया था क्योंकि पहले जब कभी भी मैं इटली आया हूँ ऐसा व्यवहार मेरे साथ कभी नहीं हुआ। इस अनुभव के विषय में मैं भारतीय प्रेस को भी लिखने की सोच रहा हूँ, किन्तु मैंने सोचा कि लिखने से पूर्व आपको इस विषय में कोई कार्रवाई करने का मौक़ा अवश्य दे दूँ। मैं आपको केवल यह बताना चाहता हूँ कि मैं इस विषय में बहुत गम्भीर हूँ।

अपना उपचार कराने के बाद, लगभग एक माह में मैं भारत वापस लौटूँगा। यदि मेरा पुनः इसी प्रकार अपमान होना है तो मैं इटली के मार्ग से जाना नहीं चाहूँगा। मैं किसी अन्य एयरपोर्ट से रवाना होऊँगा, यदि इटली की सरकार मुझे विश्वास नहीं दिला देती कि मुझे पुनः ऐसा अनुभव नहीं होगा।

पहले मेरा विचार सरकार के प्रमुख को सीधे पत्र लिखने का था, किन्तु फिर मैंने अपने इस मामले में उन्हें कष्ट देना उचित नहीं समझा।

कृपया यथाशीघ्र उत्तर देने की व्यवस्था करें।

आपका शुभाकांक्षी
सुभाष चन्द्र बोस
(भारत से)

मारक्विस ऑफ़ जेटलैंड को

पोस्ट रेस्टांटे
(आस्ट्रिया)
25 नवम्बर 1937

महोदय,

बहुत अल्पावधि के लिए मैं उपचार की दृष्टि से बैगस्टीन, यूरोप आया हूँ और शीघ्र ही स्वदेश रवाना होऊँगा। ताकि जनवरी के मध्य में कलकत्ता अवश्य पहुँच जाऊँ। वैसे तो जल्दी जाने की कोशिश करूँगा।

यहाँ उपचार में एक माह या पाँच सप्ताह का समय लगेगा और स्वदेश लौटने से पूर्व मैं कुछ समय के लिए इंग्लैंड भी आना चाहूँगा ताकि मित्रों व अपने भतीजे से, जो लन्दन में अध्ययनरत है, मिलने जाना चाहता हूँ। सन् 1933 से 1936 के मध्य जब मैं यूरोप में था तब मेरे लन्दन जाने पर प्रतिबन्ध था। मेरे पासपोर्ट पर इस प्रतिबन्ध का कोई ज़िक्र नहीं है किन्तु मौखिक रूप में मुझे आदेश दिये गये हैं कि मुझे इंग्लैंड विशेष अनुमति लिए बिना नहीं जाना होगा, मैं उन आदेशों की क़द्र करता हूँ। मैं नहीं जानता कि वह प्रतिबन्ध क्या अभी भी लागू है। यदि है तो मैं प्रार्थना करता हूँ कि वह प्रतिबन्ध हटा लिया जाये और मुझे इंग्लैंड जाने की अनुमति प्रदान की जाये।

यदि मुझे इंग्लैंड जाने की अनुमति दे दी जाती है तो मैं वहाँ ज़्यादा से ज़्यादा एक सप्ताह या दस दिन बिताना चाहूँगा। यदि मेरा उपचार लम्बी अवधि तक चला तो वहाँ मेरा रुकना और कम समय के लिए भी हो सकता है, क्योंकि 10 जनवरी को मुझे भारत लौटना ही है और मैं यहाँ अधिक समय तक रुक नहीं सकता।

यदि आप मेरी इंग्लैंड यात्रा पर से प्रतिबन्ध हटाने के आदेश यथाशीघ्र जारी कर देंगे तो मैं आपका सदैव आभारी रहूँगा।

आपका हृदय से धन्यवाद।

मैं,

सुभाष चन्द्र बोस

माननीय मारक्विज ऑफ़ जेटलैंड
सैक्रेटरी ऑफ़ स्टेट फॉर इंडिया
व्हाइटहॉल
एस. डब्ल्यू.-1

श्रीमती जे. धर्मवीर को

बैगस्टीन
आस्ट्रिया
6 दिसम्बर, 1937

प्रिय दीदी,

आपका 23 नवम्बर का एयरमेल द्वारा भेजा गया पत्र 30 तारीख़ को मिला। मैंने 'ट्रिब्यून' को एयरमेल द्वारा एक अपील प्रकाशित करने के लिए भेजी थी और यह भी कहा था कि सम्पादक भी उस पर अपनी टिप्पणी करें। उसकी प्रति आपको भी भेज रहा हूँ। यदि वह प्रकाशित न हो तो आप उन्हें अनुस्मारक भिजवा दें और संलग्न प्रति भी।

गाँधीजी की कलकत्ता यात्रा के दौरान, विशेष रूप से 1 नवम्बर को उनकी असफलता के पश्चात, मेरा वहाँ होना असम्भव था, क्योंकि हमने उन्हें 2000 बन्दियों व राजनीतिक बन्दियों की समस्या सुलझाने के लिए आमन्त्रित किया था। स्पष्ट रूप से मैं उस वृद्ध व्यक्ति के विषय में यही कह सकता हूँ कि उसने मुझे वहाँ से हटने पर मजबूर किया और मेरे स्वास्थ्य को सुधारने का मौक़ा दिया। उनके आग्रह के बिना मेरा वहाँ से हटना कठिन था।

क्षमा करें आपको श्री जुत्शी का समाचार कहाँ से मिला? मेरे विचार से आपका उनसे पत्राचार नहीं है। यदि आपका समाचार वाहक सही है तो मुझे श्री जुत्शी की परेशानी पर आश्चर्य है।

यहाँ मौसम बहुत अच्छा है, सब ओर बर्फ़ है, सूरज भी चमक रहा है। सूखी सर्दी पड़ रही है। मैं आजकल स्नानोपचार कर रहा हूँ। इस माह के अन्त तक करता रहूँगा। जनवरी मध्य तक वायुयान द्वारा कलकत्ता पहुँचने का प्रयास है। इस बीच यदि अनुमति मिल गयी तो कुछ समय के लिए लन्दन भी जाऊँगा। अभी इस विषय में अनिर्णय की स्थिति बनी हुई है।

आपने प्रोफ़ेसर डेमेल को चाय पर आमन्त्रित किया, जानकर प्रसन्नता हुई। वे भले आदमी हैं और साथ ही एक अच्छे सर्जन भी हैं।

मेरे कलकत्ता से रवाना होने से पूर्व सीता ने मुझे आपका ख़त दिया था, किन्तु सामान में न जाने कहाँ इधर-उधर हो गया। वह मेरे साथ नहीं आ पाया जैसा कि मैंने चाहा था।

सीता के विषय में एक बात आपको यह जानकर प्रसन्नता होगी कि उसमें आत्मविश्वास आ गया है, जो अच्छी बात है। उसे देखकर प्रतीत होता है कि उसमें अपने पैरों पर खड़े होने की क्षमता है और दुनिया में बिना भय और उत्सुकता के विचार कर सकती है। (पता नहीं अपनी बात व्यक्त कर पाया हूँ अथवा नहीं)।

आपके पत्र से पता चला कि सीमा शायद सुश्री नायर के साथ गाँधीजी से मिलने गयी थी। मैं उससे नाराज़ हूँ। मैं उसका परिचय करवाता तो बात कुछ और होती। मैंने इस विषय में उससे बात की थी तब उसने गाँधीजी से मिलने की कोई उत्सुकता नहीं दिखायी, मैंने भी उस पर ज़ोर डालना उचित नहीं समझा।

मेरी माँ तथा भाभी सहित परिवार के सभी सदस्य तब ठीक-ठाक थे, जब मैं कलकत्ता से रवाना हुआ। कृपया मेरी ओर से सीता को कह दें कि जब भी उसे नौकरों से कोई परेशानी हो तो वह 1 वुडबर्न पार्क, अथवा 38/2 एल्गिन रोड में लोगों से सम्पर्क करे या वहाँ चली जाये। इसमें झिझके नहीं। वहाँ सभी उसे बहुत चाहते हैं और प्रसन्नतापूर्वक उसकी सहायता करेंगे।

कृपया (अस्पष्ट), नौकरों तथा सैंडी को मेरी नमस्ते कहें। सोमनाथ तक मेरी संवेदनाएँ पहुँचा दें। डॉक्टर साहब व लड़कियों को तथा आपको प्यार।

वी

सुभाष चन्द्र बोस

ई. वुड्स को

कुरहॉस एरिका
बैगस्टीन
आस्ट्रिया
18 दिसम्बर, 1937

प्रिय श्रीमती वुड्स,

कुछ सप्ताह पूर्व परिवर्तन के लिए जब मैं यहाँ आया तभी से आपको पत्र लिखने की सोच रहा हूँ। जनवरी में पुनः भारत लौट जाऊँगा। स्वदेश लौटने से

पूर्व लन्दन जा रहा हूँ, वहाँ 10 जनवरी को पहुँचूँगा। ब्रिटिश सरकार ने अन्ततः मेरे इग्लैंड जाने पर लगे प्रतिबन्ध को हटा दिया है इसलिए मैं वहाँ आ रहा हूँ।

क्या आप गुप्त रूप से यह पता लगा सकेंगी कि इंग्लैंड यात्रा के दौरान मेरी मुलाक़ात प्रेज़ीडेंट डी वलेरा से हो सकेगी? यह औपचारिक मुलाक़ात होगी। अनुमानित तिथि 16 से 19 जनवरी के मध्य है। कृपया इस विषय को बिल्कुल गुप्त रखें और प्रेंजीडेंट व उनके सचिव के अतिरिक्त किसी को इसका आभास न होने दें। पत्र का उत्तर देते समय पता लिखें—सुश्री ई शैंकल, पोस्टे रेस्टांटे, बैगस्टीन और इसे बन्द रजिस्टर्ड डाक द्वारा भेजें। यह सावधानी आवश्यक और महत्त्वपूर्ण है, क्योंकि मैं नहीं चाहता कि मेरे डब्लिन पहुँचने से पूर्व किसी को इस बात का पता भी चले।

परिवार के सभी सदस्यों को शुभकामनाएँ व आपको सादर प्रणाम।

आपका शुभाकांक्षी
सुभाष चन्द्र बोस

ई. वुड्स को

कुरहॉस हॉकलैंड
(अथवा पोस्टे रेस्टांटे)
बैगस्टीन
(आस्ट्रिया)
30 दिसम्बर, 1937

प्रिय श्रीमती वुड्स,

22 तारीख़ का पत्र 26 तारीख़ को मुझे मिला, धन्यवाद।

मैं आपको अपना कार्यक्रम भेज रहा हूँ जिससे आप सब व्यवस्था कर सकेंगी। 10 जनवरी को लन्दन पहुँच रहा हूँ और 17 जनवरी तक वहाँ रहूँगा। 18 जनवरी को निश्चय ही डब्लिन में मुलाक़ात की व्यवस्था हो जानी चाहिए। डब्लिन आना और जाना ही हो पायेगा। 17 की रात लन्दन से चलूँगा और 18 को प्रातः 6:45 पर डब्लिन पहुँचूँगा। उसी रात 8 बजकर, 10 मिनट पर वापस लौटूँगा। 19 की प्रातः लन्दन पहुँचूँगा और सायं 5:30 पर कुछ घण्टे रुकने के पश्चात उपद्वीप के लिए रवाना होऊँगा, जहाँ से वापस भारत की यात्रा पर चल दूँगा।

यह आवश्यक नहीं कि होटल में मेरे ठहरने की व्यवस्था हो लेकिन पत्रकार मिलने आयेंगे इसलिए ठीक रहेगा। शैलबर्न ठीक रहेगा। यदि वही सबसे अच्छा होटल है तो। यदि मुझे होटल जाना ही है तो सबसे अच्छे में ही क्यों न जाऊँ। आप जैसा उचित समझें वैसी व्यवस्था कर दें।

8 जनवरी की प्रातः मैं यह स्थान छोड़ दूँगा।

भारतीय समाचार-पत्र प्रेज़ीडेंट देव और मेरा चित्र, जब मैं उनसे मिलूँ तब, चाहते हैं। जब पिछली बार मैं डब्लिन आया था तब वे बहुत निराश हुए थे। क्या आप ऐसी व्यवस्था कर पायेंगी? इसका उत्तर देने की आवश्यकता नहीं, यदि प्रेज़ीडेंट महोदय को कोई आपत्ति न हो जो कृपया व्यवस्था कर दें। मैं उसी शाम डब्लिन पहुँच सकता हूँ और जहाज़ ले सकता हूँ तो मुझे गाँव जाने में भी कोई आपति नहीं होगी।

फ़िलहाल इस मुलाक़ात को गुप्त ही रखें। केवल सूचना मात्र दे दें कि यह पत्र आपको मिल गया है। नववर्ष की हार्दिक शुभकामनाएँ।

आपका शुभाकांक्षी
सुभाष चन्द्र बोस

पुनश्चः—आपके पत्र का लिफ़ाफ़ा साथ भेज रहा हूँ। क्या आपने पत्र को इसी प्रकार सील किया था, जिस हालत में वह डब्लिन से रवाना किया था।

सुभाष चन्द्र बोस

मैगियार रैपिकावोली को

कुरहॉस हॉक
बैगस्टीन (आस्ट्रिया)
31 दिसम्बर, 1937

प्रिय मैगियोर रैपिकावोली,

दो पत्रों के साथ आपके द्वारा भेजे गये तार के लिए शुक्रिया। मैं आपको पहले पत्र नहीं लिख पाया, क्योंकि अपने कार्यक्रम के बारे में निश्चित नहीं था। यद्यपि अभी भी मेरा कार्यक्रम निश्चित नहीं है, लेकिन फिर भी प्रोविज़नल प्रोग्राम भेज रहा हूँ।

सबसे पहले तो आपको यह बताना चाहता हूँ कि नेपल्स की घटना समाप्त हो चुकी है। इस विषय में आपको जो असुविधा हुई उसके लिए क्षमा चाहता हूँ।

12 जनवरी को मैं नेपल्स से डच के. अल. एम. वायुयान लूँगा। 11 या 20 जनवरी को मैं रोम से निकलूँगा। यदि सीधे भारत रवाना होऊँगा तो 12 तारीख़ को जहाज़ पकड़ूँगा। यदि स्वदेश लौटने से पूर्व इंग्लैंड गया तो 21 तारीख़ को जहाज़ लूँगा। इस बात को मद्देनज़र रखते हुए कि सम्भवतः जनवरी में मैं भारतीय राष्ट्रीय कांग्रेस का अध्यक्ष चुन लिया जाऊँ, ब्रिटिश सरकार ने इंग्लैंड जाने पर मुझ पर लगाये गये प्रतिबन्ध को हटा दिया है। लन्दन के मेरे मित्र मुझ पर दबाव डाल रहे हैं कि स्वदेश लौटने से पूर्व में लन्दन अवश्य आऊँ।

मेरा वहाँ जाना न जाना भारत से मिलने वाले निर्देशों पर निर्भर करता है। फ़िलहाल भारत से पत्राचार कर रहा हूँ और चार-पाँच दिन में अन्तिम निर्णय ले पाऊँगा।

रोम से निकलते समय मैं चाहूँगा कि सरकार के प्रमुख से भेंट सम्भव हो सके। कठिनाई सिर्फ़ यह है कि इस बात को पूर्ण गुप्त रखा जाना चाहिए। इसमें शक नहीं कि यदि यह बात खुल गयी तो भारत में मुझे सरकार की ओर से कठिनाइयों का सामना करना पड़ेगा। क्या आप समझते हैं कि मुलाक़ात को पूर्णतः गुप्त रख पाना सम्भव हो सकेगा। यदि हाँ तो कृपया अतिशीघ्र मुझे सूचित करें। यहाँ यह भी बता दूँ कि सारे प्रयत्नों के बावजूद यदि यह समाचार फैल ही गया तो मैं साफ़ इनकार कर दूँगा और आपकी ओर से भी इनकार किया जाना आवश्यक है। नवम्बर में जब मैं इटली से गुज़र रहा था तो इटली के समाचार-पत्रों में टिप्पणी सहित यह ख़बर प्रकाशित हुई कि मैं सरकार प्रमुख से मिलने जा रहा हूँ लन्दन द्वारा पूछताछ की गयी और मुझे यह कहना पड़ा कि मैं तो इटली के अधिकारी तक से नहीं मिला, और यह सत्य भी था।

यदि पहले जहाज़ से लौट आया तो 9 तारीख़ या 10 तारीख़ को रोम के लिए अवश्य ही रवाना हो जाऊँगा। बाद का जहाज़ लेने पर मैं प्राग से जहाज़ द्वारा 20 तारीख़ को दोपहर 4 बजे रोम पहुँचूँगा और रात की गाड़ी से नेपल्स के लिए रवाना होऊँगा। ताकि अगली सुबह जहाज़ पकड़ सकूँ। अतः मुलाक़ात 11 तारीख़ अथवा 20 तारीख़ की दोपहर या सायं 5:30 या 6 बजे निश्चित होनी चाहिए।

यदि सीधे यहाँ से नेपल्स गया तो ट्रेन पकड़ूँगा। यदि इंग्लैंड से नेपल्स गया तो वायुयान द्वारा प्राग, वेनिस, विएना और रोम होता हुआ जाऊँगा। यदि किसी कारण से मुलाक़ात सम्भव न हो पाये तो कृपया मुझे सूचित कर दें ताकि मैं एम्स्टरडम से मर्सिलेस होता हुआ नेपल्स के लिए रवाना हो जाऊँ।

यदि स्वदेश रवाना होने से पूर्व इंग्लैंड गया तो हर हालत में 8 जनवरी की प्रातः यह स्थान छोड़ दूँगा।

नववर्ष की शुभकामनाओं सहित।

मैं,
आपका शुभाकांक्षी
सुभाष चन्द्र बोस

❐❐